Enquete-Kommission
„Schutz des Menschen und der Umwelt"
des 13. Deutschen Bundestages

Konzept Nachhaltigkeit

Studienprogramm

Springer
Berlin
Heidelberg
New York
Barcelona
Budapest
Hongkong
London
Mailand
Paris
Singapur
Tokio

Kilian Bizer · Dieter Ewringmann
Eckhard Bergmann · Fabian Dosch
Klaus Einig · Gerard Hutter

Mögliche Maßnahmen, Instrumente und Wirkungen einer Steuerung der Verkehrs- und Siedlungsflächennutzung

Unter Mitarbeit von
Jens Ochtrop · Kerstin Meyenschein und Tilman Möller

Mit 7 Abbildungen und 17 Tabellen

Herausgeber:

Enquete-Kommission
„Schutz des Menschen und der Umwelt"
des 13. Deutschen Bundestages
Bundeshaus
D-53113 Bonn

Autoren:

Dr. Kilian Bizer
Dr. Dieter Ewringmann
Finanzwissenschaftliches Forschungs-institut an der Universität zu Köln
Postfach 420520
50899 Köln

Dipl.-Volksw. Eckhard Bergmann
Dr. Fabian Dosch
Bundesamt für Bauwesen und Raumordnung
Am Michaelshof 8
53177 Bonn

Dipl.-Ing. Klaus Einig
Dipl.-Volksw. Gerard Hutter
Institut für ökologische Raumentwicklung e.V.
Weberplatz 1
01217 Dresden

Mitarbeiter:

Jens Ochtrop
Kerstin Meyenschein
Tilman Möller
Finanzwissenschaftliches Forschungs-institut an der Universität zu Köln
Postfach 420520
50899 Köln

ISBN 3-540-64421-0 Springer-Verlag Berlin Heidelberg New York

Die Deutsche Bibliothek – CIP-Einheitsaufnahme
Mögliche Maßnahmen, Instrumente und Wirkungen einer Steuerung der Verkehrs- und Siedlungsflächennutzung von Kilian Bizer ... – Berlin; Heidelberg; New York; Barcelona; Budapest; Hongkong; London; Mailand; Paris; Singapur; Tokio: Springer, 1998
(Konzept Nachhaltigkeit)
ISBN 3-540-64421-0

Umschlaggestaltung: Erich Kirchner, Heidelberg
Satz: Reproduktionsfertige Vorlage der Autoren

SPIN 10671497 30/3136-5 4 3 2 1 0 – Gedruckt auf säurefreiem Papier

Geleitwort

Die langfristige Sicherung der natürlichen Lebensgrundlagen, wirtschaftliche Stabilität und soziale Verträglichkeit bilden drei Dimensionen, die das Leitbild der Nachhaltigkeit zu vereinbaren sucht. Dabei verlangt nachhaltige Entwicklung einen Richtungswechsel, wenn es zukünftig gelingen soll, nicht mehr vom Naturkapital selbst, sondern von den Zinsen zu leben. Die Idee, auch künftigen Generationen eine lebenswerte Umwelt zu hinterlassen, findet breite Zustimmung, doch über das Wie herrscht Unsicherheit.

Wie können die Ziele einer nachhaltigen Entwicklung gefunden werden, und wie sieht ein solcher Weg für Deutschland aus? Welche Voraussetzungen müssen Staat, Wirtschaft und Gesellschaft erfüllen, um die Weichen zu stellen?

Um diese komplexen Fragen zu beantworten, beauftragte die Enquête-Kommission „Schutz des Menschen und der Umwelt" Wissenschaftler und Forschungsinstitute mit der Aufarbeitung einzelner Themenbereiche:

- Nationaler Umweltplan
- Globalisierung und Nachhaltigkeit
- Institutionelle Reformen
- Umweltbewußtsein und -verhalten
- Risiko- und Technikakzeptanz
- Bauen und Wohnen
- Versauerung von Böden

Mit der Veröffentlichung ihres Studienprogramms unter dem Titel „Konzept Nachhaltigkeit" will die Enquête-Kommission die aktuellen Forschungsergebnisse Politik, Wissenschaft, Wirtschaft und nicht zuletzt einer interessierten Öffentlichkeit zur Verfügung stellen. Die in den Studien geäußerten Ansichten müssen nicht mit denen der Enquête-Kommission übereinstimmen. Ich hoffe, daß die Veröffentlichung dazu beträgt, die Diskussion zu beleben, und daß sie Mut macht zu weiteren Schritten in Richtung Nachhaltigkeit.

27. August 1997 Marion Caspers-Merk

Vorsitzende der Enquête-Kommission
„Schutz des Menschen und der Umwelt"

Inhaltsverzeichnis

Tabellenverzeichnis ..... **X**

Abbildungsverzeichnis ..... **XI**

Übersichtsverzeichnis ..... **XII**

Autorenverzeichnis ..... **XIII**

Executive Summary ..... **XV**

1 Vorbemerkung **1**

2 Zum methodischen Ansatz **3**

3 Akteursspezifische Verhaltenshypothesen **7**

3.1 Kommunale Akteure und Flächenausweisung 7
3.2 Flächennutzung 13

4 Zielvorgaben **17**

4.1 Das Zieldreieck »Bauen und Wohnen« 17
4.2 Das Zieldreieck »Verkehr« 19
4.3 Das Zieldreieck »Standort für Industrie und Gewerbe« 20

5 Auswahl bestehender Regulierungsmechanismen für die Durchsetzung der Umwelthandlungsziele **23**

5.1 Reduzierung der Flächenausweisung 23
5.1.1 Einflüsse raumplanerischer Vorgaben des Bundes und der Länder 23
5.1.2 Einflüsse baurechtlicher Vorgaben 25
5.1.2.1 Flächennutzungsplan 25
5.1.2.2 Bebauungsplan 27
5.1.2.3 Vorhaben- und Erschließungspläne 28

5.1.2.4 Innen- und Außenbereichssatzungen ... 28
5.1.3 Einflüsse der örtlichen Landschaftsplanung ... 31
5.1.4 Ausweisungsrelevante fiskalische Anreize ... 32
5.2 Reduzierung der Versiegelung ... 33
5.2.1 Einflüsse ordnungsrechtlicher Vorgaben ... 33
5.2.2 Einflüsse subventionspolitischer Instrumente im Wohnungsbau ... 34
5.2.3 Einflüsse abgabenrechtlicher Instrumente mit Wirkungen auf Flächennutzungen ... 37
5.2.3.1 Naturschutzrechtliche Ausgleichsabgabe ... 37
5.2.3.2 Abwassergebühren ... 38
5.2.3.3 Erschließungsbeiträge ... 38
5.3 Zwischenfazit ... 39

6 Ergänzende Anreizinstrumente für zielkonforme Verhaltensänderung ... 41

6.1 Auswahl der Instrumente ... 41
6.2 Handelbare Flächenausweisungsrechte ... 44
6.3 Der kommunale Finanzausgleich als Steuerungs-instrument für das Ausweisungsverhalten von Gemeinden ... 47
6.3.1 Aufgaben des Finanzausgleichs ... 48
6.3.2 Die Funktionsweise des kommunalen Finanzausgleichs ... 48
6.3.3 Lenkungsabsichten im bestehenden System ... 50
6.3.4 Steuerungsmöglichkeiten bei der Flächenausweisung ... 51
6.3.4.1 Handlungsbedarf ... 51
6.3.4.2 Bedarfsorientierte Schlüsselzuweisungen ... 52
6.3.4.3 Zweckzuweisungen zur Lenkung der Flächenausweisung ... 56
6.3.4.4 Gegenfinanzierung ... 61
6.4 Flächennutzungsteuer ... 62

7 Instrumentenspezifische Wirkungsabschätzung ... 71

7.1 Flächenausweisungsrechte ... 71
7.1.1 Das Mengen- und Preisgerüst ... 71
7.1.2 Belastung ... 76
7.1.3 Lenkung ... 82
7.1.3.1 Wohnungsbau ... 82
7.1.3.2 Gewerbe- und Industriebau ... 85
7.1.3.3 Gemeinden ... 86
7.1.4 Schlußfolgerungen ... 88
7.2 Kommunaler Finanzausgleich ... 88
7.2.1 Allgemeine Einschätzung ... 88
7.2.2 Ergebnisse der Befragung ... 92
7.2.3 Schlußfolgerungen ... 100
7.3 Flächennutzungsteuer ... 101

7.3.1 Mengengerüst ... 101
7.3.2 Belastung ... 102
7.3.2.1 Land- und Forstwirtschaft ... 102
7.3.2.2 Wohnungsmarkt ... 103
7.3.2.3 Industrie und Gewerbe ... 105
7.3.3 Lenkung ... 106
7.3.3.1 Land- und Forstwirtschaft ... 106
7.3.3.2 Wohnbauflächen ... 107
7.3.3.3 Industrie und Gewerbe ... 114
7.3.3.4 Versiegelte Flächen der Gebietskörperschaften ... 117
7.3.4 Schlußfolgerungen ... 123

8 Instrumentelle Interdependenzen ... 125

8.1 Zielerreichung durch ein einzelnes Instrument ... 125
8.2 Vorteile des gemischten Instrumenteneinsatzes ... 127

9 Zusammenfassung und Empfehlung ... 131

Anhang ... 137

Literatur ... 139

Tabellenverzeichnis

Tabelle 6.1: Steuermeßzahlen und Steuerklassen ... 70
Tabelle 7.1: Entwicklung der Neuausweisung von Wohnbauland in Niedersachsen von 1992 bis 1995 ... 74
Tabelle 7.2: Durchschnittlicher Kaufpreis von Bauland in Niedersachsen ... 75
Tabelle 7.3: Durchschnittlicher Kaufpreis von baureifem Bauland in Niedersachsen nach Gemeindegrößenklassen ... 75
Tabelle 7.4: Haushalte mit Haus- und Grundbesitz im Vergleich zur Gesamtheit der privaten Haushalte ... 81
Tabelle 7.5: Durchschnittlicher Immobilienbesitz pro Haushalt in Dm zum Verkehrswert ... 82
Tabelle 7.6: Basissteuersätze der Flächennutzungsteuer von Steuerklasse I bis V bei aufkommensneutraler Ausgestaltung (DM/ha) ... 104
Tabelle 7.7: Basissteuersätze der Flächennutzungsteuer von Steuerklasse VI bis VII bei aufkommensneutraler Ausgestaltung (DM/qm versiegelte Fläche) ... 104
Tabelle 7.8: Belastungsprofil von Industrie und Gewerbe ... 107
Tabelle 7.9: Wirkungsimpuls und -übertragung in den gebildeten Standardsituationen ... 110
Tabelle 7.10: Technische und ökonomische Kenndaten des Beispielhauses ... 113
Tabelle 7.11: Reagibilitätsmaße bei unterschiedlichen Steuersätzen ... 114
Tabelle 7.12: Bauwerkskosten für Einkaufszentrum mit 10.000 qm Bruttogeschoßfläche - eingeschossige Lösung ... 118
Tabelle 7.13: Bauwerkskosten für Einkaufszentrum mit 10.000 qm Bruttogeschoßfläche - zweigeschossige Lösung ... 118
Tabelle 7.14: Übersicht zur Kostenstruktur des Pilotvorhabens Elbeallee Köln-Chorweiler ... 122
Tabelle 7.15: Entsiegelungsmaßnahmen gefördert vom Land Hessen ... 123
Tabelle 7.16: Fiktive Lenkungswirkungen berechnet auf der Basis des technischen Entsiegelungspotentials im Landschaftsverband Westfalen-Lippe - nur Verkehrsfläche ... 124

Abbildungsverzeichnis

Abbildung 6.1: Wirkungsweise von Flächenausweisungsrechten, kommunalem Finanzausgleich und Flächennutzungsteuer 44
Abbildung 7.1: Preisreaktionen auf marginale Flächenausweisungsverknappung 77
Abbildung 7.2: Zusammenhang von monatlichem Haushaltsnettoeinkommen und Versiegelungsbedarf pro Wohneinheit in qm versiegelte Fläche 106
Abbildung 7.3: Das Baumanagement als vernetztes System 111
Abbildung 7.4: Lagersystemvergleich: Investition pro t Lagerkapazität in Abhängigkeit der Grundstückspreise 117
Abbildung 7.5: Die Entscheidungssituation zwischen ebenerdiger Parkfläche und eingeschossiger Tiefgarage 119
Abbildung 8.1: Die Beeinflussung der Flächensubstitutionsentscheidung beim Eigenheimbau durch Flächenausweisungsrechte, kommunalen Finanzausgleich (KFA) und Flächennutzungsteuer 130

Übersichtsverzeichnis

Übersicht 4.1: Zieldreieck im Bereich Bauen und Wohnen 19
Übersicht 4.2: Zieldreieck im Bereich Verkehr 20
Übersicht 4.3: Zieldreieck im Bereich Standorte für Industrie und Gewerbe 21
Übersicht 6.1: Nutzungsklassen der Flächennutzungszuweisungen 45
Übersicht 6.2: Mögliche Nebenansätze 52
Übersicht 6.3: Die Steuerklassen der Flächennutzungsteuer 69
Übersicht 7.1: Beispiel für Belastungen aus den Ausweisungsrechten bei Überwälzung von den Gemeinden auf die Eigentümer 79
Übersicht 7.2: Beispiel für Belastungen aus den Ausweisungsrechten bei Überwälzung von den Eigentümern auf die Nutzer 80
Übersicht 7.3: Beispielsrechnung für Kfz-Betriebe unterschiedlicher Flächenintensitäten 83
Übersicht 7.4: Beispielsrechnung für Betriebe des Verarbeitenden Gewerbes unterschiedlicher Flächenintensitäten 83

Autorenverzeichnis

Dipl.-Volksw. Eckhard Bergmann studierte Volkswirtschaftslehre und Soziologie an der Universität zu Köln und ist Leiter des Referats Wirtschaft und Gesellschaft am Bundesamt für Bauwesen und Raumordnung.

Dr. Kilian Bizer studierte Volkswirtschaftslehre an den Universitäten Göttingen, Madison/Wisconsin (USA) und Köln und ist am Finanzwissenschaftlichen Forschungsinstitut und am Seminar für Finanzwissenschaft der Universität zu Köln als wissenschaftlicher Mitarbeiter tätig.

Dr. Fabian Dosch studierte Geographie an der Universität Mainz und ist Projektleiter im Referat Verkehr und Umwelt am Bundesamt für Bauwesen und Raumordnung.

Dipl.-Ing. Klaus Einig studierte Stadt- und Landschaftsplanung an der Universität Gesamthochschule Kassel und ist als wissenschaftlicher Mitarbeiter am Institut für ökologische Raumentwicklung in Dresden tätig.

Dr. Dieter Ewringmann ist Geschäftsführer des Finanzwissenschaftlichen Forschungsinstituts an der Universität zu Köln.

Dipl.-Volksw. Gerard Hutter studierte Volkswirtschaftslehre Fachgebiet Finanzwissenschaft an der Gerhard-Mercator-Universität Duisburg und ist als wissenschaftlicher Mitarbeiter in der Abteilung Stadtentwicklung am Institut für ökologische Raumentwicklung in Dresden tätig.

Kerstin Meyenschein studiert Volkswirtschaftslehre an der Universität zu Köln und war bis zu Beginn eines Auslandsstudiums an der ESADE in Barcelona als studentische Mitarbeiterin am Finanzwissenschaftlichen Forschungsinstitut an der Universität zu Köln tätig.

Tilman Möller studiert Volkswirtschaftslehre an der Universität zu Köln und ist als studentischer Mitarbeiter am Finanzwissenschaftlichen Forschungsinstitut an der Universität zu Köln tätig.

Jens Ochtrop studiert Volkswirtschaftslehre und Politikwissenschaften an der Universität zu Köln und ist als studentischer Mitarbeiter am Finanzwissenschaftlichen Forschungsinstitut an der Universität zu Köln tätig.

Mögliche Maßnahmen, Instrumente und Wirkungen einer Steuerung der Verkehrs- und Siedlungsflächennutzung

- Executive Summary -

(1) Im Auftrag der Enquête-Kommission »Schutz des Menschen und der Umwelt« hat das Finanzwissenschaftliche Forschungsinstitut an der Universität zu Köln in Zusammenarbeit mit der Bundesforschungsanstalt für Landeskunde und Raumordnung in Bonn und dem Institut für ökologische Raumentwicklung in Dresden untersucht, inwieweit der bestehende rechtliche und institutionelle Rahmen den Anforderungen für einen nachhaltigen Umgang mit Flächen entspricht und wie er möglicherweise durch neue Instrumente sinnvoll ergänzt werden kann. Im Hintergrund standen dabei die von der Kommission formulierten Umwelthandlungsziele zur Verringerung des Flächenverbrauchs und der Versiegelung.

Die Studie kommt zu dem Ergebnis, daß der bisherige Rahmen und die bisherigen Regulierungs- bzw. Anreizmuster nur unzureichend auf die Verfolgung von Nachhaltigkeitszielen ausgerichtet sind. Flächenausweisung und Flächennutzung sind zwar in ein dichtes Netz räumlicher Planung und ordnungsrechtlicher Restriktionen eingebunden. Übergeordnete Planungen prallen jedoch am Schutzschild der kommunalen Selbstverwaltung ab, deren System zur wirtschaftlichen und finanziellen Entwicklung die Neuinanspruchnahme von Boden für Bauzwecke fördert. Auch für private Flächennutzer wirkt der vorhandene Rahmen nicht in Richtung Flächensparen und gegen Neuversiegelung. Eine Änderung bzw. Ergänzung des Instrumentariums bzw. eine Reform des Anreizsystems für die bei Flächenausweisung und -nutzung dominierenden Akteure erscheint daher erforderlich.

(2) Im Rahmen modellhafter Wirkungsanalysen lassen sich durchaus Instrumente konstruieren, die Flächenverbrauch und Versiegelung auf die Zielwerte der Enquête-Kommission zu reduzieren erlauben. Grundsätzlich sind dazu auch die im Rahmen des vorliegenden Gutachtens vorrangig auf ihre Wirkungen hin untersuchten *Flächenausweisungsrechte*, *Finanzausgleichsmaßnahmen* und *Flächensteuerkonzepte* sogar jeweils einzeln in der Lage. Eine tatsächliche Rückführung der Neuausweisung und der Versiegelung von Flächen auf die Kommissionswerte in relativ kurzer Zeit würde indessen bei einem großen Kreis der Betroffenen - und zwar weitgehend unabhängig vom konkreten Einzelinstrument - einen so starken Anpassungsdruck hervorrufen, daß eine entsprechende Instrumentierung nur schwer einen Konsens finden dürfte.

Alle zielführenden Eingriffe wirken nämlich letztlich über eine drastische Verknappung von Flächen für bestimmte Verwendungs- und Nutzungsarten und über knappheitsgerechte Preiserhöhungen. Auch wenn dies keineswegs zu einer allgemein gleichmäßigen Verteuerung sämtlicher Flächennutzungen führen würde, so wären doch beispielsweise Einfamilienhäuser in besonderer Weise betroffen, aber auch der angemessen verdichtete Wohnungsbau würde deutlich verteuert, es entstünden Vermögenswertumverteilungen im Bestand und Konflikte mit kommunalen Strategien zur Ansiedlung und Pflege von Unternehmen, Arbeitsplätzen und gemeindlichen Einnahmen. Solche Konflikte und Wirkungen mögen als negative Konsequenzen der eingesetzten Instrumente verstanden und mißbilligt werden; sie sind jedoch in Wahrheit zumeist gewünschte oder zumindest von den Protagonisten bewußt in Kauf genommene Folgen der angestrebten Zielverwirklichung im Flächenschutz. Flächenschonung setzt Anpassungen bei Gemeinden und anderen öffentlichen Planungs- und Maßnahmenträgern, bei privaten Haushalten und Unternehmen voraus, also eine Abkopplung künftiger Entwicklung von traditionellen Verhaltensweisen und Aktivitätsstrukturen. Wenn derartige Konsequenzen nicht gewünscht sind, hilft im übrigen auch die Suche nach alternativen, sprich: besseren Instrumenten nicht weiter; wie bereits erwähnt müssen sie zur Verfolgung der Hauptzielrichtung tendenziell ähnliche Wirkungsmuster auslösen. Wir befinden uns insoweit nicht im Bereich unzureichender Instrumentenwirkungen, sondern auf der Ebene von Zielkonflikten.

(3) Akzeptiert man, daß der Nutzen aus der Erreichung des Umwelthandlungsziels unter den Gemeinden und innerhalb der Bevölkerung nicht mehrheitlich höher eingeschätzt wird als die Kosten durch Zieleinbußen in anderen Bereichen wie Wohnen, Verkehr, gewerbliche und industrielle Standorte, etc., so ist nach einem Konsens auf geringerem Niveau zu suchen. Für eine solche Strategie ist der untersuchte Instrumentenverbund einsetzbar. Die Vorgaben der Kommission sollten daher als erste Orientierungsdaten gelten, nicht aber als strikte und alleinige Richtschnur für die Beurteilung der Leistungsfähigkeit und Eignung von Instrumenten dienen. Erste vorsichtige Ansätze im Finanzausgleich und bei der Vorstrukturierung von übertragbaren Ausweisungsrechten könnten mit der Grundsteuerreform verbunden werden, um institutionelle Korrekturen im Flächenmanagement und im Anreizsystem anzubringen und die relativen Preise für unterschiedlich versiegelungsintensive Flächennutzungen in die umweltpolitisch gewünschte Richtung zu lenken.

Die Einzelbefunde belegen, daß die untersuchten Instrumente dazu beitragen, den Flächenverbrauch und die Versiegelung zu verringern. Sie sind als Ergänzungen des bereits bestehenden dichten Netzes an Planungs- und Regulierungsmechanismen anzusehen. Vorwiegend dienen sie dazu, die im bestehenden System fehlgerichteten Anreizimpulse zu verändern bzw. zu kompensieren.

(4) Auch die Analyse der akteurspezifischen Interessen hat ergeben, daß den hier untersuchten ergänzenden Instrumenten in Form von Ausweisungsrechten, Finanzausgleichsergänzungen und Flächenbesteuerung bei moderater Eingriffs-

intensität durchaus Umsetzungschancen einzuräumen sind. Die Ergebnisse einer Befragung kommunaler und regionaler Akteure haben gezeigt, daß auch auf der Gemeindeebene entsprechende Reformen durchaus Befürworter finden; sie haben allerdings auch deutlich werden lassen, daß Gemeinden den Eingriffen, die ihre für wirtschaftliche und finanzielle Entwicklungen bisher wichtigsten Potentiale einschränken sollen, verständlicherweise mit Skepsis begegnen. Diese Befunde bieten aus der Perspektive einer zentralen Akteursgruppe wichtige Informationen für den Reformprozeß. Solche Einzelinformationen sollten allerdings nicht überbewertet und als Zeichen für generelle Zustimmung oder Ablehnung interpretiert werden. Das abschließende Urteil - das gilt in gleichem Maße für andere Akteursgruppen - wird weniger von der Art des Instrumentariums als von der den jeweiligen Zielwerten entsprechenden Dosierung der Eingriffsintensität und den davon abhängigen Wirkungen geprägt werden.

Diese werden ihrerseits nicht zuletzt von der Kombination der ergänzend eingesetzten Instrumente bestimmt. Flächenausweisungsrechte, Sonder- bzw. Ergänzungsansätze oder Zweckzuweisungen im Finanzausgleich und Flächensteuern können zwar theoretisch auch jeweils alleine Wirkungen in der von der Kommission vorgezeichneten Richtung ausüben. Unter realen Bedingungen erscheint es indessen sinnvoll und notwendig, einen Instrumentenverbund anzustreben, um die Anreizmechanismen an mehreren Stellen und für mehrere Akteursgruppen zu ändern und zugleich die Betroffenheit zu verteilen. Die im Gutachten näher untersuchten Instrumente lassen sich zu *einer möglichen* Kombination verbinden; da nicht alle Instrumente untersucht werden konnten, kann der Nachweis der allgemeinen Überlegenheit dieser Kombination hier nicht geführt werden. In systematischer Hinsicht bietet die gewählte Kombination jedoch Vorteile, da sie den zentralen Schwachstellen der bisherigen Anreizsysteme für die Akteure der Flächenausweisung und -nutzung Rechnung trägt. Eine Reform der Rahmenbedingungen muß dafür Sorge tragen, daß nicht nur - sozusagen auf der Nachfrageseite - ein Anreiz zur Verringerung bestimmter Flächennutzungen geschaffen wird, sondern auch dem Anreiz entgegengesteuert wird, die Ausweisung neuer Flächen zu einer stetigen Ausweitung der Angebotsseite zu nutzen.

(5) Insoweit erscheint es zur Durchsetzung einer deutlichen Reduktion des Flächenverbrauchs unerläßlich, den Ausweisungsprozeß durch »harte« Mengenrestriktionen zu ergänzen. Dies soll mit Hilfe der sog. *Flächenausweisungsrechte* erfolgen.

Solche Rechte würden einerseits eine strikte Mengenbegrenzung gewährleisten, andererseits den Preis pro Ausweisungsrecht und Flächeneinheit je nach Angebot und Nachfrage schwanken lassen. Die Gemeinden müssen Ausweisungsrechte erwerben, wenn sie Baurechte über einen Bebauungsplan, Außen- oder Innenbereichssatzung bzw. Vorhaben- und Erschließungsplan schaffen. Sie erhalten jedoch ein Freikontingent in Höhe einer indizierten Eigenentwicklung. Das Kontingent kann die Gemeinde auf eigene Rechnung verkaufen, um damit Einnahmen zu erzielen. Wird hingegen eine Ausweisung angestrebt, die über die Eigenentwicklung hinausgeht, müssen zusätzliche Rechte von anderen Gemeinden oder von der »Landesausweisungsbörse« erworben werden. Diese Institution läßt sich als eine Art Börse verstehen, die zu Anfang jeder Planungsperiode ein Auktionsverfahren durchführt. Dafür geben die Gemeinden gestaffelte Angebote ab. Die Ausweisungsbörse teilt dann idealtypisch die Rechte so zu, daß der Markt am Anfang geräumt ist. Nach Ende des Auktionsverfahrens können die Gemeinden nur noch Rechte von anderen Gemeinden erwerben. Über den Preis der Ausweisungsrechte wird die Knappheit von Ausweisungsflächen angezeigt; der im Auktionsverfahren ermittelte Basispreis dient als Ausgangspunkt für die weitere Preisentwicklung. Die kommunalen Kosten für die Ausweisungsrechte müssen auf die Grundstückseigentümer überwälzt werden

Die Ausweisungsrechte können im übrigen nach Wohnbaufläche, Industrie- und Gewerbefläche sowie Verkehrsfläche differenziert werden, ebenso die Märkte nach Siedlungsschwerpunkten und Nicht-Siedlungsschwerpunkten bzw. nach Siedlungsachsen und interaxialen Räumen. Dieser sachlichen Abgrenzung der Märkte kann eine räumliche Abgrenzung gegenübergestellt werden, um regionale Besonderheiten oder Entwicklungsziele zu berücksichtigen. Dabei muß allerdings beachtet werden, daß eine zu kleinräumige Abgrenzung zu »dünnen« Märkten führen kann.

(6) Die Einführung von Flächenausweisungsrechten wird insofern mit Problemen verbunden sein, als sie in die Selbstverwaltungsrechte der Gemeinden eingreifen. Vor allem begrenzen sie die bisher im Vordergrund finanzieller Kommunaldispositionen stehenden Potentiale: Die wichtigsten kommunalen Einnahmearten werden in starkem Maße von der für Neuversiegelung bereitgestellten Verkehrs-, Wohnbau- und Gewerbefläche bestimmt. Insoweit dürfte der Einführung von Ausweisungsrechten nur Erfolg beschieden sein, wenn gleichzeitig das finanzielle Anreizsystem der Gemeinden reformiert bzw. um Impulse zur Flächenschonung ergänzt wird. Dies ist zum einen durch Maßnahmen im Rahmen des ergänzenden kommunalen Finanzausgleichs, zum anderen in beschränktem Maße auch durch eine flächenorientierte Besteuerung als Alternative zur gegenwärtigen Grundsteuer im Bereich der originären Finanzkraft möglich.

Änderungen im ergänzenden aktiven *kommunalen Finanzausgleich* dienen in erster Linie dazu, den fiskalischen Interessen kommunaler Akteure Rechnung zu tragen, indem man Mechanismen etabliert, die entweder die allgemeine kommunale Finanzausstattung mit der »Nicht-Ausweisung« von Flächen korrelieren oder für die Durchführung flächenschützender Maßnahmen gezielt Landesmittel zur Verfügung stellen. In diesem Teil des gesamten Finanzausgleichs geht es vor allem darum, bei den Gemeinden die bei der Zuteilung von Aufgaben und originären Einnahmen nicht ausgeräumten »Ungerechtigkeiten« zu verringern und zusätzlich landespolitische Lenkungsziele zu verfolgen. Dazu bieten sich einerseits Ausgleichszuweisungen als Zuführung allgemeiner Deckungsmittel und andererseits Zweckzuweisungen als Mittelzuführungen mit Verwendungsbindungen im Landesinteresse an.

Die wesentlichen Ansatzpunkte für eine Reform des allgemeinen kommunalen Finanzausgleichs bestehen im Hauptansatz und in Nebenansätzen. Es geht dabei also um eine neue Sicht der gemeindlichen Bedarfssituation. Umweltverträgliche Nutzungsformen und -intensitäten von Fläche müßten zu einem Indikator für den gemeindlichen Finanzbedarf entwickelt werden. Der Hauptansatz ist dafür nicht geeignet. Die Einführung eines zusätzlichen Neben- oder Sonderbedarfsansatzes bereitet im Rahmen der bestehenden Finanzausgleichssystematik zwar ebenfalls Probleme; soweit sich keine besonderen kommunalen Ausgaben für den Flächenschutz belegen lassen, läßt sich eine Mittelumverteilung zugunsten flächenschützender Gemeinden nicht legitimieren. Aus politisch-pragmatischer Sicht bieten sich allerdings einige Möglichkeiten.

In den Vordergrund sollte jedoch das *Landes*interesse an geringeren Flächenausweisungen und an bestimmten Nutzungen rücken. Insofern kommt vor allem das Instrumentarium der Zweckzuweisungen in Betracht. Allerdings ist auch hier die Steuerung des gesamten Flächenausweisung und -nutzung skeptisch zu beurteilen. Ansatzpunkte bieten sich eher bei der spezifischen Förderung einzelner Nutzungsintensitäten oder beim flächensparenden Bauen an. Der ergänzende aktive Finanzausgleich wird daher insgesamt eher eine flankierende Funktion übernehmen können. Wenn man den gesamten finanziellen Anreizrahmen für Gemeinden reformieren will, so muß man an den originären Einnahmearten, vor allem an den Kommunalsteuern anknüpfen; dies würde bei einer Reform der Grundsteuer und ihrem Ersatz durch eine Flächensteuer zumindest angegangen. Allerdings ist möglicherweise auch die gesamte Logik des kommunalen Finanzausgleichs im Lichte der staatlichen und kommunalen Umweltschutz- bzw. Nachhaltigkeitsstrategien erneut zu überdenken. So wie das Steuersystem gedanklich für eine Internalisierung ansonsten entscheidungsextern bleibender Umwelteffekte genutzt werden kann, ohne daß ihm dadurch neue fiskalische *Funktionen* zuwachsen, so könnte u.U. auch der Finanzausgleich stärker in den Dienst der Umweltlenkung gestellt werden, ohne daß die damit verbundenen Mittelzuführungen für den Bedarfs-Finanzkraft-Ausgleich relevant werden.

(7) Da in realistischer Perspektive der Finanzausgleich in seiner gegenwärtigen Struktur und ohne Erhöhung der für Gemeinden verfügbaren Finanzmasse nur einen relativ geringen Zielerreichungsbeitrag leisten kann, sind auch Änderungen im Bereich der originären Steuereinnahmen erforderlich. Eine Reform der Grundsteuer hin zu einer differenzierten *Flächen- bzw. Flächennutzungsteuer* ist dabei ein erster wichtiger Schritt. Eine derartige Veränderung der Grundsteuer verändert aber darüber hinaus das Anreizspektrum privater Akteure der Flächennutzung und dient insoweit der preislichen Umsetzung des angestrebten Verknappungseffektes.

Die Flächennutzungsteuer verfolgt hauptsächlich das Ziel, die Versiegelungszuwächse zu reduzieren. Außerdem gibt sie Anreize zur naturschonenderen Nutzung von Freiflächen.

Zentrales Element der Flächennutzungsteuer sind nach dem Grade der Naturbeeinträchtigung aufsteigende Steuerklassen. Diese reichen von der völligen Naturbelassenheit bis hin zur versiegelten Fläche bzw. besonders naturschädlichen Flächennutzungen. Wie bei der Grundsteuer werden bundesrechtlich Steuermeßzahlen für die Steuerklassen vorgegeben, die für eine Mindestbelastung sorgen und grob eine Mindestbelastungsrelation der Steuerklassen untereinander vorgeben. Über diese hinaus können die Länder zusätzlich Korridore festlegen, innerhalb derer die Gemeinden ein Hebesatzrecht behalten.

Die steuertechnische Umsetzung erfolgt über ein Selbstveranlagungsverfahren, bei dem die Steuerpflichtigen periodisch Steuererklärungen abgeben müssen. Die Erklärungen können per Luftbild im Abgleich mit elektronischen Liegenschaftskatastern flächendeckend überprüft werden, soweit letztere bereits digital zur Verfügung stehen.

Erhebt man die Flächennutzungsteuer auf dem Niveau der bisherigen Grundsteuer, sieht also eine aufkommensneutrale Grundsteuerreform vor, so werden die Wirkungen natürlich nicht ausreichen, um das Versiegelungsziel der Enquête-Kommission zu verwirklichen. Dafür müßte die Flächennutzungsteuer ausgebaut werden, und einen wesentlich höheren Steuersatz erhalten. Allerdings ergeben sich, wenn auch in relativ begrenztem Ausmaß, selbst bei der aufkommensneutralen Ausgestaltungsperspektive bereits Lenkungseffekte: Die Preisstrukturen ändern sich. Versiegelungsintensive Wohnformen werden deutlich verteuert gegenüber dem Geschoßwohnungsbau. Da freistehende Einfamilienhäuser nicht nur flächen- sondern auch versiegelungsintensiv sind, ergibt sich eine doppelte Belastung.

(8) Die Wirkungen des Instrumentenverbundes führen hinsichtlich der übrigen Ziele der Kommission z.T zu ergänzenden und z.T. zu konfligierenden Effekten: Im Bereich »Bauen und Wohnen« werden mit der Verknappung von Fläche quasi automatisch Beiträge zu einer Optimierung der Infrastruktur geleistet. Auch Umbau- und Erhaltungsinvestitionen werden relativ billiger. Bei einem kombinierten Instrumenteneinsatz widerspricht die Verausgabung von Mitteln aus dem kommunalen Finanzausgleich an Private dem Ziel, den Subventionsaufwand zu verringern. Dafür kompensiert der kommunale Finanzausgleich bei geeigneter Ausgestaltung partiell die Belastung von Privaten, die sich besonders an das Flächenverbrauchsziel anpassen.

Im Bereich »Verkehr« bestehen Zielkonflikte zwischen einer räumlich gleichmäßigen Versorgung und den Umwelthandlungszielen. Außerdem werden die öffentlichen Haushalte in dem Maße die übrigen Steuern erhöhen müssen, indem sie zusätzliche Kosten verursachen, die nicht direkt auf die Nutzer weitergewälzt werden können.

Im Bereich »Standorte für Industrie und Gewerbe« besteht ein offensichtlicher Zielkonflikt zwischen der kostengünstigen Bereitstellung von geeigneten Standorten und der Verknappung neuer Flächen bzw. der Verteuerung von Flächennutzungen. Weichen die am meisten betroffenen Unternehmen ins Ausland aus, ergeben sich zusätzlich negative Arbeitsplatzeffekte. Die Verwendung von Mitteln des kommunalen Finanzausgleichs für Flächenrecycling kann diese Effekte etwas abmildern, indem sie die Wiedernutzung von Altstandorten subventioniert. Darüber hinaus könnten die Gemeinden versucht sein, die Kosten für Ausweisungsrechte nicht auf ansiedlungswillige Unternehmen zu überwälzen. Dann würden zusätzliche Kosten von den örtlichen Steuerzahlern insgesamt getragen.

(9) Faßt man die wichtigsten Befunde der Studie zusammen, so gelangt man zu folgendem Ergebnis: Um Fortschritte bei einer sparsamen Flächenausweisung und bei der nachhaltigen Flächennutzung zu erzielen, muß der bestehende rechtliche und institutionelle Rahmen einschneidende Änderungen erfahren. Es bedarf eines Eingriffs in die Ausweisungspraxis durch rigide Mengensteuerung. Das kommunale Finanzsystem, das bereits unter anderen Aspekten unter Veränderungsdruck steht, muß auch und gerade im Hinblick auf die flächenspezifischen Anreizeffekte reformiert werden. Erste Ansätze im Finanzausgleich und eine Reform der Grundsteuer in der im Gutachten untersuchten Form können zu einer deutlichen Verbesserung der Rahmenbedingungen beitragen.

(10) Auch wenn die vorhandene statistische Basis zur Flächenausweisung und -nutzung nicht hinreicht, um die Gesamteffekte von instrumentellen Einsätzen zur Erreichung der von der Enquête-Kommission formulierten Ziele berechnen zu können, so zeigen doch die vorhandenen und ausgewerteten Einzelinformationen, daß eine Umsetzung der Kommissionsforderungen mit Friktionen und Konflikten verbunden wäre, die zumindest in kurzfristiger Perspektive eine Konsensfindung erschweren und Reformen bereits im Ansatz stoppen könnten. Alternative Instrumente mit denselben flächenschonenden Effekten, die keine Konflikte heraufbeschwören, sind nicht vorhanden. Es sollte daher erwogen werden, die hier vorgeschlagenen bzw. untersuchten instrumentellen Ergänzungen auch dann einzuführen, wenn sie vorerst nicht in einer Schärfe durchsetzbar sind, wie sie die Erreichung der Kommissionsziele voraussetzen würde. Der Einstieg in ein nachhaltiges Flächenmanagement in Deutschland setzt eine strukturelle Änderung der vorhandenen Anreizsysteme für die wichtigen Akteursgruppen voraus. Für kommunale und private Akteure kann der Rahmen ihrer zukünftigen Einzelentscheidungen durch eine kombinierte Handhabung von Flächenausweisungsrechten, Flächennutzungsteuer und besonderen Finanzausgleichselementen zielkonform und wirksam verändert werden. Die Kombination läßt eine »sanfte« Einführungsstrategie zu, die Auswirkungen auf andere Ziele der Nachhaltigkeit abfedert. Eine rein symbolische Politik würde allerdings nicht weiterhelfen. Instrumente, die keinen Anpassungsdruck erzeugen, die Flächenausweisung nicht erschweren bzw. verknappen und die Flächennutzung nicht verteuern, mögen zwar konfliktfrei sein. Sie dienen aber auch nicht der nachhaltigen Flächenbewirtschaftung in Deutschland.

1 Vorbemerkung

Der vorliegende Endbericht untersucht auf der Grundlage spezifischer Umwelthandlungsziele, welche instrumentellen Ergänzungen das bestehende Regelwerk für Flächenausweisung und Versiegelung verbessern können. Aus dem breiten Spektrum unterschiedlicher Instrumente und dazugehöriger Varianten wurden in Abstimmung mit dem Auftraggeber auf der Basis des Zwischenberichtes drei Instrumente für die vertiefte Untersuchung ausgewählt. Die Auswahl erfolgte auf der Grundlage einer groben Skizzierung und Bewertung des bestehenden Regelungssystems für die Raumplanung und die bauliche Nutzung von Grundstücken, zudem anhand spezieller Verhaltenshypothesen zu den Akteuren in der Flächenausweisung und der Flächennutzung. Auf der Grundlage dieser Materialien entschied die Enquête-Kommission, daß die Instrumente handelbare Flächenausweisungsrechte, kommunaler Finanzausgleich und Flächennutzungsteuer vertieft untersucht werden sollten.

Zur Verwirklichung der ehrgeizigen Umwelthandlungsziele der Enquête-Kommission kann - trotz vielfältiger Verflechtungen von Flächenausweisung und Flächennutzung - über ein singulär eingeführtes Zusatzinstrument kein vollständiger Zielbeitrag geleistet werden. Infolgedessen müssen sowohl für die Flächenausweisung als auch für die Flächennutzung Anreizinstrumente untersucht werden; diese müßten ordnungs- und planungsrechtlich sowie einkommensteuerrechtlich und subventionspolitisch geeignet flankiert werden, damit die Ziele »Senkung der Flächenausweisungsrate« und »Versiegelungsreduzierung« zugleich wirtschafts- und sozialverträglich erreicht werden können. Allerdings wurden schon im Vorfeld der eigentlichen Wirkungsabschätzungen die enormen Verwerfungen deutlich, die eine strikte Verfolgung des »10%-Zieles« in der Flächenausweisung mit sich bringen würde; dies gilt auch für das Versiegelungsziel. Eine punktgenaue und in bezug auf mögliche Konflikte gleichzeitig »weiche« Ziellandung kann daher auch im Rahmen dieser Arbeit nicht präsentiert werden.

Die Federführung des Projekts lag beim Finanzwissenschaftlichen Forschungsinstitut an der Universität zu Köln. Das Institut hat - dem Auftrag der Enquête-Kommission entsprechend - die Ergebnisse aus gleichzeitig laufenden Vorhaben des Bundesministers für Umwelt, Naturschutz und Reaktorsicherheit bzw. des Umweltbundesamtes berücksichtigt. Insbesondere finden in diesem Endbericht zwei Studien mit wichtigen Teilergebnissen ihren Niederschlag, die im Institut gerade fertiggestellt worden sind: eine Arbeit, in deren Mittelpunkt die Reform der Grundsteuer steht,[1] und ein Projekt, das die Implementation ökologischer

[1] Bizer, Kilian; Lang, Joachim (1997): Ansätze für ökonomische Anreize zum sparsamen und schonenden Umgang mit Bodenflächen, vorläufiger Endbericht des Finanzwissenschaftlichen

Ansätze in den kommunalen Finanzausgleich untersucht.[2] Zu anderen Fragen fand eine intensive Kooperation mit anderen Forschungseinrichtungen statt: Bei der Wirkungsabschätzung mit Hilfe der Daten aus der Flächennutzungsstatistik sowie bei konzeptionellen Überlegungen zu den Instrumenten konnte auf umfangreiche Arbeiten der Bundesforschungsanstalt für Landeskunde und Raumordnung zurückgegriffen werden. Vom Institut für ökologische Raumentwicklung wurde zur weiteren empirischen Fundierung des Forschungsprojektes eine Befragung kommunaler und regionaler Akteure durchgeführt. Auf Arbeiten dieses Institutes basieren auch die Ausführungen zum planungsrechtlichen Instrumentarium und die Hypothesen zum Verhalten der kommunalen Akteure.

Forschungsinstituts an der Universität zu Köln in Zusammenarbeit mit dem Institut für Steuerrecht der Universität zu Köln für das Umweltbundesamt, Berlin, UFOPLAN 101 03 196.

[2] Bergmann, E. et al. (1997): Berücksichtigung ökologischer Gesichtspunkte beim kommunalen Finanzausgleich, vorläufiger Endbericht des Finanzwissenschaftlichen Forschungsinstituts an der Universität zu Köln für das Umweltbundesamt Berlin, UFOPLAN 108 01 128.

2 Zum methodischen Ansatz

Ziel der Untersuchung ist es, Aussagen darüber zu treffen, wie ein flächensteuerndes Instrumentarium beschaffen sein müßte, wenn es die von der Kommission vorgegebenen Umwelthandlungsziele innerhalb eines gegebenen Zeitraums verwirklichen wollte und welche Konsequenzen damit verbunden wären. Angesichts der anspruchsvollen Ziele, den Flächenverbrauch bis zum Jahr 2010 auf 10 vH der bisherigen Rate zu senken und die versiegelte Fläche langfristig auf dem derzeitigen Stand einzufrieren, kommen nur Instrumente in Betracht, die das Akteursverhalten in den Bereichen Flächenausweisung und Flächennutzung drastisch und nachhaltig verändern können.

Ausweisung und Nutzung von Flächen vollziehen sich innerhalb eines dichten Netzes unterschiedlicher Interessen und Akteure. Aus ökonomischer Sicht läßt sich das Verhalten dieser Akteure als anreizgesteuertes, eigennutzorientiertes Maximierungsstreben unter restringierenden Nebenbedingungen kennzeichnen; zu den Nebenbedingungen gehören neben dem Einkommen bzw. dem Budget auch Normen, Regeln sowie Institutionen im organisatorischen Sinne.

Die private Nachfrage nach Flächen und konkreten Flächennutzungen äußert sich überwiegend an Märkten. Dabei sind sicherlich die neoklassischen Rationalitätsannahmen und Anpassungshypothesen zu relativieren, vor allem in bezug auf Informations- und Transaktionskosten, deren Vorhandensein und Relevanz nicht bestritten wird. Generell wird jedoch die nachfragegesetzliche Aussage Bestand haben: Auch die Nachfrage nach Flächen und nach einzelnen Flächennutzungen wird bei Erhöhung der Flächen- bzw. Nutzungspreise tendenziell zurückgehen; bei Veränderung der relativen Preise zwischen einzelnen Flächennutzungsarten wird tendenziell zugunsten der relativ billiger gewordenen Nutzung substituiert. Der Preis wird also als Anreizsystem zumindest mitbestimmend für die Reaktion der Marktteilnehmer sein.

Dies hat in neoklassischer Tradition zu bestimmten Instrumentenempfehlungen geführt, soweit man politisch und d.h. exogen regulierend in den Markt eingreifen will. Politisch gewünschte Verknappungen können über Planungs- und Ordnungsrecht und dadurch mittelbar eingeleitete Verteuerungen umgesetzt oder unmittelbar durch künstliche Preise, also z.B. durch Steuern, signalisiert werden. Es wird - in welchem konkreten Maße auch immer - erwünschte Anpassungsreaktionen geben. Dabei sind die direkten preislichen Anreizsysteme aus ökonomischer Sicht allokativ effizienter. Normvorgaben haben nach einer der optimistischen neoklassischen Sicht entsprechenden rechtswissenschaftlichen Hypothese den Vorteil, daß sie »sichere« Wirkungen hervorrufen: Der Normadressat wird nämlich als unmittelbar normerfüllender bzw. normtreuer Staatsbürger verstanden.

Eine derartige Betrachtung ist allerdings verengt. Sie vernachlässigt zahlreiche Mechanismen, die auf Seiten der Politik und Verwaltung, aber auch auf Seiten der Marktteilnehmer und Bürger entscheidungserheblich werden können. Im konkreten Fall der Flächenausweisung und -nutzung vernachlässigt sie darüber hinaus die Rolle, die den kommunalen Akteuren zugewachsen ist. Die Gemeinden sind die für den Ausweisungsvorgang entscheidenden Institutionen. Der steuernde Einfluß auf die Nachfrage nach Flächen und Flächennutzungen über die Preise und über Planung bzw. Normen bleibt so lange wirkungslos, wie die Gemeinden durch ihr Verhalten gegensteuern und künstlich herbeigeführte Knappheitssignale mit neuen Flächenausweisungen, also Angebotsanpassungen beantworten. Regulierungen gegenüber Bürgern bzw. Marktteilnehmern bleiben dann zumindest partiell wirkungslos.

Damit ist das Spektrum umrissen, das im Rahmen einer institutionenökonomischen Arbeit zur Flächenproblematik untersucht werden müßte. Ein akteursspezifischer Ansatz müßte einerseits die flächennutzungsrelevanten Privatentscheidungen auf institutionelle Hemmnisse wie Transaktionskosten, asymmetrische Informationen und vertragliche Bindungen überprüfen, aber auch in bezug auf positiv wirkende Normen, intrinsische Motivationen usw. zu erfassen versuchen. Andererseits müßte die gesamte Flächenausweisungspraxis der Gemeinden Gegenstand einer institutionellen Betrachtung sein. Eine derart umfassende Analyse kann hier im Rahmen des zeitlich wie finanziell eng begrenzten Forschungsbudgets nicht geleistet werden. Vor allem die Wirkungsanalyse neuer Instrumente auf den einzelnen Teilmärkten kann nur am Rande in institutionelle Verschränkungen eindringen.

In einem zentralen Punkt ergänzt die Arbeit jedoch die üblichen instrumentellen Wirkungsanalysen der zuvor bereits skizzierten Art um eine institutionenökonomische Betrachtung: Es geht dabei um die für das Ausweisungsverhalten maßgebenden Faktoren. In den Mittelpunkt institutioneller bzw. institutionenökonomischer Überlegungen rücken hier die Verhaltensmuster und die darauf einwirkenden Anreizstrukturen der in den Gemeinden tätigen Politiker und Verwaltungsmitarbeiter. Es gilt, die bestehenden Anreizsysteme bzw. Instrumente darauf hin zu überprüfen, inwieweit sie die Flächenausweisung (in Teilaspekten auch die eigenen kommunalen Flächennutzungen) prägen; zudem müssen neue, auf die Ziele der Enquête-Kommission hin orientierte Mechanismen entwickelt werden.

Dazu sollen zunächst Hypothesen vorgestellt werden. Sie betreffen sowohl die kommunalen als auch die marktlichen Akteure. Im Anschluß an eine Darstellung der Zielvorgaben ist zu prüfen, inwieweit der bestehende rechtlich-institutionelle Rahmen Anreize für ein bestimmtes Ausweisungsverhalten und für bestimmte Flächennutzungen setzt. Die dann folgenden Teile rücken »neue« Instrumente bzw. Anreizmechanismen in den Vordergrund. Es geht um die Frage, ob die im bisherigen Rahmen unzureichend vorhandenen Anreize für ein flächensparendes Wirtschaften und für eine »versiegelungsarme« Entwicklung so ergänzt werden können, daß die Umwelthandlungsziele der Enquête-Kommission erreichbar werden. Dazu werden ergänzende Mechanismen vorgestellt und auf ihre Wirkungen hin überprüft, jedenfalls so weit dies mit Hilfe der vorhandenen Daten möglich ist.

Die Untersuchung fußt also - faßt man die methodische Basis zusammen - auf der Annahme, daß die Akteure innerhalb ihres Entscheidungsraumes begrenzt rational handeln. Das Konzept der begrenzten Rationalität (bounded rationality) beinhaltet, daß für jede Entscheidung und jeden Akteur Kosten der Entscheidungsfindung entstehen, so daß nicht alle Informationen beschafft oder ausgewertet werden können. Aufgrund der Informationskosten prädeterminiert der Akteur oft schon bei der Auswahl der herangezogenen Informationen seine Entscheidungssituation. Das bedeutet, daß er die Entscheidung tatsächlich nicht nach Zusammenstellung aller Informationen trifft, sondern sich eher in Form einer prozessualen Entscheidungsfindung dem Endergebnis nähert.

Im Rahmen des hier verfolgten Ansatzes wird unter begrenzter Rationalität außerdem verstanden, daß Akteure dazu neigen, sich an Verhaltensmuster zu binden. Auch Verhaltensmuster können Transaktionskosten senken, indem sie Akteure davor bewahren, bei jeder geringfügigen Änderung von Rahmendaten die Entscheidung für ein bestimmtes Verhalten neu zu überdenken. Verhaltensmuster entfalten jedoch gleichzeitig eine gewisse Dynamik, da sie aufgrund ihrer gewohnheitsbedingten Bindungswirkung sogar bei deutlicher Änderung der Rahmendaten, wie sie im vorliegenden Kontext angestrebt werden muß, die Akteure davon abhalten können, Transaktionskostensenkungspotentiale zu identifizieren und zu realisieren.

Verhaltensmuster können individuell spezifisch sein; in vielen Fällen sind sie jedoch gruppenspezifisch. Gruppenspezifische Verhaltensmuster entstehen insbesondere, wenn Netzwerke existieren, über die sich die Individuen mit Informationen versorgen oder in denen Abstimmungsprozesse institutionalisiert sind. Das ist beispielsweise in berufsständischen Organisationen der Fall, die über Gesetzesänderungen informieren oder einen gemeinsamen Standard festlegen. Derartige Netzwerke existieren auch in Unternehmen und in Kommunen.

Für die empirische Abschätzung der Wirkungspotentiale reicht es daher nicht aus, in einem quantitativen Verfahren die monetarisierbaren Kosten gegenüberzustellen und aufgrund qualitativer Abschätzung der nicht-monetarisierbaren Einflußfaktoren zu einem Wirkungsergebnis zu kommen. Das Entscheidungskalkül müßte vielmehr ergänzt werden um die wesentlichen institutionellen Rahmenbedingungen, unter denen Akteure die Entscheidung treffen.

Es wurde bereits darauf hingewiesen, daß ein solcher Anspruch weder für das Entscheidungskalkül im engeren Sinne noch für die gesamte Entscheidungssituation einschließlich der institutionellen Rahmenbedingungen bei allen diskutierten Instrumenten und Akteuren durchgeführt werden konnte. Dafür stehen weder die erforderlichen Daten zur Verfügung, noch reichten die Ressourcen für eine derartig differenzierte Analyse.

Dies gilt auch in bezug auf einen weiteren Aspekt der institutionenökonomischen Analyse: Zwischen den individuellen Interessen eines Akteurs und denen, die er als Mitglied einer Institution vertritt oder vertreten soll, besteht üblicherweise eine deutliche Diskrepanz. So ist es das individuelle Interesse eines kommunalen Spitzenpolitikers, seine Wiederwahl zu sichern; sein institutionelles Interesse bestünde darin, das Wohl seiner Gemeinde zu fördern. Auch wenn diese Interessen in vielen Fällen in Übereinstimmung gebracht werden können, fallen sie z.B.

hinsichtlich der Fristigkeit mancher Entscheidungen deutlich auseinander. Das relativ kurzfristig auf die Legislaturperiode ausgelegte stimmenmaximierende Kalkül des Politikers kann etwa in Widerspruch mit langfristigen und nachhaltigen Wohlfahrtszielen der Gemeinde stehen. Auch solche Diskrepanzen konnten nicht hinreichend berücksichtigt werden.

Der Ansatz der akteursspezifischen institutionenökonomischen Analyse führte indessen zu der Unterteilung der Entscheidungssituationen in die Bereiche Flächenausweisung und Flächennutzung, die auch durch die Zielvorgabe der Enquête-Kommission nahegelegt werden. Während die Flächenausweisung ausschließlich durch die Gebietskörperschaften vorgenommen wird, wirken in der Flächennutzung institutionelle öffentliche Akteure und private Akteure zusammen.

In der Flächenausweisung treten hauptsächlich die Kommunen auf. Die übergeordneten Gebietskörperschaften fungieren hingegen vornehmlich als begrenzende Institutionen. Allerdings gibt es zahlreiche Ausnahmen. So tritt der Bund etwa im atomrechtlichen Planfeststellungsverfahren oder bei der Planfeststellung im Bundesverkehrswegebau als flächenverbrauchender Vorhabenträger auf. Im Rahmen einer institutionellen Analyse ist also nicht nur nach Akteuren zu unterscheiden, sondern auch nach Entscheidungssituationen. Zusätzlich ist zu berücksichtigen, daß innerhalb dieser Institutionen unterschiedliche Ressorts existieren, die im Wettstreit um knappe Haushaltsmittel konkurrieren.

Im Rahmen der Untersuchung wird eine instrumentelle Ergänzung des bestehenden Regelungsapparates diskutiert. Dafür werden die Anreize analysiert, die aus den bestehenden Regeln für die Akteure in spezifischen Entscheidungssituationen entstehen. Um das Verhalten der Akteure langfristig und deutlich im Sinne der Umwelthandlungsziele zu verändern, müssen die zusätzlichen Anreize ausreichend stark bemessen sein.

Aufgrund mangelnder Daten zu den Entscheidungssituationen war im Projekt eine begleitende Befragung in zwei ausgewählten Räumen vorgesehen; sie sollte Antworten auf einige Fragen nach der Praktikabilität und Akzeptanz der Instrumente geben. Dafür wurden vom Institut für ökologische Raumplanung Dresden in der Region Hannover und der Region Dresden insgesamt 48 Interviews auf kommunaler und regionaler Ebene durchgeführt. Hierbei wurden sowohl Spitzenpolitiker (Bürgermeister und Dezernenten) wie auch führende Verwaltungsmitarbeiter (Amts- und Abteilungsleiter) befragt (siehe Anhang). Die Ergebnisse sind in die Konzeption und Wirkungsabschätzung der Instrumente eingeflossen.

3 Akteursspezifische Verhaltenshypothesen

3.1 Kommunale Akteure und Flächenausweisung

Angesichts unterschiedlichster Entwicklungsbedingungen, Interessenlagen und räumlicher Bezüge von Kommunen mag es vermessen erscheinen, generalisierend von Gemeinden als flächenausweisenden Akteuren zu sprechen. Dennoch soll im folgenden versucht werden, die im Rahmen der Bauleitplanung erfolgende Regelung der Grundstücksnutzung durch Gemeinden abstrakt, mittels eines begrenzten Vorrats an Hypothesen zu beschreiben und damit in einen überschaubaren Bezugsrahmen einzuordnen. Die Notwendigkeit einer situationsspezifischen Betrachtung des kommunalen Verhaltens in jedem Einzelfall gilt es hierbei jedoch nicht aus dem Blick zu verlieren.

Gemeinden sind öffentlich-rechtliche Gebietskörperschaften. Sie sind als juristische Personen des öffentlichen Rechts mit selbständiger Rechts- und Handlungsfähigkeit ausgestattet. In Art. 28 Abs. 2 Satz 1 des Grundgesetzes wird den Gemeinden garantiert, alle Angelegenheiten der örtlichen Gemeinschaft im Rahmen der Gesetze in eigener Verantwortung regeln zu können. Eigenverantwortlichkeit bedeutet dabei die Freiheit der Gestaltung, das freie Ermessen und die Freiheit der Weisungen bei der Wahrnehmung der Selbstverwaltungsaufgaben. Zum besonders geschützten Kernbereich der Selbstverwaltungsautonomie der Gemeinden gehört die Planungshoheit. Dieses gemeindliche Hoheitsrecht ermöglicht es den Gemeinden unter anderem, in eigener Verantwortung die städtebauliche Entwicklung im Rahmen der bestehenden Gesetze durch Bauleitpläne zu ordnen. Im Baugesetzbuch hat der Gesetzgeber die Planungshoheit der Gemeinden als pflichtige Selbstverwaltungsaufgabe fixiert (§ 2 Abs. 1 BauGB) und durch die Setzung eines Rahmens die Regelung der Grundstücksnutzung durch kommunale Entscheidungen normiert.

Angesichts der rechtlich möglichen umfassenden Sicherung von Natur und Landschaft durch freiraumsichernde Flächenausweisungen von Kommunen[1] stellt sich die Frage, welche konkreten Entscheidungen im Rahmen der Bauleitplanung von den Akteuren tatsächlich getroffen werden. Hierfür ist es notwendig, mit Hilfe eines Hypothesenvorrats das Verhalten von Kommunen näherungsweise zu beschreiben.

---

[1] Vgl. Bizer (1997), S. 67.

Dabei wird davon ausgegangen, daß die politischen Akteure in den Kommunen sich bei der Ausgestaltung ihrer Selbstverwaltungsautonomie in erster Linie am eigenen Nutzen orientieren.[2] Der Nutzen der Akteure speist sich aus den Gratifikationen, die ihnen zufließen: Einkommen, Macht, Status usw. Dabei sind Randbedingungen zu berücksichtigen, die ihren Handlungsspielraum - und damit auch ihre Eigennutzorientierung - einengen:

- Ohne (Wieder-)Wahl können die politischen Akteure ihre persönliche Wohlfahrt nicht maximieren, die notwendige Berücksichtigung der Präferenzen der Wähler schränkt ihre eigennützigen Handlungsspielräume ein.
- Die Akteure müssen das jeweilige Recht respektieren oder zumindest Risiken einer Rechtsverletzung einplanen. Recht stellt sich für sie als staatliche Einschränkung der praktischen Wahrnehmung von Angelegenheiten der örtlichen Gemeinschaft dar.
- Das Verhalten der kommunalen Akteure ist durch Beschränkungen des Budgets limitiert. Sie werden versuchen, durch Ausdehnung des zur Verfügung stehenden Budgets ihren Handlungsspielraum auszuweiten.

Die Notwendigkeit einer (Wieder-)Wahl, extern gesetztes Recht und die Begrenztheit des Budgets schränken also die eigennützigen Akteure ein. Die folgenden Hypothesen zum Verhalten von Kommunen müssen sich mithin zum einen auf die Interessen der Akteure und zum andern auf die Restriktionen kommunaler Entscheidungen beziehen und vor diesem Hintergrund aufzeigen, wie Entscheidungen über Flächenausweisungen zustande kommen.

> Hypothese Nr. 1: *Kommunen orientieren sich im Rahmen ihrer Aufgabenerfüllung unter anderem an dem Ziel der Budgetmaximierung. Die Gemeinden können durch eine entsprechende Flächenausweisungspolitik ihre steuerlichen Einnahmen erhöhen.*

Steuereinnahmen können, trotz ihres im Vergleich zur Haushaltswirtschaft von Bund und Ländern geringeren fiskalischen Gewichts, als Ausdruck gemeindlicher Finanzautonomie gesehen werden, weil sie sich auf der Grundlage ortsspezifischer wirtschafts- und bevölkerungsstruktureller Merkmale entwickeln und im Gegensatz zu Zuweisungen im Rahmen des kommunalen Finanzausgleichs eigene Entwicklungspotentiale widerspiegeln.[3] Geht man von den Verhältnissen in den westdeutschen Bundesländern aus, so resultiert im Durchschnitt etwa ein Drittel aller Einnahmen aus Steuern, wobei auf die Einkommensteuer 15,8 % und auf die Gewerbesteuer 14,9 % aller Einnahmen entfallen (Gemeindefinanzbericht 1997). Auch wenn Steuereinnahmen im Verwaltungshaushalt ostdeutscher Kommunen zur Zeit noch eine untergeordnete Rolle spielen (5,4 % Einkommensteuer und 3,8 % Gewerbesteuer), so heißt dies nicht, daß sich Flächenausweisungen dieser Gemeinden an gänzlich anderen Kriterien orientieren.

Steuereinnahmen bzw. Steuerzuwächse fungieren als Indikator für einen sich ausweitenden gemeindlichen Verhaltensspielraum. Es ist anzunehmen, daß den Gemeinden gerade in Situationen, in denen sie nur geringe Steuereinnahmen rea-

[2] Vgl. Bökemann (1982), S. 327.
[3] Vgl. Zimmermann (1995), S. 664 f.

lisieren können und entsprechend auf Zuweisungen des Landes angewiesen sind, - und dies gilt insbesondere für die Gemeinden in den neuen Ländern -, der Weg einer Erhöhung des Steueraufkommens durch die forcierte Ansiedlung privater Haushalte und Unternehmen als erfolgversprechende Strategie erscheint.

Bei den Steuereinnahmen sind - wie gesehen - vor allem die Gewerbesteuer und der Gemeindeanteil an der Lohn- und Einkommensteuer von Bedeutung. Die Gewerbesteuer wird von Unternehmen in Abhängigkeit von Ertrag und (und - bisher jedenfalls - vom Kapital) gezahlt, wobei jedoch eine Vielzahl von weiteren Determinanten die tatsächliche Steuerzahlung beeinflussen. Die Einkommensteuer ist generell von der Höhe des örtlichen Einkommensteueraufkommens abhängig. In der Verteilung der Lohn- und Einkommensteuer auf die Gemeinden gemäß dem örtlichen Aufkommen werden jedoch allein Einkommensleistungen bis zu einer gesetzlich vorgegebenen Höhe berücksichtigt. Diese sogenannten Höchstbeträge verringern den Anreiz für Kommunen, einkommensstarke Einwohner zu attrahieren.

Auch wenn bei der Bestimmung der tatsächlichen Anreizwirkung von Steuereinnahmen auf das Verhalten von Kommunen somit eine Vielzahl von Einflußgrößen zu berücksichtigen ist, kann angenommen werden, daß finanzielle Anreize Baulandausweisungen mitbeeinflussen; deren tatsächliche Vorteilhaftigkeit ist allerdings im Einzelfall nachzuweisen.

> Hypothese Nr. 2: *Da Gewerbesteuereinnahmen wie auch der Gemeindeanteil an der Lohn- und Einkommensteuer positiv mit der Ansiedlung von Unternehmen und Einwohnerzuzügen korrelieren, orientieren sich Kommunen in ihren Baulandausweisungen primär an den Flächenbedarfen dieser Akteure und neigen aus diesem Grund zur überproportionalen Ausweisung von Bauland gegenüber der Erhaltung von Freiflächen.*

Durch den Einsatz der Bauleitplanung werden bisher noch nicht mit Baurechten versehene Flächen des Gemeindegebiets als zukünftige Standorte für neue Wohn- und Gewerbenutzungen oder zur Erweiterung bestehender Standorte erschlossen. Neben der direkten Erhöhung ihres Steueraufkommens versprechen sich Gemeinden von der Ausweisung neuer Bauflächen zusätzliche indirekte Auswirkungen in Form von Einnahmen-Multiplikatoreffekten. So fördert die Realisierung der geplanten Vorhaben oft die lokale Bauwirtschaft, die neu angesiedelten Unternehmen und Einwohner steigern innerhalb der Gemeinde die Nachfrage nach Dienstleistungen der örtlichen Wirtschaft; außerdem kann mit der Schaffung neuer oder zumindest mit der Erhaltung bestehender Arbeitsplätze gerechnet werden.

Diesen indirekten fiskalischen Wirkungen wird seitens der Kommunen oftmals mehr Wert beigemessen als den direkt haushaltswirksamen Effekten von Baulandausweisungen.[4] Die Berücksichtigung indirekter fiskalischer Auswirkungen als Entscheidungskriterium im Rahmen der Bauleitplanung gilt es also durch eine eigenständige Verhaltenshypothese stärker in die Betrachtung einzubeziehen.

---

[4] Vgl. Junkernheinrich (1994), S. 61 und 71.

Diese Hypothese impliziert jedoch nicht, daß Gemeinden allein durch die Attrahierung neuer Unternehmen und Einwohner ihr Budget zu maximieren versuchen und daß ihre Flächenausweisungspolitik allein von diesem Ziel bestimmt wird. Kommunale Entscheidungen im Rahmen der Bauleitplanung fungieren ebenso als Mittel zur Umsetzung von Zielen einer bestandsorientierten Gewerbepolitik, wie auch als Maßnahme zur Verhinderung von Abwanderungen der ortsansässigen Bevölkerung. In der Regel führen derartige Entscheidungen indessen zu einer Ausdehnung der ausgewiesenen Bauflächen und lassen sich zumindest partiell auf fiskalische Interessen zurückführen.

> Hypothese Nr. 3: *Kommunen weisen Bauland nicht allein im Hinblick auf den erwarteten fiskalischen Effekt aus. Nicht alle kommunalpolitischen Probleme lassen sich in budgetmaximierende Lösungsstrategien übersetzen. So werden beispielsweise Probleme der kommunalen Umwelt- oder Wohnungsmarktsituation unter Maßgabe genuin politischer Präferenzen, wie beispielsweise situationsabhängige Wiederwahlchancen, definiert und bearbeitet.*

Auch wenn sich somit in der Budgetmaximierungshypothese eine Vielzahl von Einflußgrößen kommunaler Baulandausweisungen zusammenfassen lassen, sollte dies keineswegs dazu verleiten, Kommunen allein als Budgetmaximierer zu sehen. Anzunehmen ist vielmehr, daß diese Entscheidungen im Rahmen der Bauleitplanung auch mit Blick auf örtlich vordringlich zu lösende politische Probleme getroffen werden. Trifft diese Verhaltenshypothese zu, so ist es erforderlich, die Relevanz fiskalischer Effekte und weiterer Faktoren für Baulandausweisungen in Abhängigkeit beispielsweise von Ortsgröße, Lage, Bevölkerungs- und Wirtschaftsstruktur, parteipolitischen Präferenzen und anderen Einflußgrößen zu analysieren.[5]

Eine Dominanz finanzieller Anreize ist somit nur unter bestimmten Bedingungen, beispielsweise bei relativ geringem politischen Handlungsdruck[6] zu erwarten. Ansonsten werden Baulandausweisungen eher nach Maßgabe qualitativer Kriterien erfolgen, wie z.B. der Ansiedlung von Unternehmen einer bestimmten Branche, die sich "optimal" in die bestehende örtliche Wirtschaftsstruktur einfügen. Anzunehmen ist, daß qualitative Überlegungen von Kommunen hinsichtlich der Vorteilhaftigkeit von Baulandausweisungen deren fiskalische Relevanz nicht vollständig abbilden, so daß es notwendig erscheint, eine weitere Differenzierung des Hypothesenvorrats vorzunehmen.

> Hypothese Nr. 4: *Bei Baulandausweisungen führen Informationsdefizite, beispielsweise die unvollständige Berücksichtigung der Folgekosten von Erschließungsanlagen, dazu, daß Kommunen die positiven Wirkungen ihrer Ausweisungspolitik auf den Gemeindehaushalt überbewerten.*

Die den Baulandausweisungen vorausgehenden Überlegungen der Gemeinde - etwa hinsichtlich der Wahrscheinlichkeit des Eintretens der zu erzielenden Wir-

[5] Vgl. dazu Junkernheinrich (1991).

[6] Vgl. Bade et al. (1993), S. 82 ff.

kungen - beruhen in der Regel nicht auf genauen, die Nebenfolgen umfassenden Kalkulationen. So ist es durchaus möglich, daß der mit den Baulandausweisungen realisierte Nutzen durch Einnahmesteigerungen niedriger ausfällt oder daß die mit der Ausweisung einhergehenden Kosten - direkt im Rahmen der Planungs- und Erschließungsphase bzw. indirekte Folgekosten im Verlauf der Nutzungsphase - unterschätzt werden.

Kommunale "Fehlinvestitionen" dieser Art können aber nicht einfach als Resultat eines defizitären Investitionskalküls gedeutet werden. Wenn man die Komplexität und Unsicherheit der relevanten Einflußgrößen berücksichtigt, so ist nicht nur die Abschätzung der tatsächlichen Nachfrage nach Wohn- und Gewerbeflächen angesichts eines verschärften interkommunalen Wettbewerbs um Unternehmen und einkommensstarke Einwohner mit großen Schwierigkeiten behaftet; auch eine stabile Erwartungsbildung hinsichtlich der vollständigen fiskalischen Effekte von Baulandausweisungen ist aufgrund des hohen Aufwandes zur Ermittlung der Erschließungskosten, der situationsabhängigen Steuereffekte und der kompensierenden Wirkungen des kommunalen Finanzausgleichs nahezu ausgeschlossen.

> Hypothese Nr. 5: *Auf Informationsdefizite zurückzuführende, übermäßige Baulandausweisungen können von den Gemeinden auf zwei Wegen vermieden werden: durch verbesserte kommunale Informationssysteme und durch Hilfestellungen seitens der Landes- und Regionalplanung.*

Sind übermäßige Baulandausweisungen auf unzureichende Informationen zurückzuführen, so ist es möglich, durch vollständigere Informationen die Rationalität kommunaler Entscheidungen zu erhöhen. Anzunehmen ist, daß Kommunen - wenn auf diesem Wege finanzielle Probleme vermieden werden können - einer Verbesserung der Informationsbasis und der Informationsverarbeitung aufgeschlossen gegenüberstehen. Das etwa bei einzelnen ostdeutschen Kommunen zu beobachtende Problem - Kreditfinanzierung der Erschließung von Gewerbeflächen mit anschließender Unterauslastung und fixen Folgekosten - weist darauf hin, daß eine Verbesserung der Informationsbasis die negativen Folgen für das kommunale Budget hätte verhindern können.

Auch die zu beobachtende interkommunale Kooperation bei der Ausweisung von Gewerbeflächen zeigt, daß die Notwendigkeit einer verbesserten Information von den Kommunen selbst gesehen und in situationsangepaßte Verhaltensweisen umgesetzt wird. Hierbei kommt den seitens der Landes- und Regionalplanung gesetzten Rahmenbedingungen kommunaler Aufgabenerfüllung eine wesentliche Bedeutung zu, da sie Kooperation sowohl behindern als auch - beispielsweise durch finanzielle Anreize - fördern können. Interkommunale Kooperation ist sicherlich keine Gewähr für Erfolge. Anzunehmen ist jedoch, daß sie einen eigenständigen Beitrag zur Einschränkung des Siedlungsflächenwachstums leistet. Zukünftig wird die Rolle der Kooperationen gesetzlich stärker verankert sein.

Jenseits freiwilliger kommunaler Aktivitäten, etwa in Form von Kooperationen, bedarf das kommunale Flächenausweisungsverhalten einer staatlichen Regulierung. Denn die dezentralen Akteure berücksichtigen in der Regel nicht, daß von ihren Aktivitäten unerwünschte Nebenwirkungen - etwa auf den Naturschutz und andere überörtliche Güter - ausgehen.

> Hypothese Nr. 6: *Kommunen in Verdichtungsräumen definieren ihre Stadtentwicklungs- und Flächenausweisungspolitik ohne Rücksicht auf stadtregionale Interessenkonstellationen und überörtlich zu erstellende Schutzgüter. Stadtregionale Schutzgüter, wie beispielsweise Biotopverbundsysteme mit großen unzerschnittenen Freiflächen, werden aufgrund des Trittbrettverfahrerverhaltens von Kommunen nicht hinreichend bereitgestellt.*

Zwar profitieren auch die Gemeinden von der Existenz (regionaler) öffentlicher Güter wie etwa dem "Freiraum", das heißt aber nicht, daß sie auch aktiv dessen Bereitstellung fördern oder Aktivitäten unterlassen, die die Funktionen dieses Gutes stören. Vielfach ist es für die Kommunen von Vorteil, unter Vermeidung von Beitragsleistungen zu diesem öffentlichen Gut, weiterhin umfangreiche Bauflächen auszuweisen und sich bei der Produktion regionaler Freiflächensysteme als Trittbrettfahrer zu verhalten. Die Folgen eines derartigen Verhaltens aller Kommunen liegen auf der Hand: Überörtliche Schutzgüter werden nicht erstellt; zu beobachten ist dagegen ein übermäßiger Anteil von Siedlungs- und Verkehrsflächen in verdichteten Stadtregionen. Daran können übergeordnete Planungen kaum etwas ändern, solange die fiskalischen Anreizsysteme auf die Verwendung der Fläche im Produktionsprozeß zwecks Einnahmeerzielung gerichtet und die übrigen staatlichen Sanktionsmechanismen schwach ausgeprägt sind.

> Hypothese Nr. 7: *Staatliche Planungen und Vorgaben mit problematischen Sanktionsmustern haben für gemeindliche Akteure einen geringeren Stellenwert als finanzielle Anreizmechanismen. Gemeinden werden zwar bemüht sein, flächenorientierte Nachhaltigkeitsplanungen und -ziele zu unterstützen, aber nur soweit dadurch die eigenen Dispositionsspielräume nicht eingeengt werden. Freiflächenplanungen und Einschränkungen in der Ausweisungsmenge bzw. -rate werden daher nur bei finanzieller Kompensation erwogen.*

Dies gilt zumindest so lange, wie noch keine allgemeinen Umweltverschlechterungssymptome evident geworden sind und die Flächenausweisung noch akzeptierte Beiträge zur Expansion liefern kann. Der dominante fiskalische Anreizmechanismus kann seine Kraft einbüßen, wenn »das Kind weitgehend in den Brunnen gefallen ist« und die örtliche Umweltsituation sich deutlich verschlechtert.

In einigen Stadtregionen zeichnen sich derartige Überlastungssituationen bereits ab, und hier haben sich auch schon die Strategien einiger Kommunen geändert. So versuchen etwa Umlandkommunen, die in der Vergangenheit einen raschen Wachstumsprozeß durchlaufen haben, eine weitere Verschlechterung ihrer Umweltqualität durch Einschränkung von Baurechten zu verhindern. Auch wenn diese Strategie primär als Ausdruck örtlich begrenzter Interessen zu sehen ist und mit der Erhöhung des Siedlungsdrucks an anderer Stelle einhergehen kann,[7] so ist doch anzunehmen, daß die spürbare Verschlechterung der stadtregionalen Umweltsituation durch übermäßige Baulandausweisungen Kommunen zu einer Neudefinition ihrer Siedlungsstrategie veranlaßt.

Als zentrale Hypothese kann formuliert werden, daß Kommunen aufgrund einer Vielzahl von Einflußgrößen und Problemen zu einer übermäßigen Ausweisung von Wohngebieten und Gewerbeflächen neigen, wenngleich eine solche Aussage mit Blick auf situationsspezifische Bedingungen relativiert werden muß. Erwartete fiskalische Vorteile, lokale politische Strategien wie etwa im Wohnungsbau sowie die unvollständige Berücksichtigung der Folgekosten führen zu einer überproportionalen Ausweisung von Bauland. Selbst eine freiwillige, ökologisch motivierte Einschränkung von Baurechten in Umlandgemeinden wird auf stadtregionaler Ebene zu einer weiteren Ausdehnung des ausgewiesenen Baulandes führen, wenn kernstadtferne, wachstumsorientierte Gemeinden der Standortnachfrage von privaten Haushalten und Unternehmen entgegenkommen und niedrigere Bodenpreise eine erhöhte Inanspruchnahme von Freiflächen ermöglichen. Nur wenn die Einschränkung von Baurechten von allen Kommunen vorgenommen wird, und dies ist bei der Existenz von externen Effekten und dem (öffentlichen) Gutscharakter von Naturschutz nicht zu erwarten, kann eine Reduzierung des stadtregionalen Siedlungsflächenwachstums erwartet werden.

3.2 Flächennutzung

Im Bereich der Flächennutzung existieren unterschiedliche Märkte, die voneinander abgrenzbar sind: der Grundstücksmarkt, der Markt für Gebäude und der Wohnungsmarkt. Für eine Abgrenzung nach Akteuren, die durch preisliche Anreize in ihrem Verhalten beeinflußt werden sollen, kann aber auch eine andere Abgrenzung gewählt werden. Danach lassen sich drei Akteursebenen unterscheiden, die sich bei Bedarf und je nach Verfügbarkeit von Daten weiter differenzieren lassen. Zu diesen drei Ebenen zählen die Akteure des Wohnungsbaus, die Träger von Gewerbe- und Industriegebäuden sowie die öffentlichen Träger von Baumaßnahmen. Der Hypothesenbildung liegt die Annahme zugrunde, daß die Träger der Baumaßnahmen zwar nicht immer mit den Nutzern identisch sind, die Nachfrage aber hinlänglich korrekt - über die Wirkungsketten preislicher Anreize auf den Märkten - antizipieren und so im Vorgriff auf die Wahl der Endverbraucher ihre Investitionsentscheidung ausrichten. Dies gilt sowohl für den Bereich der Wohngebäude als auch für Industrie- und Gewerbegebäude wie auch den öffentlichen Bereich. Für die drei Akteursebenen werden im folgenden Verhaltenshypothesen formuliert.

> Hypothese Nr. 1: *Die privaten Träger von Wohnungsbaumaßnahmen reagieren auf Preisänderungen, und zwar sowohl hinsichtlich des Angebots als auch der Nachfrage.*

---

[7] Vgl. Pfeiffer et al. (1993).

Wohnungsgebäude werden am Markt mit Renditeabsichten angeboten. Die Renditeerwartungen prägen die Aktivitäten von Wohnungsbaugesellschaften sowohl hinsichtlich des Ausmaßes, in dem eine Bereitstellung erfolgt, als auch hinsichtlich der Qualität der Bauausführung, d.h. der Ausstattung von Wohneinheiten. Mit letzterem reagieren die Anbieter auf die bei Preisänderungen variable Nachfrage.

Mit dem Ausmaß ihrer Aktivitäten reagieren Wohnungsbauträger auch auf die Abschaffung steuerlicher Vergünstigungen oder spezifischer Förderanreize, solange der Markt nicht schlechtere Bedingungen auffängt. So kann es etwa zu einer reduzierten Bautätigkeit kommen, wenn die Abschreibungsmöglichkeiten verringert werden. Da für die Investition von Kapital in den Wohnungsbau die alternativen Renditen des Kapitalmarktes entscheidend sind, kann die Bautätigkeit aber auch durch veränderte Bedingungen auf den relevanten Märkten für andere Anlageformen beeinflußt werden.

> Hypothese Nr. 2: *Nachfrager reagieren auf Preisänderungen mit qualitativ veränderten Ansprüchen an das Objekt. Die Reaktion ist hinsichtlich der Größe der Wohneinheit elastischer als hinsichtlich der Bauart (freistehendes Einfamilienhaus, Reihenhaus, mehrgeschossiges Wohngebäude) und hinsichtlich der Ausstattung elastischer als hinsichtlich der Größe der Wohneinheit. Möglicherweise weist die Reaktion bei der Grundstücksgröße die höchste Elastizität auf.*

Ein Beleg für Hypothese 2 wäre, wenn Nachfrager auf ein höheres Grundstückspreisniveau z.B. vornehmlich mit geringeren Grundstücksgrößen pro Einheit reagieren. Ob empirische Belege für die Unterscheidung der genannten Reaktionselastizitäten gefunden werden können, muß zunächst offen bleiben. Daß eine generelle Preisempfindlichkeit besteht, kann jedoch als nachgewiesen gelten.[8]

> Hypothese Nr. 3: *Gewerbe- und Industriebauträger reagieren wie die privaten Investoren im Wohnungsbau auf Renditeerwartungen.*

Grundsätzlich gilt wie beim Wohnungsbau, daß die freie Wirtschaft bei Investitionen nicht preisunempfindlich ist. Besonders bei gewerblichen Gebäuden, etwa Bürogebäuden, kommt es zwar immer wieder - wie derzeit in Berlin - zu massiven »Überinvestitionen«, die am Markt nicht sofort einer Nutzung zugeführt werden können.[9] Langfristig orientieren sich die Investoren aber an den erzielbaren Erlösen.

> Hypothese Nr. 4: *Anreize zur Anpassung von Grundstücksgröße und Bauausführung können sich verlaufen, weil sie gegenüber anderen Produktionsbedingungen irrelevant sind. Das könnte der Fall bei Investitionen in Anlagen zur Produktion sein, die sich wegen technischer Probleme z.B. nicht anders anordnen lassen.*

---

[8] Siehe Bizer/Ewringmann (1996).

[9] Dies sind jedoch vornehmlich durch die damit verbundenen Abschreibungsmöglichkeiten und Verlustvorträge zu erklären.

Bei Industriegebäuden ist die Situation uneindeutiger. Auch wenn die Standortwahl für Produktionsanlagen nicht preisunempfindlich ist, so spielen hier doch Lohnstückkosten und Abschreibungsmodalitäten eine größere Rolle als grundstücks- oder bebauungsspezifische Anreize. Allerdings darf nicht übersehen werden, daß nach der einmal erfolgten Standortwahl auch die nachfolgende Nutzung begrenzt steuerbar ist.

> Hypothese Nr. 5: *Die öffentlichen Bauträger haben wegen ihrer grundsätzlichen Möglichkeit, Mehrausgaben über Steuererhöhungen auszugleichen, andere Reaktionsmöglichkeiten als die Privaten. Die beiden möglichen Extremfälle sind die vollständige Überwälzung durch Steuererhöhungen oder die vollständige Reduzierung der Auftragsvergabe, so daß Preissteigerungen kompensiert werden.*

Grundsätzlich könnte für die öffentlichen Etats angenommen werden, daß sie überhaupt nicht auf finanzielle Anreize reagieren und alle Mehrbelastungen sofort in Steuererhöhungen umsetzen. Zumindest zur Zeit dürften Steuererhöhungen jedoch politisch kaum durchsetzbar sein, so daß - als gegensätzlicher Extrempunkt - gelten könnte, daß die öffentlichen Etats in Höhe der gesamten Mehrbelastung Realeinbußen hinnehmen und z.B. bauliche Leistungen reduziere müssen. Wenn dies eintritt, entsteht für die zuständigen Ressorts ein Anreiz, noch möglichst viele der geplanten Projekte umzusetzen, so daß eine Suche nach billigeren Ausweichreaktionen beginnt. Je nach Ausdifferenzierung der Anreize kann so auch das Verhalten der öffentlichen Haushalte beeinflußt werden.

> Hypothese Nr. 6: *Anreize, die von einer Gebietskörperschaft gesetzt werden, können auch wirken, wenn Ressorts derselben Gebietskörperschaft betroffen sind. Das gilt besonders dann, wenn die Ressorts nach neueren Methoden eigene Ausgabenverantwortung tragen (Budgetierung).*

Im Zusammenhang mit der Flächennutzung sind alle Ebenen der Gebietskörperschaften betroffen. Auf welcher Ebene auch immer ein Anreizinstrument angesiedelt wird, es kann auch innerhalb der Ebene Anreizwirkung entfalten und einen Beitrag zu den flächenbezogenen Umweltzielen leisten.

4 Zielvorgaben

Die von der Enquête-Kommission vorgegebenen umweltpolitischen Handlungsziele lauten für die Flächenausweisung »Reduzierung des Flächenverbrauchs auf 10 vH der für die Jahre 1993 bis 1995 festgestellten Rate« und für die Flächennutzung »Einfrieren des jetzigen Standes der Versiegelung«. Neben diesen Zielen bestehen im Zieldreieck »Bauen und Wohnen« zahlreiche weitere Ziele, die z.T. in einem konkurrierendem, z.T. in einem komplementärem Verhältnis zueinander stehen.

Unabhängig von den Beziehungen der Ziele untereinander lassen sich die umweltpolitischen Ziele der Enquête-Kommission nur erreichen, wenn auch die anderen Bereiche, in denen Flächenverbrauch stattfindet, also die Flächenansprüche aller Nutzungsgruppen, für die Instrumentierung berücksichtigt werden.

Um Klarheit über die zu berücksichtigenden Ziele in den Bereichen Verkehr sowie Gewerbe und Industrie zu gewinnen, wird im folgenden das Zielsystem »Bauen und Wohnen« mit seinen drei Dimensionen Ökologie, Ökonomie und Sozialverträglichkeit übertragen. Dafür werden zunächst die Konflikt- und Ergänzungspotentiale des Zielbereichs Bauen und Wohnen genannt. Anschließend wird auf die wichtigsten Zielkonkurrenzen und Zielkomplementaritäten hingewiesen.

4.1 Das Zieldreieck »Bauen und Wohnen«

Für das Zieldreieck Bauen und Wohnen gibt es Zielkongruenzen: So lassen sich eine Reduzierung des Flächenverbrauchs und eine möglichst geringe zusätzliche Versiegelung im Bereich Wohnen am besten durch eine Bebauung realisieren, die eine Geschoßflächenzahl (GFZ) von rund 0,8 aufweist.[1] Gleichzeitig kann diese Bebauung mit vergleichsweise geringen Kosten pro Wohneinheit (bei gleicher Nettowohnfläche) aufwarten, weil z.B. technische und soziale Infrastruktur optimiert werden können (ökonomische Dimension).

Konflikte ergeben sich jedoch, wenn von einer einheitlichen GFZ abgewichen wird, um eine lockere Bebauung zu verwirklichen. Auch und gerade in einer »Stadt der kurzen Wege« muß die Bebauung von einem gewissen Wechsel der Typen geprägt sein, um den unterschiedlichen Anforderungen gerecht zu werden, die Einkaufsbereiche, Bürogebäude und Wohngebäude stellen, und um Einheits-

[1] Siehe dazu Losch (1994) und (1992), S. 258 m.w.N.

siedlungen zu vermeiden (soziale Dimension). Dadurch steigt aber der Flächenverbrauch (ökologische Dimension).

Ein möglicher Zielkonflikt liegt langfristig möglicherweise auch zwischen der Schaffung bzw. Sicherung von Arbeitsplätzen der Bauwirtschaft (soziale Dimension) und den Zielen innerhalb der ökologischen Dimension. Diese stehen zwar mittelfristig für einen erhöhten Bauaufwand, etwa bei der Verwirklichung des Kohlendioxidemissionsziels bis 2005; es ist jedoch unsicher, ob langfristig der erhöhte Bauaufwand im Bestand der Siedlungs- und Verkehrsfläche den Ausfall beim Neubau in der Freifläche kompensieren kann. Dies hängt in bedeutendem Ausmaß von der Bevölkerungs- und der Einkommensentwicklung ab; zusätzlich wirkt jedoch auch der Nachfrageeffekt des einzusetzenden Instrumentariums auf die Bauwirtschaft. Unter dem strikten Versiegelungsziel dürfte langfristig ein Absinken der Bautätigkeit unvermeidbar sein.

Neben diesen dem Zieldreieck immanenten Zielkonflikten kommt es auch zu Konflikten mit anderen Zielen der Bundesregierung: So ist bisher eine Förderung des Eigenheimbaus insbesondere für den Typus Einfamilienhaus implizit favorisiert worden.[2] Von dieser Vorstellung ist jedoch Abschied zu nehmen, wenn die Eigentumsquote weiter erhöht werden soll, ohne daß die Flächenziele verletzt werden.

Beide Umwelthandlungsziele bedeuten in der Konsequenz, daß breite Schichten der Bevölkerung dazu bewogen werden müssen, flächensparende und versiegelungsarme Bebauungstypen zu bewohnen. Soweit dies mit ökonomischen Anreizmechanismen erreicht werden soll, bestehen zwei Möglichkeiten: Erstens können Haushalte über Subventionen angereizt werden, zielkonform zu handeln. Zweitens können sie über negative Anreize, z.B. Steuern, dazu bewogen werden, zielentsprechend zu bauen bzw. zu wohnen. Während die erste Lösung dem Ziel »Verringerung des Subventionsaufwandes« (ökonomische Dimension) widerspricht, kann die zweite in Konflikt mit dem Ziel »erträgliche Ausgaben für Wohnen« (soziale Dimension) treten. Auch wenn ungeklärt ist, in welchem Maße diese Zielkonflikte empirisch relevant sind, werden sich deutliche Zielbeiträge zu den Umwelthandlungszielen immer entweder auf den Subventionsaufwand oder aber die Wohnungs(miet)preise auswirken.

---

2 Ein Beispiel ist etwa der geringere Steuermeßbetrag für Einfamilienhäuser der geltenden Grundsteuer.

Übersicht 4.1: Zieldreieck im Bereich Bauen und Wohnen

Ökologische Dimension

- Reduzierung des Flächenverbrauchs
- Stopp der Zersiedelung der Landschaft
- Möglichst geringe zusätzliche Bodenversiegelung, Entsiegelung wo möglich
- Orientierung von Stoffströmen im Baubereich an den Zielen der Ressourcenschonung
- Vermeidung von Verwendung und Eintrag von Schadstoffen in Gebäude bei Neubau, Umbau und Nutzung, Beachtung dieser Prinzipien bei der Schließung des Stoffkreislaufs bei Baumaterialien.
- Verringerung der Kohlendioxid-Emissionen der Gebäude um 25% bis 2005 im Sinne des Ziels der Bundesregierung

Ökonomische Dimension

- Minimierung der Lebenszykluskosten von Gebäuden (Erstellung, Betrieb, Instandhaltung, Rückbau und Recycling etc.)
- Relative Verbilligung von Umbau- und Erhaltungsinvestitionen im Vergleich zum Neubau
- Optimierung der Aufwendungen für technische und soziale Infrastruktur
- Verringerung des Subventionsaufwandes

Soziale Dimension

- Angemessener Wohnraum nach Alter und Haushaltsgröße; erträgliche Ausgaben für »Wohnen« auch für Gruppen geringeren Einkommens im Sinne eines angemessenen Anteils des Haushaltseinkommens.
- Geeignetes Wohnumfeld, soziale Integration, Vermeidung von Ghettos.
- Vernetzung von Arbeiten, Wohnen und Freizeit in der Siedlungsstruktur.
- »Gesundes Wohnen« innerhalb wie außerhalb der Wohnung.
- Erhöhung der Wohn-Eigentumsquote unter Entkoppelung von Eigentumsbildung und Flächenverbrauch
- Schaffung bzw. Sicherung von Arbeitsplätzen in der Bauwirtschaft

Quelle: Enquête-Kommission (1997), S. 107.

4.2 Das Zieldreieck »Verkehr«

Die Inanspruchnahme von Flächen für verkehrliche Zwecke ist fast ebenso groß wie die Siedlungsfläche. Für eine Umsetzung des Flächen- und Versiegelungsziels müssen deshalb auch die Verkehrsflächen einbezogen werden.

Im Nutzungsbereich Verkehr wird nicht nur versiegelte Fläche beansprucht, sondern die Umwelt auch durch Emissionen belastet, die sich sowohl global als auch lokal entlang vielbefahrener Verkehrsachsen bemerkbar machen. Gleichzeitig übernimmt der Verkehrsbereich in hochindustrialisierten, arbeitsteiligen Gesellschaften eine wichtige Funktion für Gewerbe und Industrie. Berücksichtigt man zudem die veränderten Arbeitsbedingungen, zeigt sich, daß private Mobilität nicht nur durch disperse Siedlungsstrukturen (im Grünen wohnen und in der Stadt arbeiten), sondern auch durch erhöhte Mobilitätsanforderungen der Arbeitgeber zugenommen hat. Im Verkehrsbereich konfligieren folglich die ökonomische und die soziale Zieldimension mit der ökologischen Dimension der Handlungsziele.

Ein Baustopp bei Landes- und Bundesstraßen sowie Bundesautobahnen würde zwar Landschaftszerschneidungen verhindern und die Neuversiegelung reduzieren (ökologische Dimension). Gleichzeitig wird damit möglicherweise aber die Anbindung schwach entwickelter Regionen behindert, so daß soziale Disparitäten in räumlicher Hinsicht bestehen bleiben (soziale Dimension). Dieser Zielkonflikt ist letztlich nicht aufzulösen.

Übersicht 4.2: Zieldreieck im Bereich Verkehr

Ökologische Dimension
- Langfristig Flächenversiegelung konstant halten durch Nutzung von Entsiegelungspotentialen zur Kompensation von Neubauten
- Emissionsreduzierung des Individualverkehrs (Kohlendioxid, Stickoxide, Staub, etc.)
- Ausbau des öffentlichen Personenverkehrs

Ökonomische Dimension
- Kostengünstige Bereitstellung von Infrastruktur
- Äquivalenz zwischen Inanspruchnahme von Infrastrukurleistungen und Gegenleistung

Soziale Dimension
- Soziale Disparitäten in räumlicher Hinsicht mindern
- Vernetzung von Arbeit, Wohnen und Freizeit
- Sicherung von Arbeitsplätzen
- Einkommensschere zwischen Stadt und Land nicht vergrößern

Das Zieldreieck für Verkehr verdeutlicht, daß die instrumentelle Umsetzung der Umwelthandlungsziele Zieleinbußen in anderen Bereichen zur Folge haben wird.

4.3 Das Zieldreieck »Standort für Industrie und Gewerbe«

Die Flächenbedarfe für Industrie und Gewerbe fallen insgesamt nicht so schwer ins Gewicht wie die Wohnungsbauflächen oder Verkehrsflächen. Gerade wegen der Vorbelastung von Flächen aufgrund von industriell-gewerblichen Nutzungen sind Industriebrachen jedoch entweder gar nicht oder nur mit extrem hohem Sanierungsaufwand für Wohnbauzwecke nutzbar. Das Augenmerk liegt deshalb auf der Wiederverwendung von Altstandorten, um so die »grüne Wiese« zu schonen. Gleichzeitig soll ein Anreiz gegeben werden, flächenintensive Bebauungen in mehrgeschossige Bauweisen zu überführen.

Anders als Ende des letzten Jahrhunderts und Anfang diesen Jahrhunderts stellen moderne Produktionsanlagen nicht nur räumliche Anforderungen, die in manchen Fällen nur außerhalb der Ballungsräume zu befriedigen sind; sie verlangen auch nach einer geeigneten Infrastruktur. Soweit damit verkehrliche Infrastruktur betroffen ist, ergeben sich Überschneidungen mit dem Zieldreieck »Verkehr«. Es kommen jedoch noch weitere Aspekte hinzu, etwa Entsorgungsinfrastruktur für Abwasser etc., die mit Flächenanforderungen einhergehen.

Für jegliche Beschäftigungsziele spielt die Ansiedlungsbereitschaft von Industrie und Gewerbe eine zentrale Rolle (soziale Dimension). Dafür sind geeignete Standorte erforderlich. Als geeignet erweisen sich Standorte jedoch nicht durch planerisch-abstrakte Festlegung von Kriterien, sondern in direkter Konkurrenz zu anderen Standorten in der Region, in Deutschland oder gar im europäischen oder außereuropäischen Ausland. Für die Ermittlung von Zielkonflikten ergibt sich daraus, daß nach den entscheidungsleitenden Standortkriterien, und zwar jeweils im Vergleich zu Alternativen gesucht werden müßte.

Eine konsequente Verfolgung der Umwelthandlungsziele muß sich folglich im Wettbewerb bewähren. Führt sie dazu, daß keine neuen Industrie- und Gewerbestandorte mehr entstehen, aber auch keine Altstandorte wiedergenutzt werden, kommt es zu einem massivem Widerspruch zwischen ökologischer Dimension und der ökonomischen wie sozialen Dimension. Möglicherweise können diese Zielkonflikte zumindest teilweise instrumentell aufgefangen werden.

Übersicht 4.3: Zieldreieck im Bereich Standorte für Industrie und Gewerbe

Ökologische Dimension

- Langfristig Flächenversiegelung konstant halten durch Nutzung von Entsiegelungspotentialen zur Kompensation von Neubauten
- Recycling von Industriebrachen, Altlastenstandorten und sog. belasteten Flächen
- Emissionsreduzierung

Ökonomische Dimension

- Kostengünstige Bereitstellung von geeigneten Standorten
- Äquivalenz zwischen Inanspruchnahme von Infrastrukurleistungen und Gegenleistung

Soziale Dimension

- Sicherung von Arbeitsplätzen
- Einkommensschere zwischen Stadt und Land nicht vergrößern

5 Auswahl bestehender Regulierungsmechanismen für die Durchsetzung der Umwelthandlungsziele

Die folgende Auswahl beinhaltet Regulierungsmechanismen, die schon jetzt in Richtung der Umwelthandlungsziele der Enquête-Kommission wirken oder eingesetzt werden könnten. Die bestehenden Regulierungsmechanismen werden den Zielen Reduzierung der Flächenausweisung und der Flächenversiegelung zugeordnet.

5.1 Reduzierung der Flächenausweisung

5.1.1 Einflüsse raumplanerischer Vorgaben des Bundes und der Länder

Die raumordnungspolitischen Vorgaben des Bundes sind wegen ihrer geringen Konkretisierung für das gemeindliche Ausweisungsverhalten kaum von Bedeutung. Das gilt bis hin zum mittelfristigen Arbeits- und Aktionsprogramm der Raumordnung von Bund und Ländern. Der raumordnungspolitische Handlungsrahmen enthält keine planerischen Festsetzungen, sondern beschränkt sich auf die Formulierung von Handlungsempfehlungen.

Auf Landesebene werden die Aufgaben der Raumordnung von der Landes- und Regionalplanung wahrgenommen. Ihre Funktionen bestehen in der übergeordneten, überörtlichen und zusammenfassenden Planung der räumlichen Ordnung und Entwicklung des Landes und seiner Teilräume und der Abstimmung raumbedeutsamer Planungen und Maßnahmen des Bundes, der Länder und sonstiger öffentlicher und privater Planungsträger.

Die landes- und regionalplanerischen Steuerungsinstrumente können grob unterteilt werden in

- Instrumente, die direkt die Siedlungsentwicklung durch Festsetzungen beeinflussen (z.B. Ausweisung von Schwerpunktgebieten, Gemeinden mit Beschränkung auf Eigenentwicklung, Grünzäsuren etc.) und
- Instrumente, die indirekt, durch Beeinflussung der Freiraumentwicklung, einen Steuerungseffekt auf die Siedlungsentwicklung ausüben (Vorrang- und Vorbehaltsgebiete, Regionale Grünzüge etc.).

Die indirekten Steuerungsinstrumente können nur in dem Fall eine wirksame Grenze für das gemeindliche Ausweisungsverhalten darstellen, in dem Gemeinden völlig durch Vorrang- und Vorbehaltsgebiete sowie durch regionale Grünzüge beschränkt werden.

Auch die direkten Steuerungsinstrumente werden bisher nur begrenzt dafür eingesetzt, wirkungsvolle Siedlungsobergrenzen vorzugeben. Allerdings wird dies in Einzelfällen schon versucht.[1] In den Ländern werden die Instrumente aber in unterschiedlicher Art und Weise eingesetzt; so weisen einige Länder traditionell eine regelungsintensivere Raumordnung auf als andere. Im folgenden werden die verwendeten Instrumente kurz skizziert. Es handelt sich dabei um das Zentrale-Orte-Konzept, kleinräumige Siedlungsachsen, Siedlungsschwerpunkte und Grünzäsuren.

Hauptanliegen des *Zentrale-Orte-Konzepts* ist eine flächendeckende Versorgung der Bevölkerung mit öffentlichen und privaten Dienstleistungen. Die Auswahl und Förderung von zentralen Orten soll so erfolgen, daß bestimmte Entfernungen bei Aufsuchen des zentralen Ortes nicht überschritten werden, wobei die zumutbare Entfernung innerhalb der Hierarchie zentraler Orte steigt. Die Landesplanung sieht in allen Ländern eine Konzentration von Bevölkerungs- und Beschäftigungszuwächsen auf zentrale Orte vor. Diese Orte dürfen folglich großzügiger ausweisen. Die Flächenentwicklung nicht-zentraler Orte soll hingegen auf eine an den Bedürfnissen der ortsansässigen Bevölkerung orientierte »Eigenentwicklung« ausgerichtet werden.

Das Steuerungsinstrument der Zentralen-Orte ist in den 80er Jahren in die Kritik der Fachöffentlichkeit geraten. Dies vor allem deshalb, weil die Wirksamkeit des Konzeptes durch eine politisch motivierte, ubiquitäre Ausweisungspraxis unterwandert wurde. Dennoch gehört die Förderung von zentralen Orten gemäß § 2 Abs. 1 ROG zu den Grundsätzen der Raumordnung und ist in allen Ländern weiterhin eines der wichtigsten Instrumente.

Mit dem Steuerungsinstrument der *kleinräumigen Siedlungsachsen* bezweckt die Regionalplanung, die Siedlungsentwicklung auf leistungsfähige Nahverkehrsachsen (Schienenverkehrsmittel) zu lenken. Da ein leistungsfähiger Schienen-ÖPNV eine bestimmte Bevölkerungskonzentration voraussetzt, finden kleinräumige Siedlungsachsen vor allem in Ordnungsräumen ihren Einsatz.

Die Achsenzwischenräume sollen vor weiterer Besiedlung geschützt werden und ökologische Ausgleichsaufgaben für die hochverdichteten Regionsteile wahrnehmen. Einem unerwünschten Zusammenwachsen der an den Achsen gelegenen Siedlungsräume zu Siedlungsbändern wird in vielen Ländern durch Darstellung von Grünzäsuren und regionalen Grünzügen entgegengewirkt. Neben der Verhinderung eines konzentrischen Flächenwachstums erhebt das Konzept den Anspruch, die Erreichbarkeitsverhältnisse innerhalb der Region zu verbessern und einen wirtschaftlicheren ÖPNV (aufgrund besserer Auslastung) zu gewährleisten.

Auch am Konzept kleinräumiger Siedlungsachsen wurde Kritik geübt. In vielen Regionen wiesen die Achsenzwischenräume höhere Bevölkerungswachstumsraten auf als die Achsenbereiche. Zweifel werden aber auch aus einer eher wissenschaftlichen Sicht formuliert: Intraregionale Verflechtungsmuster entsprechen immer weniger den klassischen axialen Strukturen, sondern werden zunehmend

[1] Siehe Bunzel/Elsner/Lunebach (1994), S. 105.

von tangentialen Verkehren überlagert. Auch finden sich in Nähe von ÖPNV-Haltepunkten häufig kaum noch verfügbare Bauflächen.

Das Zentrale-Orte- und Achsenstandort-System wird in einer Reihe von Ländern um *Siedlungsschwerpunkte* ergänzt. In diesen - häufig unterzentralen - Gemeinden soll eine über die Eigenentwicklung hinausgehende Bautätigkeit erfolgen. Häufig werden ihnen Entlastungsfunktionen für angrenzende Oberzentren zugewiesen.

5.1.2 Einflüsse baurechtlicher Vorgaben

Die Gemeinden sind neben den Fachressorts die zentralen Vollzugsakteure von Raumordnung und Raumplanung, indem sie einerseits die Ziele der Landes-, Regional- und Fachplanungen und andererseits die gemeindespezifischen Ziele in konkrete Bodennutzungsgebote und -verbote umsetzen. Den wichtigsten Instrumentenverbund hierzu liefert die Bauleitplanung, die in Baugesetzbuch (BauGB) und Baunutzungsverordnung (BauNVO) geregelt ist. Neben der Lenkung der baulichen Entwicklung auf bestimmte Bereiche und der Freihaltung anderer Bereiche der Gemeinde von Bebauung besteht die Funktion der Bauleitplanung vor allem in der Feinsteuerung der städtebaulichen Entwicklung des Siedlungsraumes nach Art und Maß der baulichen Nutzung, und zwar bei ausreichender Berücksichtigung der Belange des Natur- und Umweltschutzes (§ 1 Abs. 1 BauGB). Im folgenden wird kurz geprüft, inwieweit die bundesrechtlichen Vorgaben für Instrumente, die die Gemeinden zur Ausweisung nutzen, einen Beitrag zur Erreichung des Flächenausweisungsziels leisten.

5.1.2.1 Flächennutzungsplan

Der Flächennutzungsplan soll einerseits übergeordnete Pläne der Landes- und Regionalplanung umsetzen (§ 1 Abs. 4 BauGB) und andererseits nachfolgende örtliche Planungen der Gemeinden vorbereiten und lenken. Da der Flächennutzungsplan nicht nur den Rahmen für die zukünftige städtebauliche Entwicklung einer Gemeinde setzt, sondern auch für das ganze Gemeindegebiet eine Leitkonzeption der anzustrebenden Bodennutzung entwirft, kommt ihm die zentrale strategische Bedeutung und eine Art Schnittstellenfunktion zu. Der Flächennutzungsplan kann sowohl als ein Instrument für Neuausweisungen von Siedlungsflächen, als auch als Instrument für die Bestandssicherung von Bodennutzungen, z.B. Schutzfunktion für Freiräume, charakterisiert werden. Es muß hier allerdings hervorgehoben werden, daß nur jene Entwicklungsziele zeichnerisch im Plan darstellbar sind, die einen direkten Bezug zum Boden haben bzw. sich räumlich artikulieren.

Der Flächennutzungsplan erzeugt keine Rechte und Pflichten gegenüber Dritten, ihm kommt keine Rechtsnormqualität zu. Insofern bindet die Gemeinde mit der Aufstellung eines Flächennutzungsplans vor allem sich selbst, da Bebauungspläne aus dem Flächennutzungsplan zu entwickeln sind (»Entwicklungsgebot« § 8 BauGB).

Diese gemeindeinterne Bindungswirkung ist auch der Grund, warum in der Vergangenheit der Stellenwert der Flächennutzungsplanung gegenüber informellen, d.h. rechtlich nicht bindenden Rahmenplänen kontinuierlich zurückgegangen ist. Die Gemeinden verhalten sich hinsichtlich der Festlegung ihrer zukünftigen siedlungsräumlichen Entwicklung eher zurückhaltend gegenüber einer genehmigenden Behörde. Dieser Sachverhalt wird sich allerdings mit dem Inkrafttreten des Bau- und Raumordnungsgesetz 1998 ändern. Zukünftig besteht nur noch für jene Bebauungspläne eine Anzeige- und Genehmigungspflicht, die nicht aus einem verbindlichen Flächennutzungsplan abgeleitet werden können. Alle Bebauungspläne, die dem Entwicklungsgebot Rechnung tragen, brauchen demnach weder ein Anzeigeverfahren noch ein Genehmigungsverfahren zu durchlaufen. Für die Flächennutzungsplanung bedeutet die neue Regelung einen erheblichen Bedeutungszuwachs. Für viele Gemeinden besteht nun ein Anreiz, Flächennutzungspläne aufzustellen, um von dem Privileg der Genehmigungsfreiheit profitieren zu können.

Zur quantitativen Beschränkung der Bodeninanspruchnahme für Siedlungszwecke erfolgt im § 1a Abs. 1 BauGB (*Bodenschutzklausel*) die Aufforderung an die Bauleitplanung, mit Grund und Boden sparsam und schonend umzugehen. Diese Aufforderung wird juristisch als Optimierungsgebot interpretiert, d.h. als eine staatliche Zielvorgabe, die aber im Rahmen der Abwägung gegenüber anderen Belangen zurücktreten kann. Für die Abwägungsentscheidung gilt der Verhältnismäßigkeitsgrundsatz, d.h. die Gemeinde muß sich für die Flächennutzungsplanalternative entscheiden, die sich durch geringstmögliche Beeinträchtigung öffentlicher und privater Belange auszeichnet. Die gängige Praxis der Abwägung des Belanges Bodenschutz in kommunalen Planungen deutet aber auf ein erhebliches Vollzugsdefizit der Bodenschutzklausel hin. Mit dem Bau- und Raumordnungsgesetz 1998 ist daher im Zusammenhang mit der Bodenschutzklausel die Verpflichtung eingeführt worden, »Bodenversiegelungen auf das notwendige Maß zu begrenzen.« (§ 1a Abs. 1 BauGB) Zusätzlich gilt -wie bisher - die Umwidmungssperrklausel von landwirtschaftlich genutzter Fläche zu Wald oder für Wohnzwecke genutzte Flächen (§ 1 Abs. 5 letzter Satz BauGB).

Mit der Neuregelung der *Eingriffsregelung* in § 8a Bundesnaturschutzgesetz und § 1a BauGB sind bedeutende Veränderungen des Verhältnisses zwischen Städtebaurecht und Naturschutzrecht eingeleitet worden. Wurde die Bauleitplanung zuvor lediglich als vorbereitende Maßnahme ohne Eingriffscharakter angesehen, so ist die Gemeinde nun verpflichtet, unvermeidbare Eingriffe in Natur und Landschaft im Rahmen der Bauleitplanung durch Ausgleichs- und Ersatzmaßnahmen zu berücksichtigen. Zukünftig sind die Möglichkeiten, bereits auf der Ebene des Flächennutzungsplans, unabhängig von den betroffenen Eingriffsflächen, Flächen mit Ausgleichsfunktion auszuweisen, verbessert. Mit der externen Ausweisung von Flächen zur Kompensation von geplanten Eingriffen ist die Durchführung von Ausgleichsmaßnahmen nicht mehr auf das betroffene Gebiet eines Bebauungsplanes beschränkt, sondern kann nun im gesamten Gemeindegebiet oder sogar, wenn interkommunale Vereinbarungen vorliegen, auch auf der regionalen Ebene durchgeführt werden (§ 9 Abs. 1a BauGB).[2] Die Eingriffsregel ist insofern für die Flächenausweisung relevant, weil kompensatorisch mit jeder zusätzlichen Ausweisung von Siedlungsgebieten und Verkehrsflächen auch Ausgleichsflächen grundsätzlich bereitgestellt werden müssen.

5.1.2.2 Bebauungsplan

Der Bebauungsplan konkretisiert für Teilgebiete einer Gemeinde die bauliche und sonstige Nutzung der Grundstücke durch rechtsverbindliche Festsetzungen. Liegt ein genehmigter Flächennutzungsplan vor, so präzisiert der Bebauungsplan parzellenscharf die angestrebte städtebauliche Ordnung, wie sie vom Flächennutzungsplan als Zielvorstellung vorgegeben wird. Regelungsbreite und Regelungstiefe des Bebauungsplans richten sich nach den erlaubten Festsetzungsmöglichkeiten (§ 9 BauGB und BauNVO). Als Mindestfestsetzungen sind in einem qualifizierten Bebauungsplan die Art der baulichen Nutzung, das Maß der baulichen Nutzung, die überbaubare Grundstücksfläche und die örtlichen Verkehrsflächen zu bestimmen.

Der Bebauungsplan regelt, welche Vorhaben im Plangebiet rechtlich zulässig sind. In materieller Hinsicht sind insbesondere die Einhaltung der Planungsleitsätze, das Abwägungsgebot und die Planrechtfertigung von der Gemeinde bei der Aufstellung zu beachten, da ein Bebauungsplan nur dann erfolgreich seine Steuerungsfunktion erfüllen kann, wenn er rechtlich unangreifbar ist.

Der Bebauungsplan weist weitgehend rahmensetzende Funktionen auf, d.h. seine Regelungen der städtebaulichen Ordnung dürfen nicht zu detailliert ausfallen. Sie solleb i.d.R. eine Mehrzahl alternativer Vorhabenrealisierungen ermöglichen. Bei aller anzustrebenden Flexibilität sollten die Festsetzungen trotzdem so eindeutig dargestellt werden, daß die zu beachtenden rechtlichen Anforderungen unmißverständlich dem Plan zu entnehmen sind.

Im Rahmen der Aufstellung eines Bebauungsplans kann die Gemeinde das Maß der zulässigen baulichen Nutzung eines Gebietes im wesentlichen durch Festsetzungen folgender Größen steuern: Grundflächenzahl (GRZ), Geschoßflächenzahl (GFZ) und Baumassenzahl (BMZ). Daneben sind bauordnungsrechtliche Mindestabstände einzuhalten. Um eine effiziente Bodennutzung durch bauliche Vorhaben zu fördern besteht weiterhin die Möglichkeit, zur Festsetzung einer Mindest-Geschoßflächenzahl (§ 16 Abs. 4 BauNVO).

In Bebauungsplänen kann das Ziel der Erhaltung der Leistungsfähigkeit der Bodenfunktionen durch die Regulierung der versiegelten und überbauten Bereiche eines Baugebietes verwirklicht werden. Hierzu stehen folgende Möglichkeiten zur Verfügung: Ausweisung der zulässigen Nutzungsmaße, Festlegung der überbaubaren Grundstücksanteile, Einschränkung der Stellplatz- und Garagenflächen,

[2] Mit dieser Neuregelung kann das Modell des Öko-Kontos aus Rheinland Pfalz, das im wesentlichen in einer kombinierten zeitlichen und räumlichen Entflechtung von Eingriff und Ausgleich durch die Schaffung eines eigenständigen Ausgleichsflächenpools besteht, in der Bauleitplanung umgesetzt werden.

Festsetzungen der freizuhaltenden Flächen. In bereits bestehenden Baugebieten kann durch die Aufstellung eines Bebauungsplans auch eine Entsiegelung bereits versiegelter Flächen eingeleitet werden. Planungsrechtlich besteht allerdings nur in den Fällen die Möglichkeit der Festsetzung eines Entsiegelungsgebotes, in denen eine Überplanung und Änderung der zulässigen baulichen oder sonstigen Nutzung eines Gebietes vorgenommen wird. Zukünftig wird ein Rückbau- und Entsiegelungsgebot im BauROG enthalten sein. Mit der Änderung des § 179 BauGB können dann Rückbaugebote zur Wiedernutzung von Flächen ausgesprochen werden.

5.1.2.3
Vorhaben- und Erschließungspläne

Ursprünglich als beschleunigendes Planungsinstrument für den Aufbau in den neuen Ländern gedacht, besteht seit der Verabschiedung des Investitionserleichterungs- und Wohnbaulandgesetzes auch für die alten Länder die Möglichkeit, anstelle eines Bebauungsplanes die Zulassung baulicher Vorhaben durch die Aufstellung einer Satzung über einen Vorhaben- und Erschließungsplan zu regeln (§ 7 BauGB-MaßnahmenG zukünftig geregelt unter § 12 BauGB). Im Gegensatz zum Bebauungsplan wird die planerische Ausarbeitung des Vorhaben- und Erschließungsplans weitgehend eigenständig durch einen Investor durchgeführt, der sich in einem Durchführungsvertrag sowohl zur Umsetzung des Projektes, als auch zur Übernahme der Planungs- und Erschließungskosten verpflichtet. Eine Kontrolle der Planung im Sinne des Gemeindeinteresses ist dadurch gewährleistet, daß die Gemeinde ihre Satzungsautonomie beibehält. Während Bebauungspläne als reine Angebotspläne konzeptioniert sind, ist die Satzung über Vorhaben- und Erschließungspläne durch ihren konkreten Vorhabenbezug auf direkten Vollzug ausgelegt. Zwar ist die Satzung über Vorhaben- und Erschließungspläne nicht an den Katalog des § 9 BauGB gebunden, generell unterliegt sie aber den gleichen rechtlichen Anforderungen, wie sie auch für Bebauungspläne gelten (z.B. Abwägungspflicht, Anpassungspflicht an die Ziele der Raumordnung und Landesplanung). Der § 7 BauGB-MaßnahmenG verlangt, daß eine Satzung über einen Vorhaben- und Erschließungsplan mit einer geordneten städtebaulichen Entwicklung im Einklang steht (§ 1 Abs. 3-6 BauGB). Wie bei einem Bebauungsplan ist auch die Satzung über einen Vorhaben- und Erschließungsplan aus dem Flächennutzungsplan zu entwickeln (Entwicklungsgebot). Sie ist somit rechtlich dem Bebauungsplan gleichgestellt. Mit § 12 BauGB wird das Rechtsinstitut des Vorhaben- und Erschließungsplans in das Dauerrecht des Baugesetzbuches übernommen und als vorhabenbezogener Bebauungsplan ausgestaltet.

5.1.2.4
Innen- und Außenbereichssatzungen

Auch durch Entwicklungs-, Außenbereichs- und Abrundungssatzungen können die planungsrechtlichen Voraussetzungen für eine bauliche Nutzung von Grundstücken hergestellt werden. Mit der Verabschiedung des MaßnahmenG zum

BauGB wurden die Möglichkeiten ausgedehnt, zusätzliche Baurechte über Satzungen zu schaffen. In der neuen Fassung des Bau- und Raumordnungsgesetz 1998 werden diese Regelungen übernommen.

Sollen im Außenbereich (§ 35 BauGB) die rechtlichen Voraussetzungen für die Bebauung von Grundstücken geschaffen werden, wird dies prinzipiell nur durch eine Überplanung des Gebietes möglich sein. Neben dem Bebauungsplan und dem Vorhaben- und Erschließungsplan können diese planungsrechtlichen Voraussetzungen auch über Innen- bzw. Außenbereichssatzungen vorgenommen werden. Zu den Innenbereichssatzungen zählen

- Satzungen zur Abrundung von im Zusammenhang bebauten Ortsteilen (bisher § 34 Abs. 1 Satz 1 Nr. 3 BauGB und § 4 Abs. 2 a BauGB-MaßnahmenG, zukünftig geregelt unter § 34 Abs. 4 Satz 1 Nr. 3 BauGB),
- Satzungen zur Entwicklung bebauter Bereiche im Außenbereich zu im Zusammenhang bebauten Ortsteilen (§ 34 Abs. 4 Satz 1 Nr. 2 BauGB).

Als Außenbereichssatzungen werden Satzungen zur Modifizierung der Zulässigkeitsvoraussetzungen von Außenbereichsvorhaben verstanden (§ 4 Abs. 4 BauGB-MaßnahmenG, zukünftig geregelt unter § 35 Abs. 6 BauGB).

Ursprünglich wurden *Innenbereichssatzungen* eingeführt, um die Abgrenzungsschwierigkeiten zwischen Innen- und Außenbereich zu lösen. Bei der Prüfung der rechtlichen Zulässigkeit von baulichen Vorhaben muß entschieden werden, ob ein Vorhaben nach § 34 BauGB genehmigt werden kann. Entscheidend für die Beantwortung dieser Frage ist, ob das zu bebauende Grundstück im Innen- oder Außenbereich liegt. Durch eine genaue grundstücksscharfe Definition des Innenbereiches, kann eine Feststellungs- bzw. Klarstellungssatzung (§ 34 Abs. 4 Satz 1 Nr. 1 BauGB) eindeutig definieren, für welche Teile der Gemeinde § 34 bei der Prüfung der Baugenehmigung anzuwenden ist. Diese Satzung entscheidet somit darüber, welche Grundstücke grundsätzlich bebaubar und welche Grundstücke nur einer privilegierten Nutzung zugänglich sind. In diesem Sinne kann durch Feststellungs- und Klarstellungssatzungen kein neues Bauland ausgewiesen werden, da definiert wird, welche Gebiete einer Gemeinde Innenbereichsqualität nach § 34 Abs. 1 BauGB aufweisen.

Bebaute Grundstücke im Außenbereich, die nicht eindeutig dem Innenbereich zuzuordnen sind, können über eine *Entwicklungssatzung* (§ 34 Abs. 4 Satz 1 Nr. 2 BauGB) konstitutiv zum Innenbereich erklärt werden. Die Entwicklungssatzung soll dazu dienen, bebaute Grundstücke im Außenbereich zu einem im Zusammenhang bebauten Ortsteil zu entwickeln. Sie dient somit der Erleichterung einer Schließung von Baulücken im bebauten Bereich des Außenbereichs.

Mit der Hilfe von sogenannten *Abrundungssatzungen* (§ 34 Abs. 4 Satz 1 Nr. 3 BauGB) ist es möglich, nicht nur Außenbereichsgrundstücke, sondern - nach Verabschiedung des Maßnahmengesetzes - auch größere Außenbereichsflächen zum Innenbereich zu erklären[3] Eine Abrundungssatzung ist allerdings nicht selbständig, d.h. sie kann nur im Zusammenhang bebaute Ortsteile in Verbindung mit einer Feststellungssatzung durch die Einbeziehung von Außenbereichsflächen abrunden, die Grenzen zwischen Innen- und Außenbereich begradigen und einen

[3] Erweiterte Abrundungssatzung nach § 34 Abs. 4 Satz 1 Nr. 3 in Verbindung mit dem § 4 Abs. 2 BauGB-MaßnahmenG zukünftig geregelt unter § 34 Abs. 4 Satz 1 Nr. 3 BauGB.

geschlossenen und einheitlichen Ortsrand ausbilden. Die vormaligen Außenbereichsflächen, die in einer Abrundungssatzung erfaßt werden, gewinnen dadurch Baulandqualität. Die Zulässigkeit baulicher Vorhaben richtet sich nach § 34 Abs. 1 bis 3 BauGB. Voraussetzung dafür, daß größere Flächen in einer Abrundungssatzung aufgenommen werden können, ist, daß die Einbeziehung der Flächen ausschließlich zugunsten von Wohnnutzungen erfolgt. »Während die Einbeziehung von einzelnen Außenbereichsgrundstücken bislang lediglich der Vereinfachung und Begradigung, d.h. der Verkürzung der Grenze zwischen Innen- und Außenbereich dienen durfte (BVerwG, NVwZ 1991, S. 61), eröffnet die Einbeziehung von Flächen auch die Möglichkeit, in einem ins Gewicht fallenden Umfang neues Bauland zu Lasten des Außenbereichs zu schaffen.«[4] Die erweiterte Abrundungssatzung stellt daher neben dem Bebauungsplan und dem Vorhaben- und Erschließungsplan ein weiteres zentrales Instrument der Baulandausweisung dar.

Über eine Abrundungssatzung bzw. erweiterte Abrundungssatzung können im Zusammenhang mit einer Entwicklungssatzung auch als Innenbereich festgestellte Außenbereichsflächen abgerundet werden (§ 34 Abs. 4 Satz 1 Nr. 2 in Verbindung mit Nr. 3 BauGB). Konkret bedeutet dies, daß nur einzelne Grundstücke und Flächen ergänzend in den Innenbereich mit aufgenommen werden können. In der neuen Fassung des BauGB (BauROG 1998) wird die erweiterte Abrundungssatzung nach § 4 Abs. 2a BauGB-MaßnahmenG unter Aufgabe der Beschränkung auf die Wohnnutzung in Ergänzungssatzung (§ 34 Abs. 4 Satz 1 Nr. 3 BauGB) umbenannt. Nach der neuen Fassung des BauGB können Außenbereichsflächen, die durch eine bauliche Nutzung angrenzender Grundstücke geprägt werden, durch eine Ergänzungssatzung zum Innenbereich erklärt werden. Hierzu ist nicht mehr die Kombination mit einer Klarstellungs- (34 Abs. 4 Satz 1 Nr. 1 BauGB) oder Entwicklungssatzung (§34 Abs. 4 Satz 1 Nr. 2 BauGB) notwendig.

Außenbereichssatzungen stellen Satzungen zur Modifizierung der Zulässigkeitsvoraussetzungen von Außenbereichsvorhaben dar (§4 Abs. 4 BauGB-MaßnahmenG). Im Außenbereich sind grundsätzlich nur privilegierte Vorhaben zulässig (§ 35 Abs. 1 BauGB). Ursprünglich genossen all jene Flächen den Schutz des § 35, die nicht (rechtlich oder tatsächlich) zu Bauzwecken bestimmt sind. »Denn der Gesetzgeber wollte nicht nur eine Zersiedelung, also ein unorganische Streubebauung verhindern, sondern darüber hinaus generell einer Verringerung der Außenbereichsflächen durch unangemessene Inanspruchnahme für Bauzwekken vorbeugen.«[5] Dieser Schutzanspruch von Flächen im Außenbereich vor Bebauung wurde mit dem § 4 Abs. 4 BauGB-MaßnahmenG zurückgenommen. Hier kann durch die Gemeinde mit einer Außenbereichssatzung festgelegt werden, daß die Genehmigung von baulichen Vorhaben, die Wohnzwecken dienen, nicht abgelehnt werden darf. Eine Außenbereichssatzung ist nicht mit einer erweiterten Abrundungssatzung vergleichbar. Mit der Außenbereichssatzung weist die Gemeinde kein neues Bauland aus, die Grundstücke sind zwar entsprechend der Satzungsaussagen bebaubar, werden aber nach wie vor zum Außenbereich gerechnet. Eine Außenbereichssatzung kann nur beschlossen werden, wenn das Plangebiet nicht

---

[4] Bunzel et al. (1997), S. 32.

[5] Vgl. BVerwG, BRS 36 Nr. 55, Urt. vom 12.9.1980 - 4 C 75.77.

überwiegend landwirtschaftlich genutzt wird und bereits Wohnbebauung von »einigem Gewicht« bereits vorhanden ist. In der neuen Fassung des BauGB (§ 35 Abs. 6) ist die Außenbereichssatzung übernommen worden, wie sie in § 4 Abs. 4 BauGB-MaßnahmenG geregelt ist.

Alle genannten Satzungen müssen zwar mit einer geordneten städtebaulichen Entwicklung vereinbar sein, trotzdem ist zu befürchten, daß die Erleichterung der Inanspruchnahme von Außenbereichsflächen für bauliche Vorhaben zu einer weiteren Ausdehnung der Siedlungsräume zu Ungunsten der Freiräume verlaufen wird. Nach einem Gutachten des IfS zur baulichen Nutzung des Außenbereichs ist bei Außenbereichssatzungen eine gravierendere Zersiedelung des Außenbereichs zu erwarten als bei Innenbereichssatzungen.[6] Die Expertenkommission zur Novellierung des Baugesetzbuches hält daher mehrheitlich »die Innenbereichssatzung nach § 34 Abs. 4 und 5 BauGB und § 4 Abs. 2a BauGB-MaßnahmenG sowie die Außenbereichssatzung nach § 4 Abs. 4 BauGB-MaßnahmenG für entbehrlich, weil die Schaffung von Planungsrecht aus Gründen des Umwelt- und Außenbereichsschutzes in erster Linie dem Bebauungsplan vorbehalten werden sollte.«[7]

5.1.3 Einflüsse der örtlichen Landschaftsplanung

Als Fachplanung des Naturschutzes und der Landschaftspflege vertritt die Landschaftsplanung die Belange des Erhaltes der Naturfunktionen. Die Landschaftsplanung gliedert sich vertikal in drei Ebenen. Auf der Landesebene steht der Landschaftsplanung das Steuerungsinstrument des Landschaftsprogramms zur Verfügung, auf der regionalen Ebene das Instrument der Landschaftsrahmenpläne, auf der örtlichen Ebene das Instrument der Landschaftspläne und für Teile eines Gemeindegebiets das Instrument der Grünordnungspläne. Die Trägerschaft der Landschaftsplanung ist ebenfalls in drei Ebenen organisiert. Auf der Landesebene ist die oberste, auf regionaler Ebene die obere (mittlere) und auf Kreisebene die unterste Naturschutzbehörde zuständig. Mit der Dreistufigkeit der Landschaftsplanung wurde vom Gesetzgeber das Ziel verfolgt, die Sicherstellung der Umsetzung der Landschaftsplanungsergebnisse durch möglichst hohe Kompatibilität mit den anderen raumbezogenen Querschnittsplanungen zu gewährleisten.

Zur Steuerung der Siedlungs- und Verkehrsflächenentwicklung stehen der Landschaftsplanung keine direkten Interventionsmöglichkeiten mit Rechtsnormcharakter zur Verfügung, sie ist im wesentlichen auf Ansätze der »Negativ-Steuerung« angewiesen. Ihrem gesetzlichen Auftrag kann die Landschaftsplanung daher nur mittels der Durchführung von Bestandsaufnahmen und Zielkonkretisierungen sowie der Formulierung von Umsetzungsvorschlägen entsprechen. Auf diesem Wege werden von der Landschaftsplanung die Erfordernisse und Maßnahmen zur Verwirklichung der Ziele des Naturschutz und der Landespflege dargestellt. Weiterhin bestimmt sie, welche Maßnahmen notwendig sind, um die Leistungsfähigkeit des Naturhaushaltes nicht nur zu sichern, sondern auch zu

[6] Vgl. IfS (1995), S. 168.
[7] BMBau (1996), S. 140.

entwickeln und Beeinträchtigungen bzw. Gefährdungen abzubauen und zu verhindern.

5.1.4 Ausweisungsrelevante fiskalische Anreize

Baulandausweisungen sind für die Kommunen kein eigenständiges Ziel, sondern Mittel zum Zweck. Die Versorgung mit Wohnraum, die Stärkung der lokalen Wirtschaftskraft oder die Ausweitung kommunaler Einnahmen sind Beispiele für vorgelagerte Ziele. Insbesondere den fiskalischen Argumenten wird ein hoher Stellenwert beigemessen. Im Hintergrund steht die Idee, daß die Kommunen bei der Baulandausweisung ein fiskalisches Kalkül vornehmen, indem sie die zu erwartenden Einnahmen ihrer Ausweisungsprojekte den anfallenden Kosten gegenüberstellen. Ungeachtet der Tatsache, daß die Kommunen bei ihrer Entscheidung, ob und in welchem Ausmaß sie Flächen für Wohnbauland oder gewerbliche Zwecke bereitstellen, sich von vielfältigen Überlegungen leiten lassen und die fiskalischen Erwartungen nur ein Teil dieses Zielbündels sind, sollen im folgenden kurz die fiskalischen Effekte von Baulandausweisungen skizziert werden.

Dabei wird - in Anlehnung an die umfassende Bestandsaufnahme von Bade, Junkernheinrich, Microsatt und Schelte (1993) - im Rahmen einer phasenorientierten Betrachtung ein Überblick über die fiskalischen Konsequenzen einer Ausweisung von Bauland gegeben. Es lassen sich zwei große Abschnitte unterscheiden: Der erste beginnt mit der Planung und endet mit dem Baubeginn, der zweite umfaßt den Siedlungsbeginn und endet mit der Ausreifungsphase. Zunächst sollen Kosten dargestellt werden, die in jeder Phase entstehen, bevor dann die Einnahmen benannt werden, die den Kommunen zufließen.

In der *Planungsphase* entstehen direkte Planungskosten, aber es sind auch erste Aufwendungen für Stadtentwicklungsplanung und Wirtschaftsförderung mit in das Kalkül einzubeziehen. In der *Erschließungs-* und *Bauphase* sind es zum einen die Kosten für die Grundstückstransfers (Kauf und Pacht von Grundstücken, Grunderwerbsteuer), die das kommunale Budget belasten. Zum anderen fallen Belastungen durch die Erschließungsmaßnahmen selbst an. Zusätzlich kommt es zu ersten indirekten Infrastrukturaufwendungen (etwa Flächenaufbereitung, Straßenbau und Kanalisation).

In der *Siedlungsphase* sind es die direkten Infrastrukturaufwendungen (wie bspw. die Bereitstellung von Kindergärten, Schulen und Altersheimen) , die finanziert werden müssen. Zusätzlich müssen jene Kosten - wie etwa die Pacht einzelner Grundstücke - berücksichtigt werden, die in vorhergehenden Phasen bereits angestoßen wurden und weiter wirksam bleiben.

In der *Planungsphase* fallen in der Regel keine Einnahmen für das kommunale Budget an. In der *Erschließungs-* und *Bauphase* kann die Kommune Förderprogramme von Bund und Land nutzen. Gleichzeitig füllen schon erste Steuereinnahmen, wenn lokale Unternehmen an der Erschließung beteiligt waren, das Budget.

In der *Siedlungsphase* beginnen die »originären Ausweisungseinnahmen« für die Kommunen: Angesiedelte Unternehmen zahlen Gewerbesteuer, zugezogene

Einwohner erhöhen - zeitverzögert - den kommunalen Einkommensteueranteil, die Grundsteuer B führt zu weiteren Steuereinnahmen. Auch werden Multiplikatoreffekte für die kommunale Wirtschaft wirksam und erhöhen die Steuereinnahmen. Durch Erschließungsbeiträge werden die Nutznießer an den Ausgaben der vorherigen Phasen beteiligt.

Auf einen Punkt soll an dieser Stelle besonders hingewiesen werden: die Rolle des kommunalen Finanzausgleichs bei den fiskalischen Effekten der Baulandausweisung. Denn im Rahmen dieses Ausgleiches erhalten die einzelnen Kommunen Zuweisungen, die an ihrem Ausgabebedarf und an ihrer Steuerkraft orientiert sind. Hier zeigt dann auch die Ausweisungspolitik der Kommunen Folgen:

Mit der Ausweisung und Nutzung von *Wohnbauland* erhöhen sich die Zuzüge von Einwohnern und damit auch die Schlüsselzuweisungen, zeitverzögert reagiert dann auch die Steuerkraftmeßzahl und reduziert den Ausgleich wieder. Aufgrund der Einwohnerveredelung im kommunalen Finanzausgleich sind jedoch die einzelnen Kommunen unterschiedlich betroffen: Für die Großstädte ergeben sich höhere Anreizeffekte zur Ausweisung als in den Klein- und Mittelstädten.

Der mit der Ausweisung und Nutzung von Gewerbebauland erhoffte Steuerertrag erhöht die Steuerkraft der Kommune und reduziert damit die Zuweisungen. Junkernheinrich vermutet, daß »damit der fiskalische Anreiz einer Gewerbeansiedlung für die zuweisungsberechtigten Kommunen sehr eingeschränkt sein (dürfte), denn der Nettoertrag wächst nur geringfügig.«[8]

Es ist jedoch zu berücksichtigen, oben wurde bereits darauf hingewiesen, daß Baulandausweisungen nicht nur aus fiskalischem Interesse erfolgen. Die Ausweisung von Gewerbegebieten wird von den Kommunen vor allem wegen der erwarteten Arbeitsmarkteffekte vorgenommen. Die Abwägung einer Kommune - »pro und kontra« für ein Gewerbegebiet - erfolgt im Rahmen ihres multiplen Zielbündels, die fiskalischen Effekte sind dort nur ein Aspekt neben anderen.

Hinzu kommt, daß die skizzierten fiskalischen Effekte für die kommunalen Akteure unsicher sind. Denn ihre, der Baulandausweisung vorausgehenden Überlegungen beruhen im Normalfall nicht auf einer genauen, alle Nebenfolgen umfassenden Kalkulation. Bei der Komplexität und Unsicherheit der relevanten Einflußgrößen ist dies auch nicht anders zu erwarten Damit erhöht sich die Wahrscheinlichkeit, daß eher qualitativ orientierte Entscheidungen getroffen werden.

5.2 Reduzierung der Versiegelung

5.2.1 Einflüsse ordnungsrechtlicher Vorgaben

Für das Versiegelungsreduzierungsziel spielt die gemeindliche Bauleitplanung ebenfalls eine zentrale Rolle, da die als Angebotsplanung ausgestalteten drittbindenden Bebauungspläne zumindest Orientierungswerte, wenn nicht sogar Ober-

[8] Junkernheinrich (1994), S. 69.

grenzen für die grundstücksbezogene Flächenversiegelung vorgeben. Die zahlreichen Möglichkeiten, die das Bauordnungsrecht in diesem Bereich einräumt, werden bislang von den Gemeinden kaum ausgeschöpft. Hinsichtlich der Freiflächenversiegelung scheint das gemeindliche Interesse nicht ausreichend groß, um die Ziele der Enquête-Kommission auch nur partiell zu erreichen.

Daran wird sich auch durch das BauGB 1998 und die dort eingefügte erweiterte Bodenschutzklausel nichts ändern, die zwar das Ziel einer Begrenzung der Bodenversiegelung auf das notwendige Maß formuliert, aber den Gemeinden keinen Anreiz gibt, dieses Maß fest- bzw. umzusetzen.

Auch durch das neue Bundes-Bodenschutzgesetz ergeben sich für die Bauleitplanung keine wesentlichen Konsequenzen. Das Bundes-Bodenschutzgesetz findet keine Anwendung, soweit die Bodennutzung durch Vorschriften des Bauplanungs- und Bauordnungsrechts geregelt wird (§ 3 Abs. 2 Nr. 9 BBodSchG-E).

5.2.2 Einflüsse subventionspolitischer Instrumente im Wohnungsbau

Im *Einkommensteuerrecht* existieren zwei Bereiche, die für den privaten und nicht selbst genutzten Wohnungsbau relevant sind. Bezieht man die Förderung selbstgenutzten Eigentums ein, ergibt sich ein dritter Bereich. Da das Einkommensteuerrecht im Mittelpunkt einer hinsichtlich des Ergebnisses weiterhin kaum abschätzbaren Novellierungsdiskussion steht, werden kurz die bestehenden und die z.Zt. für die Zukunft geplanten Regelungen zu Abschreibungen und zur Behandlung von Veräußerungsgewinnen vorgestellt.

Die Abschreibungsmöglichkeiten für Wohngebäude nach § 7 EStG ließen bisher grundsätzlich nur die lineare Abschreibung über 50 Jahre zu. Nur bei Neubauten war eine degressive Abschreibung in zwei Varianten zulässig (§ 7 Abs. 5 Nr. 3 EStG). Die schnellere Variante gilt für die Gebäude, die bis 1995 fertiggestellt waren: In den ersten 4 Jahren durfte mit 7 v.H. p.a. abgeschrieben werden; dann folgten 6 Jahre mit 5 v.H. p.a., dann 6 Jahre mit 2 v.H. p.a. und schließlich 24 Jahre mit 1,25 p.a. Die langsamere Variante gilt für die bis 1996 und danach fertiggestellten Gebäude, die in den ersten 8 Jahren mit 5 v.H. p.a., dann 6 Jahre lang mit 2,5 v.H. p.a. und schließlich 36 Jahre mit 1,25 p.a. abgeschrieben werden dürfen.

Die neue Regelung sah zunächst vor, daß nur noch linear mit zwei Prozent, d.h. über 50 Jahre abgeschrieben werden darf. Mittlerweile zeichnet sich jedoch ab, daß der lineare Satz auf drei Prozent erhöht wird; der Abschreibungszeitraum verkürzt sich dadurch auf 33 Jahre.

Bislang sind alle gewerblichen Veräußerungsgewinne aus Immobilienvermögen als Gewinneinkünfte uneingeschränkt steuerpflichtig. Private Veräußerungsgewinne sind hingegen als Überschußeinkünfte nur eingeschränkt steuerpflichtig. Die Abgrenzung zwischen »gewerblich« und »privat« ist durch den Bundesfinanzhof (BFH GrS 1, 1993) bei drei Objekten innerhalb von fünf Jahren gezogen worden, d.h., daß bis zur Veräußerung von maximal drei Objekten in fünf Jahren die Gewinne als private Veräußerungsgewinne angesehen werden. Eingeschränkt wird diese Regelung noch dadurch, daß Gewinne innerhalb der Spekulationsfrist bis zum zweiten Besitzjahr als Spekulationsgewinne gelten und dann steuerpflichtig sind. Außerhalb der Spekulationsfrist ist die Veräußerung hingegen steuerfrei. Nach der neuen Regelung soll die Spekulationsfrist auf zehn Jahre verlängert werden. An der gewerblichen Gewinnveräußerung ändert sich hingegen nichts.

Zu den indirekten Förderinstrumenten des Einkommensteuerrechts zählt das sogenannte Baukindergeld, das den negativen Verteilungseffekt der erhöhten Abschreibungsmöglichkeiten dämpft. Baukindergeld kann nur bis zu einer gewissen Einkommenshöhe beansprucht werden und reduziert die Steuerschuld.[9]

Die Wohnungsbauförderung untergliedert sich in eine direkte und eine indirekte Förderung. Grundlage der direkten Förderung ist das zweite Wohnungsbaugesetz, hier behandelt in der Fassung der Bekanntmachung vom 19. August 1994. Die indirekte Förderung des Wohnungsbaus konzentriert sich auf Steuervergünstigungen im Rahmen des EStG bzw. des EigZulG.[10]

Die direkte Förderung des Wohnungsbaus, bzw. allgemein die rechtliche Regelung des Wohnungswesens, gehört nach Art. 74 Nr. 18 GG zur konkurrierenden Gesetzgebung. Diese sieht das vorrangige Gesetzgebungsrecht beim Bund, jedoch können von den Ländern innerhalb der vorgegebenen Orientierungsnormen Feinsteuerungen vorgenommen werden. Auf kommunaler Ebene kann das Wohnungswesen im Rahmen von kommunalen Planungsaufgaben wie der Bebauungsplanung mit Rückwirkung auf die Handlungsspielräume von Bund und Ländern beeinflußt werden.

Die öffentliche Förderung ist grob in drei Teilbereiche unterteilt:

- in den öffentlich geförderten sozialen Wohnungsbau, der auch als der »1. Förderweg« bezeichnet wird;
- in den steuerbegünstigten Wohnungsbau, der zum 31.12.1989 ausgelaufen ist, aber insofern relevant bleibt, als Bauten mit einer maximalen Förderdauer von 10 Jahren, die bis zum 31.12.89 bezugsfertig wurden, weitergefördert werden können. Kern der Regelung waren Grundsteuervergünstigungen, die gewährt wurden, wenn bei der Errichtung keine öffentlichen Mittel eingesetzt wurden und die Wohnflächenbegrenzungen für den mit öffentlichen Mitteln geförderten Wohnungsbau nicht um mehr als 20 v.H. überschritten wurden;
- in den freifinanzierten Wohnungsbau, an dem all diejenigen Fördermaßnahmen ansetzen, die weder den Einsatz öffentlicher Mittel erfordern, noch Steuerbegünstigungen beinhalten (2. Förderweg). Obwohl das Gesetz außerdem noch getrennt die Förderung durch vertragliche Vereinbarung, Aufwendungszuschüsse und Aufwendungsdarlehen behandelt (3. Förderweg), sind diese Förderarten doch ebenfalls der Förderung des freifinanzierten Wohnungsbaus unterzuordnen.

Als wesentliches Unterscheidungsmerkmal der Förderungsformen ergibt sich somit die Verwendung öffentlicher Mittel in ihrer Definition nach § 6 II WoBauG.

[9] Auf andere indirekte Instrumente wie z.B. nach dem Vermögensbildungsgesetz die Begünstigung des Bausparens wird hier nicht eingegangen. Siehe dazu Kühne-Büning; Heuer (1994), S. 281 f.

[10] Es sind auch Befreiungen in anderen Gesetzen zu finden, z.B. im Grundsteuergesetz, die jedoch geringere Bedeutung haben.

Deren ausschließlicher Einsatz für den öffentlich geförderten sozialen Wohnungsbau wird unter strikter Anwendung der Einkommensgrenzen gemäß § 25 WoBauG geregelt. Danach liegt die Jahreseinkommensgrenze für einen Einpersonenhaushalt bei 23.000 DM und für einen Zweipersonenhaushalt bei 33.400 DM, welche jeweils für jeden weiteren zur Familie zu rechnenden Angehörigen um 8.000 DM erweitert wird. Zahlreiche Frei- und Abzugsbeträge werden in den Folgeparagraphen geregelt. Erscheinen die so ermittelten Fördergrenzen als niedrig und unverhältnismäßig zur Einkommensentwicklung, so hängt das mit dem Versuch der Bundesregierung zusammen, durch ein »Einfrieren« der Einkommensgrenzen eine Verlagerung des Mitteleinsatzes vom 1. auf den 2. und 3. Förderweg zu erreichen[11]. Der sich ergebende Widerspruch zur festgeschriebenen Verwendung öffentlicher Mittel wird dadurch überwunden, daß an den entsprechenden Stellen des § 88 WoBauG, der den 2. und 3. Förderweg regelt, ausdrücklich vermerkt wird, daß es sich eben nicht um öffentliche Mittel i.S. des § 6 WoBauG handelt. Auf der einen Seite steht somit eine zu vermutende Subventionseinsparung beim sozialen Wohnungsbau, auf der anderen Seite ergeben sich Überlegungen zu einer eventuellen anderweitigen Mittelverwendung auf der Basis der geschaffenen Ausnahmeregelungen. Insbesondere der 3. Förderweg läßt dem Darlehens- oder Zuschußgeber einen relativ großen Spielraum bei der Festlegung der Rahmenbedingungen für eine Förderung, so daß z.B. eine verstärkte Förderung von bestimmten Bauarten wie dem Einfamilienhausbau möglich wäre, die typischerweise gegenüber der Zielgruppe des sozialen Wohnungsbaus höhere Einkommensschichten betrifft.

In den Regelungen zum 3. Förderweg (§ 88 WoBauG) findet sich auch die 1994 neu in das II. WoBauG aufgenommene Verpflichtung zu einer kosten- und flächensparenden Bauweise wieder. Dem übergeordnet ist allerdings § 38 WoBauG mit der allgemeineren Formulierung dieser Ziele, was dann auch in den jeweiligen Ländergesetzen durch korrespondierende Paragraphen fortgesetzt wird. Die genannten Ziele sollen dadurch erreicht werden, daß die Förderung auf einen bestimmten Betrag begrenzt wird, die sog. »Förderpauschale«.

Die indirekte Wohnungsbauförderung ist seit 1996 deutlich verändert. Eine massive Förderung wird noch immer über den Sonderausgaben-Abzug gewährt, wenn Wohnraum für die Eigennutzung hergestellt oder angeschafft wird (§ 10 e EStG). Für 1996 betrug die Förderung in Form von Steuermindereinnahmen 8,7 Mrd. DM, 1997 immer noch 7,9 Mrd. DM.[12] Ergänzend dazu besteht noch eine sogenannte Kinderkomponente über § 34 EStG. Die daraus resultierenden Mindereinnahmen betrugen 1996 rund 2,3 Mrd. DM, 1997 noch 2,1 Mrd. DM.

Eine wachsende Bedeutung erhält hingegen die 1996 eingeführte Eigenheimzulage (§ 9 Abs. 2 und 5 EigZulG). Auch wenn diese 1996 erst mit Mindereinnahmen in Höhe von 345 Mio. DM veranschlagt wird, erreicht sie 1997 bereits 1,7 Mrd. DM und soll 1998 auf 2,7 Mrd. DM emporschnellen. Das ergänzend gewährte »Baukindergeld« beträgt in Zusammenhang mit der Grundförderung 1.500

[11] Siehe Bartholmai (1994).
[12] Siehe BMF (1997), S. 196.

DM/Kind und Jahr. Es ergeben sich Mindereinnahmen von 195 Mio. DM (1996), 885 Mio. DM (1997). 1998 sollen sie auf 1,3 Mrd. DM anwachsen.[13]

Die gesamten Steuermindereinnahmen mit wohnungs- und städtebaulichen Zielen betragen 1996 immerhin 13,4 Mrd. DM, 1997 erreichen sie 14,3 Mrd. DM.[14] Allein die Dimension der Fördermittel macht deutlich, daß bestimmte Aktivitäten in diesem Bereich massiv unterstützt werden. Der Eigentumsförderung wird innerhalb dieses Bereichs eine wachsende Bedeutung zugemessen.

5.2.3 Einflüsse abgabenrechtlicher Instrumente mit Wirkungen auf Flächennutzungen

Neben den ordnungsrechtlichen und subventionspolitischen Instrumenten, die z.T. massiven Einfluß auf die tatsächlichen Flächennutzungen haben, spielen auch einige abgabenrechtliche Instrumente ein Rolle, wenn auch keines der Instrumente einem originären Lenkungsziel verpflichtet ist.

5.2.3.1 Naturschutzrechtliche Ausgleichsabgabe

In einer steigenden Anzahl von Ländern wird subsidiär zu den Ausgleichsverpflichtungen der naturschutzrechtlichen Eingriffsregelung eine Ausgleichsabgabe erhoben. Die Systematik der Eingriffsregelung sieht vor, daß alle vermeidbaren Eingriffe in Natur und Landschaft zu unterlassen sind. Unvermeidbare Eingriffe, d.h. Eingriffe, die vorrangigen Zielen dienen, sind auszugleichen. Und nur wenn der Eingriff unvermeidbar und nicht ausgleichbar ist, müssen Ersatzmaßnahmen vorgenommen werden, zu denen auch die Erhebung einer Geldleistungspflicht bzw. Ausgleichsabgabe zählen kann.

Für die Eingriffsregelung gilt, daß sie alle Maßnahmenträger verpflichtet, Beeinträchtigungen zumindest oberhalb der Erheblichkeitsschwelle auszugleichen. Allerdings ist sie in ihrem Anwendungsbereich nicht umfassend genug ausgestaltet, da sie aufgrund der zugrunde liegenden Fiktion der Naturalrestitution davon ausgeht, daß nach Ersatz oder Ausgleich des Eingriffs keine Beeinträchtigung mehr verbleibt, also kein Naturverbrauch mehr stattfindet.

Von der Eingriffsregelung nicht erfaßt werden die Flächen im baurechtlichen Innenbereich; sie können daher gegenwärtig auch nicht Gegenstand der Ausgleichsabgabe auf der Länderebene sein.

Der Bundesgesetzgeber hat die Ausgleichsabgabe auch bei den letzten Novellierungen des BNatSchG 1997 und 1986 nicht geregelt. Insofern verbleibt den Ländern ein beträchtlicher Ausgestaltungsspielraum, den diese unterschiedlich genutzt haben. In einigen Ländern wird über eine differenzierte Bewertung der Flächen vor und nach dem Eingriff eine Bilanzierung der Eingriffsschwere vorgenommen und diese nach Punkten bewertet (Hessen). In anderen Ländern werden

[13] Siehe BMF (1997), S. 200 und 201.

[14] Siehe BMF (1997), S. 202.

gröbere Merkmale wie die versiegelte Fläche oder das entnommene Erdvolumen zugrunde gelegt (z.B. Baden-Württemberg). Von derartigen Abgaben können zwar Preisimpulse für die Flächennutzung ausgehen. Für eine umfassende »Bepreisung« der Flächennutzung ist jedoch die an die Eingriffsregelung gebundene Abgabe zu eng; für eine Konzentration auf Versiegelungstatbestände ist sie allerdings ebensowenig geeignet.

5.2.3.2 Abwassergebühren

Die von den Gemeinden erhobenen Abwassergebühren richten sich vornehmlich nach dem Volumen der Abwassermenge, die in der Regel nach dem Frischwasserverbrauch bestimmt wird. In einer Minderheit von Kommunen werden gewerbliche und industrielle Einleiter auch mit Starkverschmutzeraufschlägen belegt.

In neuerer Zeit wird von einer zunehmenden Zahl von Kommunen im Rahmen der Abwassergebühr auch der Teil des abgeleiteten Wassers berücksichtigt, der sich als Niederschlag auf den versiegelten und an das Kanalnetz angeschlossenen Flächen sammelt. Die Bemessungsgrundlage der Gebühr ist auf die versiegelten und in das Kanalnetz entwässernden Quadratmeter erweitert worden. Mit der Einführung dieser sogenannten »Regenwassergebühr« wird eine größere Gebührengerechtigkeit erreicht, da die Kosten von Kläranlagen zu einem beträchtlichen Teil auf das vorgehaltene Volumen der Klärbecken zurückzuführen sind. Dasselbe gilt für die Dimensionierung der Kanäle. Da diese Leistungen von Grundstücksnutzern mit großen versiegelten Flächen stärker in Anspruch genommen werden als von Nutzern ohne versiegelte Flächen, ist die Veranlagung nach der versiegelten Fläche sinnvoll, soweit keine Versickerung des Niederschlages erfolgt.

Der Preiseffekt der Abwassergebühr auf versiegelte und in die öffentliche Kanalisation entwässernde Flächen ist aufgrund der zugrunde liegenden Gebührenstruktur weder uniform noch auf eine spezielle Lenkung der Bodenversiegelung ausgerichtet; sie dient nur der Kostenumlegung. Gleichwohl trägt die differenzierte Abwassergebühr zu einer relativen Verteuerung der »Versiegelungsnutzung« bei.

5.2.3.3 Erschließungsbeiträge

Der Erschließungsbeitrag soll im Sinne des Äquivalenzprinzips grobe Merkmale der Grundstückseigentümer heranziehen, damit diese gemäß ihren voraussichtlichen Nutzen bzw. Vorteilen belastet werden. Auch die Erschließungsbeiträge können einen Einfluß auf die Flächennutzung haben.[15]

Der Erschließungsbeitrag wird von den Eigentümern der erschlossenen Grundstücke durch die Gemeinde zur Deckung ihrer anderweitig nicht gedeckten Ausgaben für Erschließungsanlagen erhoben. Den Erschließungsanlagen werden zu-

[15] Siehe Losch (1996), S. 29-33.

gerechnet für den Anbau notwendige Sammelstraßen, u.U. Park- und Grünflächen sowie Anlagen zum Schutz gegen schädliche Umwelteinwirkungen gemäß BImSchG. Die Kosten der Erschließungsanlagen können aufgespalten werden, d.h. Erschließungsbeiträge können für einzelne Maßnahmen zur Erschließung (Grunderwerb, Freilegung, Herstellung) selbständig erhoben werden. Der Erschließungsaufwand umfaßt den Erwerb und die Freilegung der Flächen, die Herstellung der Anlage einschließlich Entwässerung und Beleuchtung sowie die Übernahme von bereits vorhandenen Anlagen. Befindet sich die benötigte Fläche im Eigentum der Gemeinde, so umfaßt der Erschließungsaufwand auch den Wert der bereitgestellten Fläche zum Zeitpunkt der Bereitstellung. Über den Erschließungsbeitrag kann die Gemeinde bis zu maximal 90 v.H. des Erschließungsaufwands decken. Mindestens 10 v.H. des Erschließungsaufwands tragen die Gemeinden selbst.

Nach dem BauGB kommen folgende Maßstäbe der Verteilung des Erschließungsaufwands in Betracht:

- die Art und das Maß der baulichen oder sonstigen Nutzung;
- die Grundstücksflächen;
- die Grundstücksbreite an der Erschließungsanlage.

Die Verteilungsmaßstäbe können auch miteinander kombiniert werden.[16]

Grundstücke, für die eine bauliche oder gewerbliche Nutzung festgelegt ist, werden beitragspflichtig, sobald sie bebaut oder gewerblich genutzt werden dürfen. Erschlossene Grundstücke, deren Nutzung nicht festgelegt ist, werden beitragspflichtig, wenn sie als Bauland ausgewiesen werden oder zur Bebauung anstehen.

Da als Art und Maß der baulichen Nutzung auch die Versiegelung herangezogen werden kann, eröffnet sich im bestehenden Beitragsrecht die Möglichkeit, hinsichtlich des Flächennutzungszieles zu wirken. Es ist jedoch zu bedenken, daß die Beiträge letztlich durch Satzung der Gemeinden bestimmt werden, und für diese durchaus andere Maßstäbe -wie z.B. die Grundstücksfläche - sinnvoller erscheinen können.

5.3 Zwischenfazit

Der vorhandene rechtlich-institutionelle Rahmen für den Umgang mit Flächen ist bisher unzureichend auf die Verfolgung von Nachhaltigkeitszielen ausgerichtet.

Mit Blick auf die in der Flächenausweisung entscheidenden kommunalen Akteure sind bisher keine Anreizsysteme etabliert worden, die ein Interesse an einer »Freiflächenpolitik« fördern würden.

- Flächenausweisung und kommunale Flächennutzung sind zwar in ein dichtes Netz räumlicher Planung einbezogen. Die Vorgaben von Bund und Ländern für die örtliche Planung sind jedoch entweder zu allgemein oder prallen am Schutzschild der kommunalen Selbstverwaltung weitgehend ab. Die Erfüllung von übergeordneten Plänen und Normen ist für kommunale Akteure nur eine

[16] § 131 Abs. 2 BauGB.

unter mehreren Nebenbedingungen, unter denen sie ihre eigenen Ziele verfolgen. Im Bereich der Flächenausweisung sind andere Aspekte prioritär.

- Dies gilt um so mehr, als die vorhandenen Mechanismen zur Erlangung von Budgetmitteln und kommunaler Disponibilität keinerlei Anreiz für das Vorhalten von Freiflächen bieten. Im Gegenteil: Gemeinden können nach wie vor kalkulieren, daß Flächenausweisungen das Kommunalbudget expandieren lassen, während der Verzicht auf zusätzliche Ausweisungen mit Einbußen an Budget, Prestige, Arbeitsplätzen und Expansionskraft verbunden ist. Die bisherige Ausweisungspraxis wird daher auch in den Fällen weiter verfolgt, in denen möglicherweise kommunalwirtschaftliche Kosten-Nutzen-Rechnungen oder langfristige Fiskalkalküle zu einem negativen Ergebnis kommen könnten.

Auch für die privaten Flächennutzer wirkt der vorhandene Rahmen nicht in Richtung Flächensparen und nicht gegen die Versiegelungstendenzen.

- Das wohnungsbaupolitische Subventionsinstrumentarium setzt letztlich die falschen Preissignale. Die speziellen, auf Landes- und Kommunalebene eingeführten und auch Versiegelungstatbestände sanktionierenden Abgaben sind bislang in ihren Anreizeffekten zu begrenzt, wenngleich sie prinzipiell in die von der Enquête-Kommission vorgewiesene Richtung wirken.
- Selbst wenn für Flächennutzer Versiegelungsnormen und versiegelungsspezifische Preisdifferenzierungen von größerer Bedeutung eingeführt würden, so bestünde weiterhin auf der Gemeindeseite die Tendenz, zusätzliche Flächen auszuweisen und so die Verknappungssignale zu konterkarieren. Das kommunale Akteursinteresse kann sich im bestehenden rechtlich-institutionellen Anreizspektrum nicht auf Flächenschonung und auf eine deutliche Verringerung der Ausweisungsraten fokussieren. Dies wird sich allenfalls ändern lassen, wenn es im Rahmen des Finanzausgleichs im weitesten Sinne Anreize für das Vorhalten von Freiflächen und u.U. Ansätze zur Honorierung anderer Umweltleistungen der Gemeinden gäbe.
- Wenn es im Kommunalen Finanzausgleich nicht möglich ist, derartige Ausgleichsmuster in relevanter Höhe unterzubringen, wird die Wirksamkeit sämtlicher Maßnahmen zur Beeinflussung der Flächennutzung und zur Verringerung der Versiegelung im Einzelfall davon abhängen, ob bzw. in welchem Maße es gelingt, die kommunalen Ausweisungsmengen direkter staatlicher Rahmenbewirtschaftung zu unterwerfen.

Vor diesem Hintergrund gilt es, nach ergänzenden Instrumenten und Anreizmechanismen zu suchen; sie müssen in der Lage sein, das Verhalten der kommunalen Akteure und der privaten (wie öffentlichen) Flächennutzer zu beeinflussen bzw. zu lenken.

6 Ergänzende Anreizinstrumente für zielkonforme Verhaltensänderung

6.1 Auswahl der Instrumente

Im Projektworkshop am 23. Juni 1997 entschied sich die Enquête-Kommission dafür, die Instrumente Flächenausweisungsrechte, kommunaler Finanzausgleich und Flächennutzungsteuer eingehender untersuchen zu lassen. Für die Entscheidung der Enquête-Kommission, welche Instrumente in der Wirkungsanalyse weiter verfolgt werden, war zunächst ausschlaggebend, von welchen Instrumenten welche umweltpolitische Zielerreichung erwartet werden kann.

Die Zielbeiträge der handelbaren Flächenausweisungsrechte und des kommunalen Finanzausgleichs bestehen in einer Rahmensetzung für das Ausweisungsverhalten. Die Flächennutzungsteuer ergänzt diese das Angebot betreffenden Rahmensetzungen durch die nachfrageseitige Beeinflussung der konkreten Nutzung.

Die Instrumente sind jeweils auf begrenzte Wirkungsfelder zugeschnitten: Die handelbaren Flächenausweisungsrechte sind in der Lage, die Flächenausweisung quantitativ zu begrenzen. Sie stehen damit im Zentrum des Instrumentenverbundes. Sie können um positive Anreize ergänzt werden, indem die Gemeinden, die zieladäquat ausweisen, Zuweisungen aus dem kommunalen Finanzausgleich erhalten. Eine solche Ergänzung erscheint auch unter polit-ökonomischen Aspekten sinnvoll, da eine harte Begrenzung der kommunalen Ausweisungsrechte um so eher akzeptiert werden dürfte, je stärker die damit verbundenen Einnahmeausfälle kompensiert werden.

Abbildung 6.1 veranschaulicht die Wirkungsfelder der Instrumente. Die Flächenausweisung wird als das links oben gezeichnete Rechteck dargestellt, das bei extrem loser Bebauung relativ groß ausfällt. Bei verdichteter Bauweise könnten auf einem Viertel der Fläche mehr Wohneinheiten untergebracht werden. Um das Ausweisungsverhalten in Richtung verdichteten Bauens zu ändern, werden die Flächenausweisungsrechte und der kommunale Finanzausgleich eingeführt. Beide Instrumente wirken direkt auf das Angebot. Direkt auf die Nachfrage wirkt hingegen die Flächennutzungsteuer, die hauptsächlich an der versiegelten Fläche ansetzt. In Abbildung 6.1 wird aus darstellungstechnischen Gründen nur der Ansatzpunkt im Bestand dargestellt; hier gibt die Flächennutzungsteuer einen Anreiz, zu entsiegeln bzw. versiegelte Fläche intensiver zu nutzen. Sie wirkt jedoch auch bei Neuausweisungen, indem sie Flächen- und Versiegelungsansprüche reduziert.

Abbildung 6.1: Wirkungsweise von Flächenausweisungsrechten, kommunalem Finanzausgleich und Flächennutzungsteuer

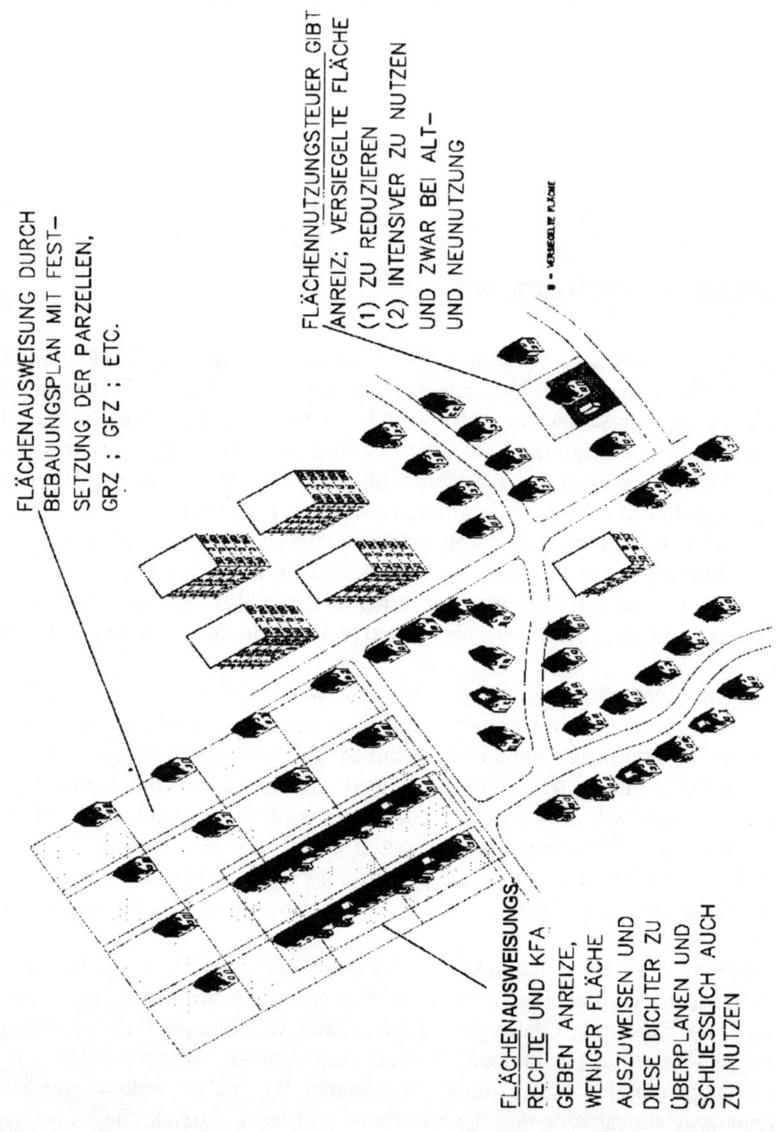

Quelle: eigene Darstellung.

In der Flächennutzung, also auf der Nachfrageseite, wird mit der Einbeziehung des gesamten Bestandes von Flächennutzungen in die Flächennutzungsteuer ein breiter Ansatz zur Verhaltensbeeinflussung gewählt. Aufgrund eigener Forschungsarbeiten für das Bundesministerium für Umwelt, Naturschutz und Reaktorsicherheit bzw für das Umweltbundesamt (UFOPLAN 101 03 196) kann das Finanzwissenschaftliche Forschungsinstitut hier auf eine fundierte Wirkungsanalyse zurückgreifen.

In diesem Zusammenhang wurden die Flächennutzungen grob in sieben Klassen eingeteilt, die aufsteigend den Grad der Naturbeeinträchtigung angeben. Es versteht sich von selbst, daß auf diese Weise keine räumlichen Punktziele der Flächennutzung erfaßt werden können. Ziel der Kategorisierung ist eine flächendeckende Einteilung, die anhand einfacher Feststellungskriterien eine Zuordnung erlaubt. Anhand der sieben Flächennutzungsklassen können die Wirkungsbereiche der drei diskutierten Instrumente veranschaulicht werden.

Übersicht 6.1: Nutzungsklassen der Flächennutzungszuweisungen

Nutzungsklasse I: naturbelassene Flächen
Nutzungsklasse II: naturschonend genutzte Flächen
Nutzungsklasse III: forstwirtschaftlich genutzte Flächen
Nutzungsklasse IV: sonstige Freiflächen
Nutzungsklasse V: versiegelte Flächen im Außenbereich
Nutzungsklasse VI: versiegelte Flächen im Innen- und Planbereich
Nutzungsklasse VII: besonders naturschädlich genutzte Flächen

Quelle: nach Bizer/Lang (1997), S. 65.

Die Flächennutzungsklassen I bis V umfassen - Verkehrsflächen ausgenommen - flächendeckend den gesamten Außenbereich, während die Klassen VI und VII - ausgenommen der unversiegelte Innenbereich - flächendeckend den Innenbereich umfassen. Da die Ausweisungsrechte an dieser Differenzierung anknüpfen, indem sie die Umwandlung von Freiflächen in Siedlungs- und Verkehrsflächen begrenzen, beeinflussen sie in erster Linie das Verhältnis der Klassen I bis V zu den Klassen VI und VII. Die Flächennutzungsteuer greift hingegen konkrete Ziele der Nutzungsklassen auf, indem sie etwa Versiegelungsentscheidungen oder Bewirtschaftungsweisen beeinflußt. Der kommunale Finanzausgleich kann entweder auf allgemeine Freiflächenziele ausgerichtet werden oder auch innerhalb spezieller Nutzungsklassen ansetzen.

6.2 Handelbare Flächenausweisungsrechte

Die Kommunen bestimmen in eigener Verantwortung über ihre städtebauliche Entwicklung. Im Baugesetz wird die Planungshoheit der Gemeinden als pflichtige Selbstverwaltungsaufgabe fixiert und den Kommunen die Möglichkeit gegeben, ihre Entwicklung durch Bauleitpläne zu ordnen. Die Landes- und Regionalplanung begrenzt diese kommunale Autonomie, wenn überörtliche Belange zu berücksichtigen sind.

Derartige planerische Vorgaben sind jedoch unflexibel und lassen nicht hinreichend Spielraum für dezentrale Entscheidungen vor Ort. Hinzu kommt, daß in der Praxis derartige Restriktionen von den Kommunen vielfach unterlaufen werden, da sie nicht (immer) den kommunalen Interessen entsprechen. Von daher wird vorgeschlagen, eine Beeinflussung des kommunalen Flächenausweisungsverhaltens nicht allein durch Restriktionen, sondern auch durch Anreize vorzunehmen.

Die Flächenausweisung erfolgt durch die Gemeinden als Angebotsplanung. Das zentrale Problem besteht darin, daß die Ausweisung der Gemeinden keinen wirksamen Restriktionen unterliegt. [1] In der Summe können deshalb die Gemeinden in bezug auf die räumlich aggregierte Nachfrage relativ unkoordiniert und unbehindert Ausweisungen vornehmen. Gemessen an dem Umwelthandlungsziel weisen die Gemeinden generell *zu viel* Fläche aus. Zur Verhaltenssteuerung der betroffenen Akteure werden daher zwei miteinander kombinierbare Instrumente vorgestellt, die in der Summe zu einem *push-and-pull*-Effekt führen: Während handelbare Flächenausweisungsrechte die harte Mengenrestriktion bilden, kann eine Reform des kommunalen Finanzausgleichs dazu führen, Ausweisungen an den planerisch erwünschten Stellen und in erwünschter Art und Weise zu induzieren. Um die kostentreibende Wirkung der Ausweisungsrechte zu begrenzen, wird zusätzlich vorgeschlagen, die Instrumente dadurch zu verknüpfen, daß das dem Land zufallende Aufkommen aus den verkauften Ausweisungsrechten in den kommunalen Finanzausgleich fließt.

Für die Einrichtung von Flächenausweisungsrechten muß eine gesamtverträgliche Ausweisungsrate auf Landesebene für das gesamte Land oder einzelne Regionen festgelegt werden. Die Festlegung erfolgt periodenspezifisch in Flächeneinheiten. Für die periodisch ausweisbare Fläche werden Flächenausweisungsrechte ausgegeben, die beliebig gestückelt werden können. Die Flächenausweisungsrechte müssen von den Gemeinden erworben werden, wenn sie durch einen Bebauungsplan, einen Vorhaben- und Erschließungsplan oder durch eine ebenso drittwirksame Planung wie z.B. Außen- oder Innenbereichssatzung Baurechte schaffen. Entscheidend für die Pflicht, Ausweisungsrechte vorzuweisen, ist lediglich, daß durch die Planung Baurechte geschaffen werden. [2] Allerdings erhalten die

[1] Vgl. zum folgenden Bizer (1997), Kapitel 8.

[2] Eine ungeklärte Frage ist, ob bereits durch einen Bebauungsplan ausgewiesene aber noch nicht erschlossene oder nicht plangerecht genutzte Flächen einbezogen werden können. Für die wirksame Begrenzung des Flächenverbrauchs wäre die Einbeziehung grundsätzlich wünschenswert. Allerdings dürften damit erhebliche rechtliche Probleme geschaffen werden.

Gemeinden ein »Freikontingent« an Ausweisungsrechten, das sich an einem Eigenentwicklungsindex orientieren läßt.[3] Die übrigen Ausweisungsrechte werden in einem Auktionsverfahren bei einer auf Landesebene anzusiedelnden Institution versteigert. Bei Änderungen von Bebauungsplänen können die Gemeinden die Rechte auch weiter veräußern.

Die Ausweisungsrechte werden in mehreren Zuteilungsrunden den Gemeinden zugewiesen bzw. von diesen erworben. In der ersten Zuteilungsrunde erhalten alle Gemeinden kostenlos Ausweisungsrechte für ihre Eigenentwicklung. Durch die zugewiesenen »Eigenentwicklungsrechte« wird mit großer Wahrscheinlichkeit nur noch ein Teil der bisher zulässigen Eigenentwicklung ermöglicht. In der projektbegleitenden Befragung von Gemeinden und Genehmigungsbehörden in den Räumen Dresden und Hannover ergaben sich in einigen Fällen Zweifel daran, daß die bisherigen Eigenentwicklungsstandards für die Ausweisungsrechte praktikabel seien. So werden nur Eigenentwicklungen für ländliche Räume festgelegt und nicht für zentrale Orte. Die bisherige Praxis müßte folglich auf einen einheitlichen Standard umgestellt werden, der alle Orte umfaßt. Eine Indizierung müßte relativ einfache Maßstäbe berücksichtigen, die nicht manipulierbar und einfach ermittelbar sind.

Soweit die Gemeinden die so zugeteilten Rechte nicht für eine Ausweisung verwenden, können sie diese veräußern. Dafür richtet das Land eine »Ausweisungsbörse« ein, an der die Rechte gehandelt werden können. Nicht periodengerecht verwendete Rechte verfallen. Der Erlös aus dem Verkauf der »Eigenentwicklungsrechte« steht den Gemeinden zu. Insofern entsteht auch ein gewisser Anreiz, die Rechte an der Börse anzubieten.

In der zweiten Zuteilungsrunde bietet das Land die zweite Hälfte der Ausweisungsrechte an der Börse an. Dieser Teil wird am Anfang der Periode veräußert. Dabei gilt nicht einfach das höchste Gebot, sondern die Zuteilung erfolgt in einem Tenderverfahren, bei dem jeder Bieter ein verbindliches, gestaffeltes Angebot abgibt, auf das die Ausweisungsrechte so verteilt werden, daß der Markt geräumt ist.

In einer dritten Runde können Gemeinden, die mehr als die indizierte Eigenentwicklung anstreben und nicht ausreichend Rechte über das Tenderverfahren erhalten haben, schließlich noch Flächenausweisungsrechte von anderen Gemeinden erwerben. Um die Transaktionskosten gering zu halten, sollten auch diese Veräußerungen über die Ausweisungsbörse laufen. Dadurch erhalten die Gemeinden, die sich durch reduzierte Ausweisungen an das Umwelthandlungsziel anpassen, ein Entgelt von den Gemeinden, die dennoch ausweisen.

Die Geltungsdauer der Rechte ist begrenzt, um zu verhindern, daß Gemeinden sich als Spekulanten betätigen. Die Geltungsdauer muß jedoch nicht mit der Zeitdauer übereinstimmen, die vergeht, bevor wieder neue Rechte angeboten werden. Im Verlauf der gesamten Geltungsdauer können die Rechte auch erneut an der

[3] Das Konzept der Eigenentwicklung wird im Landesentwicklungsplan Baden-Württemberg so verstanden, daß nur soviel Bauflächen ausgewiesen werden dürfen wie für die Befriedigung des Flächenbedarfs bei natürlicher Bevölkerungsentwicklung und für den inneren Bedarf der Gemeinde notwendig ist. Dieses Konzept müßte präzisiert und nötigenfalls auch auf einen gewerblichen Zuwachs ausgedehnt werden.

Ausweisungsbörse gehandelt werden, wenn die Gemeinde ihren Plan verwirft oder die Investoren von ihren Projekten zurücktreten bzw. andere Gemeinden so lukrative Angebote machen, daß sich das Entwicklungsrisiko nicht lohnt.

Die Ausweisungsrechte werden sachlich differenziert für bestimmte Nutzungen ausgestaltet, so daß nicht alle Nutzungen auf demselben Ausweisungsmarkt konkurrieren und auf jedem Teilmarkt eigene Knappheitspreise entstehen. Es kommt dann zu einem Markt für Wohnbaufläche, einem Markt für Industrie- und Gewerbebaufläche und einem Markt für Verkehrsbaufläche. Auf letzterem würden hauptsächlich die Gebietskörperschaften miteinander konkurrieren. Auf dem Markt für Gewerbe- und Industriebauflächen würde mittelbar über die Gemeinden eine Konkurrenzsituation zwischen den einzelnen Sektoren und deren Unternehmen entstehen, während auf dem Wohnungsbaumarkt die Nachfrager diverser Bebauungstypen mittelbar miteinander konkurrieren würden.

Im Ergebnis würden die Ausweisungsrechte dazu führen, daß nur die Gemeinden ausweisen, die für ihre Ausweisung auch zahlungskräftige potentielle Nutzer erwarten.

Aus ökonomischer Perspektive können durch die Ausweisungsrechte die größten Effizienzgewinne realisiert werden, wenn das gesamte Kontingent frei und nicht differenziert nach Teilmärkten an einer »Ausweisungsbörse« gehandelt wird. Mit jeder Differenzierung von Teilmärkten gehen Effizienzverluste einher, die sich nur dann rechtfertigen lassen, wenn dadurch separate Ziele verfolgt werden, die als vorrangig eingestuft werden.

Dennoch könnten sich die Bundesländer als räumliche Einheiten als zu heterogen und groß erweisen, um einen räumlich-einheitlichen Markt einzurichten. Den Ländern sollte deswegen die Möglichkeit eingeräumt werden, den Markt räumlich zu differenzieren. Das kann z.B. in Anlehnung an die Einheiten der Regionalplanung geschehen. Ein weiteres - möglicherweise vorrangiges - Ziel in der Raumplanung ist die Konzentration von Siedlungszuwächsen auf zentrale Orte oder sogenannte Axialräume. In der Befragung äußerten einige Gemeinden die Befürchtung, daß eine tendenzielle Verteuerung der Flächen dazu führe, daß auf ländliche Räume bzw. interaxiale Räume ausgewichen werde. Im Ergebnis würde damit das Instrument disperse Siedlungsstrukturen fördern. Um diesem Problem zu begegnen, können die Märkte sachlich nach Siedlungsschwerpunkten bzw. Siedlungsachsen getrennt werden. Dies erfordert zwar eine differenzierte Zielbestimmung für die gesamte Ausweisungsfläche auf den Siedlungsachsen und in den interaxialen Räume bzw. ländlichen Räume. Ein Ausweichen auf ländliche Räume wäre dadurch aber wirksam begrenzt und würde bei entsprechender Nachfrage zu einem höheren Preis der Ausweisungsrechte führen, als er für Axialräume entsteht.

Dennoch dürften die Gemeinden die Ausweisungsrechte als eine Einschränkung ihrer Planungsfreiheit verstehen. Tatsächlich erwies die im Rahmen des Projektes durchgeführte Befragung, daß die kommunalen Akteure einen deutlichen Vorbehalt gegenüber Ausweisungsrechten haben: In der Region Hannover sagten rund die Hälfte der Befragten Akzeptanzprobleme aufgrund der Einschränkung der Selbstverwaltungs- bzw. Planungshoheit voraus. In der Region Dresden waren es immerhin noch gut ein Drittel der Befragten. In diesem Zusammenhang ist jedoch bemerkenswert, daß die Gemeinden schon die Zielbestimmung durch das Land als unzulässig oder zumindest fachlich bedenklich bezeichnen. Im Vordergrund der Vorbehalte steht damit eher das überregionale Flächensparziel als die Form der Umsetzung.

Der positive Preis wird als Signal für die bereits ausgewiesene Fläche wirken. Durch die Verknappung neuer Siedlungs- und Verkehrsflächen entsteht ein Anreiz, auf bereits ausgewiesene Flächen auszuweichen. Auf diesen Flächen steigen folglich die Preise, so daß eine Nutzungsverdichtung attraktiv wird. Gleichzeitig erhöht sich der Anreiz, bisher brachliegende oder ungenutzte Flächen zu nutzen. Insofern bestehen Verflechtungen zum Bereich der Flächennutzung; allerdings unterliegt die Wirkungskette einigen Restriktionen, da die Märkte nicht reibungslos arbeiten. Gerade im Bestand der Wohnungsgebäude zeigt sich, daß nur bei deutlichen Einkommensverlusten, aber selten bei möglichen Einkommenssteigerungen durch Veräußerung oder Nachverdichtung die baulichen Nutzungspotentiale ausgeschöpft werden.

Das Instrument der Flächenausweisungsrechte stellt einen Eingriff in die Planungshoheit der Gemeinden dar. Ob dieser Eingriff verfassungsrechtlich unzulässig ist oder nicht, kann im Rahmen der Untersuchung nicht geklärt werden. Von allen möglichen Formen der Zielerreichung auf der Angebotsseite stellen die Flächenausweisungsrechte jedoch den Eingriff mit den größtmöglichen Freiheitsgraden dar. Würde z.B. die bisherige Praxis der Siedlungsobergrenzen so strikt umgesetzt, daß das Ausweisungsziel erreicht würde, müßte jeder Gemeinde präzise die zulässige Neuausweisung zugeteilt werden. Für die Gemeinden würden keinerlei Entscheidungsspielräume mehr verbleiben.[4]

6.3 Der kommunale Finanzausgleich als Steuerungsinstrument für das Ausweisungsverhalten von Gemeinden

Eine Möglichkeit, das Flächenausweisungsverhalten der Gemeinden zu korrigieren, besteht darin, sie über preisliche Anreize zu zielkonformem Verhalten zu führen. Dies kann dezentral geschehen, indem etwa benachbarte Gemeinden sich über eine gemeinsame Flächenutzungsstruktur einigen und über Kompensationszahlungen die Aufwendungen und Erträge untereinander verteilen. Eine andere - zentrale - Möglichkeit ist die Vergabe innerstaatlicher Transfers. Das Land gibt den Gemeinden im Rahmen des kommunalen Finanzausgleichs Zuweisungen, um positive Spillovers zu honorieren bzw. zu internalisieren oder um seine Flächennutzungsziele durchzusetzen. Um die Tragfähigkeit dieser Lösung zu überprüfen, ist zunächst einmal die Funktionsweise des kommunalen Finanzausgleichs darzustellen.

---

[4] Durch die hier gewählte Konzeption der Flächenausweisungsrechte wird außerdem verhindert, daß nur die finanzstarken Gemeinden sich mit Flächenausweisungsrechten versorgen.

6.3.1
Aufgaben des Finanzausgleichs

Der Finanzausgleich in föderal organisierten Staaten hat zwei Funktionen: Zum einen ist im *passiven Finanzausgleich* über die Verteilung der Aufgaben auf die jeweiligen Gebietskörperschaften zu entscheiden. Die Frage, die dabei beantwortet werden muß, lautet, ob die Wahrnehmung und Durchführung der Aufgaben zentral oder dezentral erfolgen soll und wer die Ausgaben der Aufgabenerledigung zu tragen hat. Der *aktive Finanzausgleich* enthält zwei Komponenten.

Der *originäre* aktive Finanzausgleich soll den einzelnen Gebietskörperschaften hinreichende Einnahmen - insbesondere Steuern - zuweisen, um ihnen die Erfüllung der im passiven Finanzausgleich zugewiesenen Aufgaben zu ermöglichen. Die in Art. 106 GG geregelte Verteilung des Steueraufkommens zwischen Bund, Länder und Gemeinden überträgt den Gemeinden einen Anteil an dem Aufkommen der Einkommensteuer, darüber hinaus stehen ihnen die Grundsteuer und die Gewerbesteuer als Realsteuern zu. Mit Hilfe des *ergänzenden* aktiven Finanzausgleichs wird versucht, Unzulänglichkeiten bei der Aufgabenverteilung und der originären Einnahmeverteilung zu korrigieren.

6.3.2
Die Funktionsweise des kommunalen Finanzausgleichs

Der kommunale Finanzausgleich ist ergänzender aktiver Finanzausgleich. Ihm sind alle ergänzenden Finanzzuweisungen zuzurechnen, an denen Gemeinden[5] beteiligt sind. Drei Ziele werden ihm zugedacht:

- Das fiskalische Ziel: Die Finanzausstattung der Gemeinden soll insgesamt verbessert werden, wenn die eigenen Steuereinnahmen nicht ausreichen, um die ihnen zugewiesenen Aufgaben zu erfüllen. Deswegen erfolgt eine Aufstokkung und quantitative Verstärkung durch das Land; es geht um die vertikale Dimension des Finanzausgleichs.
- Das redistributive Ziel: Es soll - nicht zuletzt wegen des Verfassungsgebotes der »Einheitlichkeit der Lebensverhältnisse« - ein Ausgleich der Finanzkraftunterschiede zwischen den einzelnen Gemeinden unter Berücksichtigung ihres spezifischen Finanzbedarfes vorgenommen werden. Damit werden auch die finanzschwachen Gemeinden in die Lage versetzt, im Rahmen ihrer Finanzautonomie eine Grundausstattung an öffentlichen Gütern bereitzustellen.
- Das allokative Ziel: Die Aufgaben der Gemeinden sollen an bestimmten Landeszielen ausgerichtet werden. Über die Gewährung der Zuweisung ist das Angebot bestimmter öffentliche Güter - etwa im Infrastrukturbereich - sicherzustellen.

[5] Wenn im folgenden von Gemeinden gesprochen wird, sind die Gemeindeverbände implizit mit einbezogen. Denn der grundsätzliche Wirkungsmechanismus ist identisch. In allen Bundesländer erhalten die Gemeindeverbände (i.d.R. Landkreise) Schlüsselzuweisungen, die nach dem gleichen Prinzip wie die Schlüsselzuweisungen an die Gemeinden ermittelt werden. Darüber hinaus finanzieren sie sich durch Umlagen, die in den beteiligten Gemeinden erhoben werden.

Für die genannten ersten beiden Zwecke werden Ausgleichszuweisungen gewährt, das dritte Ziel soll dagegen mit Lenkungszuweisungen erreicht werden. Die Indienstnahme des kommunalen Finanzausgleichs für Lenkungsabsichten läßt sich an seiner raumordnungspolitischen Funktion verdeutlichen. Durch eine entsprechende Zuweisungspolitik sollen räumlich auftretende externe Effekte ausgeglichen werden, die insbesondere durch die Wahrnehmung von zentralörtlichen Versorgungsaufgaben entstehen. So können beispielsweise - auf der Basis des raumordnungspolitischen Konzeptes der zentralen Orte - Zuweisungen für Ballungszentren begründet werden, die Leistungen für das Umland bereithalten.

Generell können die Zuweisungen nach ihrem Freiheitsgrad für die empfangenden Gemeinden unterschieden werden.[6] Den Zuweisungen zur freien Verwendung (allgemeine Finanzzuweisungen) stehen dann zweckgebundene Zuweisungen (spezielle Finanzzuweisungen) gegenüber. Die allgemeinen Zuweisungen fließen den Gemeinden zweckfrei zur Deckung des allgemeinen Finanzbedarfs zu. Sie werden ohne Verwendungsauflagen gewährt und dienen zur Verstärkung der allgemeinen Deckungsmittel und gleichzeitig dem Abbau von Steuerkraftunterschieden. Diesem Zweck dienen insbesondere die Schlüsselzuweisungen.

Durch diese Zuweisungen soll der Unterschied zwischen dem Finanzbedarf und der Finanzkraft einer Gemeinde verringert werden. Dazu ist anfangs festzustellen, wieviel Finanzmittel den Gemeinden insgesamt zufließen sollen. Es ist grundgesetzlich geregelt (Art. 106), daß die Länder an ihre Gemeinden einen Anteil des ihnen zufließenden Einkommen,- Körperschaft- und Umsatzsteueraufkommens weiterreichen müssen (obligatorischer Steuerverbund). Daneben bestimmen die Länder, ob und in welchem Ausmaß die Gemeinden an weiteren, dem Land zufließenden Finanzmitteln - etwa Landessteuern - beteiligt werden sollen (fakultativer Finanzverbund).

Der fakultative Finanzverbund bildet zusammen mit dem obligatorischen Steuerverbund die Finanzausgleichsmasse. Sie muß nun auf die einzelnen Gemeinden so aufgeteilt werden, daß die fiskalischen, redistributiven und lenkenden Ziele des kommunalen Finanzausgleich erreicht werden. Dazu wird die Finanzausgleichsmasse auf allgemeine und zweckgebundene Zuweisungen aufgeteilt. Dem Kernstück der allgemeinen Zuweisungen - den Schlüsselzuweisungen - kommen dabei primär fiskalische und redistributive Aufgaben zu: Es handelt sich um einen vertikalen Ausgleich mit horizontalen Nivellierungseffekten. Die Höhe dieser Zuweisungen wird nach einem Schlüssel berechnet, in den normierter Finanzbedarf und normierte Finanzkraft einfließen.

Um den Finanzbedarf einer Gemeinde zu ermitteln, müßten die Aufgaben einer jeden Gemeinde umrissen und die bei Erfüllung dieser Aufgaben anfallenden Kosten ermittelt werden. Als Hilfsgröße wird auf die Einwohnerzahl zurückgegriffen. Sie wird in vielen Bundesländern »veredelt« - je größer die Gemeinden, um so stärker das Gewicht des einzelnen Einwohners. Hinter dieser künstlichen Erhöhung der Einwohnerzahl steht die Vermutung, daß der Finanzbedarf der Gemeinden nicht proportional mit der Einwohnerzahl steigt, sondern progressiv wächst.

[6] Vgl. Haverkamp (1988), S. 75 ff.

Dem einwohnerbezogenen Hauptansatz werden - je nach Bundesland unterschiedliche - Nebenansätze an die Seite gestellt, um zu einer genaueren Bestimmung des Finanzbedarfs zu gelangen. In den Nebenansätzen sollen solche bedarfssteigernden Tatbestände erfaßt werden, die auf besondere örtliche Gegebenheiten zurückzuführen sind. Die Palette der Nebenansätze ist breit und von Land zu Land verschieden.

Übersicht 6.2: Mögliche Nebenansätze

Raumordnung	Schüler	Sozialhilfe	Arbeitslose
Struktur	Straßen	Fläche	Erwerbstätige
Kreisangehörige Gemeinden	Gemeindezusammenschlüsse	Bevölkerungswachstum	Grenzland
Aussiedler	Ballungslasten	Kurorte u. Bäder	
Stationierung	Studenten	Kinder	Gruben

Hauptansatz und Nebenansatz bilden zusammen den Gesamtansatz, er ist Indikator für den Finanzbedarf der Gemeinde. Ihm muß die Finanzkraft der Gemeinde gegenübergestellt werden. Dabei werden alleine die gemeindlichen Steuereinnahmen berücksichtigt: Einkommensteueranteil, Gewerbesteuer unter Berücksichtigung der Gewerbesteuerumlage und die Grundsteuer. Indikator für die gemeindliche Finanzkraft ist damit die Steuerkraftmeßzahl, die in eine Ausgleichsmeßzahl transformiert wird. Liegt die Ausgleichsmeßzahl über der Steuerkraftmeßzahl, erhält die Gemeinde in Höhe eines landesseitig festgelegten Prozentsatzes dieser Differenz Schlüsselzuweisungen.

Mit dem Ausgleichsverfahren sind die Schlüsselzuweisungen als Kernstück des kommunalen Finanzausgleiches bestimmt. Hinzu kommen vor allem die Zweckzuweisungen. Sie speisen sich zum einen aus der Finanzausgleichsmasse, werden aber noch durch sonstige Bundes- und Landesmittel ergänzt. Die Zweckzuweisungen sind i.d.R. mit landespolitischen Zielsetzungen verknüpft: Das Land führt die Gemeinden am »Goldenen Zügel«, um sie über preisliche Anreize zu dem gewünschten Verhalten zu veranlassen.

6.3.3 Lenkungsabsichten im bestehenden System

Will man mit dem kommunalen Finanzausgleich lenken, kann man an seinen Steuerungsparametern ansetzen. Dies sind insbesondere die Zweckzuweisungen. Aber auch in die Gestaltung des Hauptansatzes und die Gestaltung der Nebenansätze können lenkungspolitische Absichten einfließen. Verdeutlicht werden kann dies an der raumordnungspolitischen Lenkungsfunktion des kommunalen Finanzausgleichs.[7] Einfallstelle hierfür ist insbesondere der Gesamtansatz. So wird die Veredelung der Einwohnerzahlen im Hauptansatz (auch) damit begründet, daß die größeren Orte Leistungen für ihr Umland erbringen und so einen erhöhten Finanzbedarf aufweisen. Diese globalorientierte Bedarfsmessung wird in einzelnen Bundesländern durch Nebenansätze ersetzt bzw. ergänzt. Auch die derzeitige Praxis der Zweckzuweisungen - vor allem bei der Förderung von Investitionen - berücksichtigt in Teilen zentralörtliche Funktionen.

Aber die Lenkungsabsichten der Länder gehen über dieses Ziel hinaus. Insbesondere durch Investitionszuweisungen wird versucht, auch andere, landesseitig als sinnvoll erachtete Projekte zu fördern, hierbei spielen immer stärker umweltpolitische Ziele eine Rolle. Dies gilt auch für den Indikator Fläche. Beispielhaft seien hier die Finanzausgleichssysteme der Länder Hessen und Rheinland-Pfalz, Brandenburg, Nordrhein-Westfalen, Sachsen-Anhalt und Mecklenburg-Vorpommern genannt, die jeweils einen Flächenansatz kennen. Begründet wird dies auf zweierlei Weise:

- höhere Infrastrukturkosten
- Abgeltung der Freiraumfunktionen

Flächengemeinden hätten zum einen höhere Bau- und Unterhaltungskosten im Infrastrukturbereich (Straßen, Brücken, Wasserversorgung und -entsorgung und Abfallbereich). Zum anderen würden Flächengemeinden Freiraumfunktionen (etwa Naturschutz und Erholung) für die Verdichtungsräume erbringen. Sollten - reduzieren wir die Argumentation auf das zweite Begründungsmuster - durch die Vorhaltung von Natur und Landschaft besondere Belastungen für die jeweiligen Gemeinden entstehen, sind sie im kommunalen Finanzausgleich zu berücksichtigen.

6.3.4 Steuerungsmöglichkeiten bei der Flächenausweisung

Will man die Akteure in den Gemeinden durch preisliche Anreize in ihrem Flächenausweisungsverhalten steuern, sind im Rahmen des kommunalen Finanzausgleichs vor allem zwei Ansatzpunkte relevant. Zum einen können derartige Regelungen am Finanzbedarf ansetzen. Dann sind in erster Linie *Hauptansatz und Nebenansätze* auf ihr Lenkungspotential zu überprüfen. Zum anderen kann man die Lenkungsabsicht in den Vordergrund stellen. Dann rückt vor allem die Eignung der *Zweckzuweisungen* in den Mittelpunkt des Interesses.

6.3.4.1 Handlungsbedarf

Der »Raumordnungspolitische Orientierungsrahmen« des Bundesministeriums für Raumordnung, Bauwesen und Städtebau weist bestimmten Regionen eine zentrale

[7] Den Hintergrund bildet das raumordnerische Leitbild der dezentralen Konzentration: Die Vorteile dezentraler Siedlungsstruktur sollen genutzt, gleichzeitig aber bestimmte Funktionen an einzelnen Punkten konzentriert werden.

Rolle für die Landschaftserhaltung und den Ressourcenschutz zu, während andere, insbesondere wirtschaftsstarke Regionen und Zentren als räumliche Leistungsträger im internationalen Wettbewerb interpretiert werden. Eine solche funktionsräumliche Arbeitsteilung kann aber die wirtschaftliche Entwicklung einzelner Räume und damit das Einkommensniveau der dort lebenden Bevölkerung beeinträchtigen.

Mittelbar können von einer solchen Entwicklung Rückwirkungen auf das örtliche Steueraufkommen,[8] die örtliche Finanzkraft und damit das Angebot an öffentlichen Leistungen und Gütern ausgehen. Hinzu kommt, daß lokalpolitische Zielsetzungen - etwa in bezug auf Arbeitsplätze oder Wohnungsversorgung - berührt werden können. Von daher ist zu verstehen, daß gegen die Zuweisung von »unproduktiven« Funktionen wie der einer Freiraumsicherung in den betroffenen Regionen Widerspruch vorgebracht wird. Es ist die Frage zu stellen, ob den Gemeinden nicht Anreize geboten werden müssen, um sie im Rahmen ihrer selbstverantwortlichen Aktivitäten zu einer umweltverträglicheren Flächennutzung zu bewegen.

Ein Blick in die Entwicklung der Flächennutzung - vor allem in den Verdichtungsgebieten - zeigt deutlich, daß das Interesse der Gemeinden an »produktiver« Verwendung - Gewerbebauland, Wohnbauland, Infrastrukturflächen - ihrer Fläche groß ist. Es bedarf der Installation von Regeln, um den Akteuren Anreize zu bieten, Ausgleichsfunktionen wahrzunehmen oder zumindest Expansionsbestrebungen entgegen zu wirken. Ansonsten werden sie nur in eingeschränktem Ausmaß bereit sein, schonend und sparsam mit der Gemeindefläche umzugehen.[9]

6.3.4.2
Bedarfsorientierte Schlüsselzuweisungen

Wenn es richtig ist, daß die Ausweitung des Aufgabenspektrums auf umweltpolitische Aktivitäten wie die einer Freiraumsicherung mit steigenden Aufwendungen verbunden ist, dann ist zu prüfen, ob dieser zusätzliche Finanzbedarf im kommunalen Finanzausgleich angemessen berücksichtigt wird. Anknüpfend an die zuvor angestellten Überlegungen kann davon ausgegangen werden, daß die bei der Erfüllung vorgegebener Flächen- bzw. Freiraumziele und die bei der Durchführung freiwilliger Schutzmaßnahmen anfallenden Kosten bei der Ermittlung des Finanzbedarfs i.d.R. nicht abgebildet werden: Im Hauptansatz wird nach (veredelten)

---

[8] Ob dies so auch eintritt, ist eine ganz andere Frage. Siehe hierzu skeptisch Junkernheinrich (1994).

[9] Autonome Gebietskörperschaften sind bestrebt, ihre aus Sicht der Gemeindemitglieder optimale Gemeindegröße zu realisieren. Die örtlichen Interessen werden sich in den Gemeindeparlamenten kumulieren und beispielsweise in den Entscheidungen über die Erschließung von Bauland niederschlagen. Die Funktion, die der jeweiligen Gemeinde dabei in einer übergemeindlichen nationalen oder globalen ökologisch arbeitsteiligen Struktur zugedacht wurde, wird das Verhalten der örtlichen Entscheidungsträger nur dann beeinflussen, wenn ihre Entscheidungsautonomie durch Auflagen übergeordneter Gebietskörperschaften direkt eingeschränkt oder durch Anreize modifiziert wird.

Einwohnerzahlen verteilt, und in den Nebenansätzen finden sich nur rudimentäre Anknüpfungspunkte, die auf die »Fläche« abzielen.[10]
Ökologische Leistungen werden im Rahmen des kommunalen Finanzausgleichs im eigentlichen Sinn üblicherweise nur dann Berücksichtigung finden, wenn Haupt- oder Nebenansätze ökologisch modifiziert werden; es sei denn, die ökologisch begründeten Bedarfe verteilten sich auf die einzelnen Gemeinden nach den Maßstäben der Einwohnerveredelung. Das ist jedoch höcht unwahrscheinlich. Eine Berücksichtigung ökologischer Bedarfe durch eigene Ansätze setzt dann aber voraus, folgt man der inneren Logik des kommunalen Finanzausgleichs, daß bei den Gemeinden auch konkret Mehrbedarfe bzw. Kosten entstanden sind. Bei einer bedarfsorientierten Ergänzung des kommunalen Finanzausgleichs in Hinblick auf das Ausweisungsverhalten ist nämlich zu berücksichtigen, daß der kommunale Finanzausgleich grundsätzlich am kommunalen Finanzbedarf und an der örtlichen Steuerkraft anknüpft. Es wird angestrebt, das der kommunalen Ebene zur Verfügung stehende Finanzvolumen bedarfsgerecht auf die Gemeinden aufzuteilen. Damit rückt die Frage in den Vordergrund, ob einzelnen Gemeinden aus der Wahrnehmung ihrer spezifischen ökologischen Ausgleichsfunktionen Sonderbedarfe entstehen, die im kommunalen Finanzausgleich bisher nicht abgegolten werden. Das heißt, daß die kommunale Erfüllung einer öffentlichen Aufgabe - wie etwa einer Freiflächenausweisung - nur dann eine Bedarfskomponente darstellt, wenn sie zu öffentlichen Kosten bzw. Ausgaben führt. Erbringt eine Gemeinde hingegen Leistungen, die nicht ausgabenwirksam werden, bleiben diese im Finanzausgleich unberücksichtigt.

Dabei sind folgende zwei Ausgaben- bzw. Kostenarten zu unterscheiden:

- direkte Kosten im kommunalen Haushalt etwa durch Grundstückskäufe oder laufende Aufwendungen (etwa für Zwecke der Sicherung von Freiraumfunktionen) und
- indirekte Kosten als Folgen des Verzichts auf Nutzungsalternativen auf den jeweiligen Flächen (Steuer, Arbeitsplätze, Wohnungen).

Obwohl flächendeckend keine Daten vorhanden sind, ist doch in vielen Fällen zu vermuten, daß die direkten Kosten, die für die Gemeinde etwa bei der Ausweisung eines Naturschutzgebietes anfallen, eher gering sind. Damit entfällt die notwendige Bedingung für eine Zuweisung ungebundener Schlüsselzuweisungen. Allerdings liegen auch einzelne Beispiele vor, die auf Aufwendungen hinweisen. Dies gilt bspw. für kommunale Mindereinnahmen durch naturschutzrechtliche Beschränkungen der Kommunalforsten oder für die Aufwendungen einzelner Landkreise für den Naturschutz, die beachtliche Ausmaße annehmen können.

Aus dem Umstand, daß im Finanzausgleich nur ausgabenwirksame öffentliche Güter berücksichtigt werden, ergeben sich also Probleme. Denn die Kosten, die damit verbunden sind, daß eine Gebietskörperschaft im Rahmen einer ökologischen räumlichen Arbeitsteilung - indem sie eben kein Bauland ausweist - auf die Entwicklung und Mehrung ihrer Steuerquellen verzichten und sonstige Zielver-

[10] Das Ziel der Gleichwertigkeit der Lebensbedingungen ist - zumindest implizit - im kommunalen Finanzausgleich verankert, für umweltrelevante Bedarfe ist er nicht ausgelegt. Gibt es neue Aufgabenfelder und Ausgabenbedarfe, dann ist zu überlegen, wie sie im kommunalen Finanzausgleich berücksichtigt werden können.

zichte (Arbeitsplätze, Wohnungsversorgung usw.) in Kauf nimmt, bleiben unberücksichtigt. Derartige Opportunitätskosten können von der Logik des kommunalen Finanzausgleichs nicht erfaßt werden. Er kennt nur direkte Belastungen durch erhöhte Ausgaben, indirekte Belastungen sind ihm fremd, weil aus indirekten Belastungen kein unmittelbarer Bedarf abgeleitet werden kann.

Es ist jedoch zu berücksichtigen, daß der Finanzausgleich in seiner distributiven Funktion die Opportunitätskosten aus entgangener Entwicklung reduziert. Denn wenn die ökonomische Entwicklung in einer Region zurückgeblieben ist und damit Steuereinnahmen ausgeblieben sind, wird dies durch die - nun relativ höheren - Schlüsselzuweisungen ausgeglichen. Dann sind die Entwicklungsdefizite in Höhe des Ausgleichssatzes bereits durch den normalen kommunalen Finanzausgleich zumindest partiell abgegolten.

Diese Opportunitätskosten sind jedoch schwer zu berechnen. Es reicht nicht aus, auf mögliche unterbliebene Ansiedlungen, etwa wegen eines Naturschutzgebietes, zu verweisen und die fehlenden Arbeitsplätze und Steuermindereinnahmen zu beklagen. Die Frage ist auch: Wie groß ist in jedem einzelnen Fall die Wahrscheinlichkeit, daß sich in dem geschützten Gebiet ein Investor hätte niederlassen wollen. Erst das Produkt aus Steuermindereinnahmen (abzüglich der mit der Ansiedlung verbundenen Aufwendungen) und monetarisierten Zielverzichten auf der einen und der Ansiedlungswahrscheinlichkeit auf der anderen Seite gibt Auskunft über die konkreten Opportunitätskosten. Es ist möglich, daß bei einzelnen Betroffenen, die sich über ausgebliebene Entwicklung beklagen, »Ansiedlungsillusionen« vorliegen.

Von daher erscheint es nicht angebracht, den Hauptansatz bzw. die Hauptansatzstaffel nach ökologischen Gesichtspunkten zu modifizieren. Der Hauptansatz - ob gestaffelt oder nicht - soll der allgemeinen, durchschnittlichen Finanzbedarfsermittlung folgen. Es gilt der Grundsatz eines einheitlichen Bedarfs pro Einwohner, solange keine typischen Ausgabenunterschiede nachweisbar sind. Eine »ökologische« Veredelung der Einwohnerzahlen insoweit nicht begründbar.

Anders ist im Hinblick auf mögliche Nebenansätze zu argumentieren. Nebenansätze sollen ja gemeindeindividuelle, regionale und überregionale Sonderlasten berücksichtigen. Sie dienen der Ergänzung und Feinabstimmung, da der Hauptansatz an durchschnittlichen Zuschußbedarfen orientiert ist. Zu einer zielgenauen Bedarfsermittlung können dann auch ökologische Nebenansätze dienen. Selbst wenn die flächenpolitisch induzierten direkten Finanzbedarfe nur gering sind, könnte ein entsprechender Nebenansatz doch zu einer verbesserten Erfassung der kommunalen Finanzbedarfsunterschiede dienen. Durch eine politische Entscheidung für einen flächenbezogenen Nebenansatz könnte dann - auch bei eher unscharfen Finanzbedarfen und unter Berücksichtigung der indirekten Kosten - ansatzweise ein Ausgleich geboten werden.

Ein neuer, ökologischer Nebenansatz könnte seine Rechtfertigung eventuell aber auch - selbst bei unscharfem Finanzbedarf - aus seiner Ähnlichkeit mit dem kürzlich implementierten Strukturansatz in Nordrhein-Westfalen ziehen, der die Schaffung von Arbeitsplätzen honoriert. Auch er hat einen deutlichen Bezug zu räumlichen Verflechtungen, auch durch ihn sollen neue Lenkungsanreize geschaffen werden, und auch er orientiert sich nicht an exakt erfaßbaren Kostengrößen.

Ein derartiger neuer Nebenansatz wäre dann ein weiterer Baustein in einem System aufgabebezogener Indikatoren, mit denen eine verbesserte Erfassung der kommunalen Finanzbedarfsunterschiede angestrebt wird.[11]

Dennoch seien hier noch einmal die Vorbehalte betont. Ein Nebenansatz »Freifläche« wird solange umstritten bleiben, bis die konkreten Bedarfe, die aus einer anderen kommunalen Flächenpolitik erwachsen, genauer gefaßt werden. Außerdem ist zu berücksichtigen, daß die indirekten Kosten zwar vorhanden, aber schwer meßbar und nicht leicht mit der Logik des Ausgleichssystems vereinbar sind.

Weitere Vorbehalte kommen hinzu. So wird der Lenkungseffekt von Schlüsselzuweisungen generell in Frage gestellt.[12] Allgemeine Zuweisungen sind prinzipiell allokationsneutral, weil sie die Preisrelationen zwischen den einzelnen kommunalen Gütern und Dienstleistungen unverändert lassen. Wenn auch von der Wahl des jeweiligen Bedarfsindikators sowie seiner relativen Gewichtung im Gesamtansatz - eher diffuse - Lenkungswirkungen ausgehen, ist seine konkrete Lenkungswirkung gering. Es ist allerdings zu erwarten, daß bei Nebenansätzen »Lenkungsreste« vorhanden sind, weil die Gemeinden ja nur dann in den Genuß des Nebenansatzes kommen, wenn sie seine Bedingungen erfüllen.

Aus konzeptioneller Sicht gibt es also gute Gründe für und gegen einen neuen Nebenansatz für ökologisch orientierte Flächennutzungen. Um - wenn politische Mehrheiten dafür gefunden werden - Anschlußstellen in bestehenden Finanzausgleichssystemen zu finden, könnte an bestehenden Flächenansätzen angeknüpft werden; sie wären dann stärker in Richtung »Freifläche« zu modifizieren. Ein derart modifizierter Flächenansatz wäre eine sehr pragmatische Lösung: Ein globaler Indikator (Flächennutzung) wird wegen plausibler Finanzbedarfe ergänzend eingefügt.

Dies würde auch dem Argument Rechnung tragen, daß für die praktische Relevanz eines Ausgleichskonzeptes nicht nur allokationstheoretische Begründungen eine Rolle spielen.[13] Ein derartiger Ansatz wäre transparent, verständlich, wenig verwaltungsaufwendig und wegen seines globalen Charakters auch eher konsensfähig. Er würde gleichzeitig den Gemeinden höhere Freiheitsgrade lassen und die kommunale Autonomie stärken. Gleichzeitig wäre er ein Symbol, Freiflächenfunktionen politisch einen höheren Stellenwert zuzumessen.[14]

---

[11] Siehe generell Junkernheinrich (1991), S. 183

[12] Kuhn (1995), S. 173

[13] Siehe Parsche; Steinherr (1995), S 24.

[14] Andererseits wird darauf verwiesen, daß der kommunale Finanzausgleich mit einer Vielzahl von Nebenansätzen überfrachtet würde und das entstehende System intransparent, mit hohen Verwaltungskosten erkauft und in der Konsensfähigkeit ausgehöhlt wäre. Diesem Einwand könnte begegnet werden, in dem man sich auf einen, global ansetzenden und quantitativ bedeutsamen Nebenansatz beschränkt.

6.3.4.3
Zweckzuweisungen zur Lenkung der Flächenausweisung

Die Absicht, den Output einzelner Güter zielgerichtet zu steuern, kann durch allgemeine Zuweisungen nur unvollkommen erreicht werden. Will man dies bewirken, müssen zweckgebundene Zuweisungen vergeben werden. »Eine differenzierte Feinsteuerung ließe sich besser über Zweckzuweisungen erreichen. [...] Der Konflikt mit der kommunalen Selbstverwaltung legt es zudem nahe, diese Zweckzuweisungen als Investitionspauschalen auszubringen und die Effizienz der lokalen Entscheidung in den zentralen Orten zu nutzen.«[15] Eine derartige Politik der Zweckzuweisungen erscheint, wenn man sich gegen eine Lösung des Problems im Rahmen des Gesamtansatzes entscheidet, folgerichtig.

Es muß nämlich weiterhin davon ausgegangen werden, daß die lokalen Entscheidungsträger indirekte Belastungen, die ihnen aus der Wahrnehmung ökologischer Aufgaben entstehen, in ihr Kalkül einbeziehen. Auch wenn es richtig ist, daß die von einzelnen Regionen erbrachten ökologischen Leistungen nur zum Teil finanzbedarfsrelevant werden, sinken damit nicht automatisch die lokalen Widerstände etwa gegen naturschutzbezogene Funktionszuweisungen für Flächen. Die dann notwendig werdenden Zweckzuweisungen können entweder unter dem Dach des kommunalen Finanzausgleichs gewährt werden, aber abgeschottet vom Gesamtansatz oder sie werden auch institutionell vom kommunalen Finanzausgleich getrennt und etwa in einem gemeinsamen Fond untergebracht. Für die Wirkungsweise wäre dies ohne Belang.

Das zu lösende Problem bleibt das gleiche: Die Flächenausweisungsentscheidungen der Gemeinden sind in der Summe suboptimal und aus Landessicht korrekturbedürftig. Das Land hat (umweltpolitische) Ziele und will sie mit Hilfe preislicher Anreize bei den nachgeordneten Gebietskörperschaften durchsetzen - das bekannte Muster des Standard-Preis-Ansatzes. In den Gemeinden sollen durch die Zuweisungen Handlungsbereitschaft geweckt und Handlungsfähigkeit sichergestellt werden. Die Zieldefinition liegt beim Land: Dort wird bestimmt, welche Nutzungsstrukturen landesseitig nachgefragt werden sollen.

Die Wirkungsweise des Instruments beruht auf der Erfüllung der Anspruchsvoraussetzungen, denn Gemeinden werden Zuweisungen gewährt, wobei sich ihre Höhe grob an den Opportunitätskosten orientieren muß. Angestrebt wird, so viele Gemeinden zu einer Änderung ihres Ausweisungsverhalten zu bewegen, bis das angestrebte Ziel erreicht wird. Die Gemeinden bestimmen - unter den neuen Zuweisungsbedingungen - frei das Ausmaß; Mengen und Orte werden dezentral definiert. Insbesondere die Nähe zu den örtlichen Bedingungen (Präferenzen, spezifische Lösungspotentiale usw.) verweist auf die Effizienz dieses Vorgehens.

Die Summe der Zuweisungen - also der Finanzmittel, die das Land braucht, um hinreichend viele Gemeinden zu Anpassungsreaktionen zu bewegen - ist dann *a priori* unbegrenzt. Eine andere Variante wäre, einen bestimmten fixen Geldbetrag so auf die Gemeinden zu verteilen, daß bei gegebenen Mitteln ein maximaler Zielerreichungsbeitrag realisiert wird. Das Lenkungsziel ist dann allerdings

[15] Mäding (1995), S. 613.

schwächer ausgeprägt, man entfernt sich ein Stück von der ursprünglichen Idee des Standard-Preis-Ansatzes.

Im folgenden sollen Konzepte vorgestellt werden, mit denen das Land lenkend auf die Gemeinden einwirken könnte. Das Ziel ist bei diesen Ansätzen dasselbe: Das Land beabsichtigt eine Lenkung, da die kommunalen Entscheidungen unzureichend sind. Dies kann sich zum einen auf kommunale Projekte, zum anderen auf kommunale Planungen beziehen. Vor allem zwei Möglichkeiten sind erwägenswert:

- Zuweisungen für eine umweltverträglichere Ausgestaltung der *gesamten* gemeindlichen Flächennutzung: Dabei werden dann die Ausweisungen jener Flächennutzungen - differenziert nach ihrer Naturnähe - durch Zuweisungen prämiert, die ansonsten wegen nicht abgegoltener positiver externer Effekte unterbleiben würden.
- Zuweisungen für *einzelne* Flächennutzungen oder für *einzelne* Merkmale: Hier sollen entweder konkret für einzelne Nutzungen - z.B. Naturschutzgebiete - oder für bestimmte Merkmale - z.B. Dichte oder autofreie Siedlung - Zuweisungen gewährt werden.

Wenn man die *gesamte Flächennutzung* der Gemeinden steuern möchte, bietet es sich in einem ersten Schritt an, die verschiedenen Flächennutzungen nach Nutzungsklassen aufzuteilen, wobei den naturverträglichsten Nutzungsklassen die höchsten Zuweisungssätze zugeordnet werden (siehe Übersicht 6.1). Diese Nutzungsdifferenzierung orientiert sich an den Kategorien der Flächennutzungssteuer.[16] Dann wird in einem zweiten Schritt geprüft, wie sich die Flächennutzung in den jeweiligen Flächennutzungsklassen entwickelt hat. Diese relativen Veränderungen bilden zusammen mit dem Anteil der jeweiligen Flächennutzung an der Gesamtnutzung die Basis für die den Kommunen zufließenden »Flächennutzungszuweisungen«.

Dabei ist zu berücksichtigen, daß die Daten für eine derart differenzierte Zuweisungsvergabe kleinräumig - im Augenblick - flächendeckend noch nicht vorhanden sind. Pragmatisch könnte man sich mit den Daten aus der amtlichen Statistik und der Landwirtschaftsstatistik behelfen, um eine gröbere, aber empirisch sofort auffüllbare Flächennutzungsdifferenzierung vorzunehmen.

Ein solcher Zweckzuweisungsansatz ließe den Gemeinden hinreichenden Spielraum, als wichtig erachtete Ausweisungsprojekte weiterhin durchführen zu können, könnte gleichzeitig aber die Gemeinden in ihren Bemühungen unterstützen, mehr naturnahe Flächen auszuweisen. Die Gemeinden müßten dann selbst überprüfen, wie wichtig ihnen die Ausweisung von Bauland oder Gewerbegebieten ist und ob die dadurch erwarten Steuereinnahmen bzw. das Erreichen sonstiger kommunalpolitischer Ziele durch die Zuweisungen nicht aufgewogen werden.

Allerdings gibt es einen gravierenden Einwand gegenüber einem derartigen Ansatz zur Steuerung der Flächennutzung. Hierzu kann man an die Überlegungen zum Finanzbedarf anknüpfen. Denn den Zuweisungen für die als wünschenswert erachtete Flächennutzung stehen keine *direkten* Kosten der Gemeinden gegenüber. Ihnen würden dann Mittel zufließen, die zur freien Disposition ständen, da

[16] Siehe Abschnitt 6.4.

eine Zweckbindung i.e.S. nicht möglich ist.[17] Diese gemeindlichen »Renteneinkommen« werden unabhängig vom Finanzbedarf fließen und das Versorgungsniveau bei anderen gemeindlichen öffentlichen Gütern verbessern. Das Argument gilt besonders dann, wenn sich in der Praxis erweisen sollte, daß hohe Zuweisungen notwendig sind, um die Gemeinden zum Verzicht etwa auf Bauland- und Gewerbegebietsausweisungen zu bewegen.

Bei dieser Argumentation darf zwar nicht vergessen werden, daß der Gemeinde Opportunitätskosten (im Sinne von Zielverzichten) entstanden sind. Diese lassen sich aber in der jetzigen Struktur des kommunalen Finanzausgleichs nicht angemessen abbilden. Die *Leistungsorientierung* der Zuweisungen stellt insofern ein systematisches Hindernis für die Eignung einer derartigen Strategie zur Flächensteuerung dar.

Anders sieht es aus, wenn das Land über Zuweisungen Projekte fördern möchte, deren Durchführung den Gemeinden Kosten verursacht. Bei einer derartigen *Kostenorientierung* können zweckgebundene Zuweisungen sinnvoll sein. Von daher ist zu überlegen, ob anstelle - oder auch in Ergänzung zu - einer »kleinen« Flächennutzungszuweisung nicht projektorientierte Zuweisungen vergeben werden könnten. Hierzu wäre eine Orientierung an Aktivitäten sinnvoll, die in einem engen Zusammenhang mit dem Ziel einer umweltverträglicheren Flächennutzung stehen und sich noch konkreter auf die Stadtentwicklung beziehen. Beispielhaft seien hier genannt:

- Nachverdichtung (geschlossene Baulücken, genutzte Konversionsflächen)
- Modellprojekte zum flächensparenden Bauen,
- Entsiegelungsprogramme,
- Flächenrecyling oder
- autofreie Siedlungen.

Sie helfen, die Flächeninanspruchnahme zu reduzieren, Innenentwicklung zu stärken oder negative Begleiterscheinungen suburbaner Entwicklungen zu mildern.

Es ist allerdings zu bedenken, daß diese Indikatoren und Projekte nicht alle gleichzeitig durchgesetzt werden könnten. Dies würde den kommunalen Finanzausgleich in der Tat überfrachten. Die Darstellung hier dient als »menu of choice«, an dem sich die politischen Instanzen ausgehend von den jeweiligen Rahmenbedingungen des Landes orientieren können. Es muß weiteren, vor allem auch länderspezifisch zugeschnittenen Forschungsprojekten vorbehalten bleiben, diese Ansätze zu konkretisieren und Stärken und Schwächen herauszuarbeiten.

Damit die geschilderten Zuweisungen ihr Ziel erreichen, sind bei ihrer Ausgestaltung bestimmte Spielregeln zu beachten. Wichtig ist insbesondere, daß sie zweckgebunden vergeben werden, weil sonst ihr Ziel, über Veränderung der relativen Preise die Bereitstellung bestimmter Flächen sicherzustellen, nicht erreicht wird. Zwei Möglichkeiten der Zweckbindung stehen zur Verfügung: Empfangsauflagen oder Verwendungsauflagen.[18]

---

[17] Zu überlegen wäre aber, diese Zuweisungen für flächenbezogene Aktivitäten wie Entsiegelungen - zum Teil - zweckzubinden.

[18] Siehe zur technischen Ausgestaltung ausführlich Kops (1989), S. 162 ff.

Für die Steuerung der gesamten Flächennutzung sind insbesondere *Empfangsauflagen* relevant. Bei ihnen wird an Eigenschaften oder Verhaltensweisen angeknüpft, die Voraussetzung für die Zuweisung sind. So wäre in einem Flächenansatz - wenn er trotz der skizzierten Vorbehalte in »abgespeckter« Form politisch erwünscht ist - ein bestimmter Anteil von Freiflächen die Empfangsauflage. Wie konkret die Empfangsauflage ausgestaltet werden soll, hängt vom Einzelfall ab und bewegt sich im Spannungsfeld zwischen umfassenden (tendenziell abstrakten) und praktikablen (tendenziell unvollständigen) Auflagen. Die angestrebten Wirkungen werden von mit Empfangsauflagen versehenen Zuweisungen dann erreicht, wenn die Gemeinden die Empfangsauflage intern steuern können und wenn die Kosten einer Erfüllung der Empfangsauflagen durch die Zuweisung kompensiert werden.

Bei der *Verwendungsauflage* - etwa zur Unterstützung bestimmter Projekte - wird die Verwendung der zur Abgeltung bereitgestellten Mittel vorgeschrieben. Um die Zuweisung zu erhalten, muß die Gemeinde gewährleisten, die zugeflossenen Mittel für ein bestimmtes Angebot zu verwenden. Wirkungen werden ausgelöst, wenn die potentiell zuweisungsberechtigten Gemeinden ihr Ausweisungsverhalten im Sinne der Verwendungsauflagen ändern. Das Ausmaß der Änderung wird - neben der Höhe der Zuweisung - davon bestimmt, wieweit sich die Verhaltensänderung von den autonomen Präferenzen der Gemeinden unterscheidet.

Weitere Ausgestaltungsfragen seien hier nur kurz thematisiert. Je höher die *Regelungsdichte*, desto höher auch die Wirksamkeit. Damit steigen aber auch die administrativen Kosten, so daß auch Abwägungsentscheidungen getroffen werden müssen. Des weiteren sollten die Zuweisungen mit einer *Eigenbeteiligung* versehen werden. Da die Gemeinden auch selbst von der Maßnahme profitieren, indem sie Freiflächen als Erholungsgebiete nutzen, sollen sie auch an den Kosten beteiligt werden. Beim *Regelbindungsgrad* ist zu beachten, daß regelgebundene Verfahren mit Rechtsanspruch auf exakt quantifizierte Zuweisungsbeträge für die Gemeinden gut kalkulierbar sind. Diskretionäre ad-hoc-Zuweisungen mit hohem Ermessensspielraum für die Landesexekutive sind im Regelfall nicht kalkulierbar und mit der Gefahr von willkürlichen Ermessensentscheidungen verbunden. Für den Zuweisungsgeber haben sie dagegen den Vorteil, flexibel entscheiden zu können, welche Zuweisungen überhaupt und in welcher Höhe vergeben werden sollen.

In Kenntnis der technischen Ausgestaltungsbedingungen[19] ist dann abschließend zu entscheiden, wie differenziert der *Verteilungsschlüssel* sein soll: Wählt man eine feindifferenzierte Steuerung oder eher globale Schlüssel. Das grundsätzliche Spannungsverhältnis ist nicht vollständig auflösbar: Allgemeine Zuweisungen erhöhen die Autonomie und stärken die dezentrale Effizienz; Entscheidungen werden an den örtlichen Gegebenheiten ausgerichtet. Konkrete Lenkungsziele sind allerdings so nicht punktgenau zu verwirklichen, die dafür notwendigen Zweckzuweisungen schmälern aber wiederum die dezentralen Entscheidungsbefugnisse. Vielfach wird dafür plädiert, die Zuweisungen nach einem festen Verteilungsschlüssel für möglichst weitgesteckte (pauschale) Verwen-

[19] Daneben sind weitere Details zu klären: abstrakter oder konkreter Ausgleich, monetärer oder realer Ausgleich, direkter oder indirekter Ausgleich. Siehe dazu Kops (1989), S. 177ff.

dungsbereiche zu vergeben.[20] Neben der Vereinfachung des Zuweisungsverfahrens und einer verbesserten Kalkulierbarkeit für die Gemeinden ergäbe sich ein höherer Entscheidungsspielraum für die Zuweisungsempfänger.

Abschließend sollen kursorisch noch einige weitere Argumente gegen Zweckzuweisungen aufgeführt werden. Zweckzuweisungen mögen zwar ein effizientes Instrument sein, politisch werden Zweckzuweisungen von den Gemeinden jedoch ambivalent gesehen. Der Freude an den zufließenden Finanzmitteln stehen auch Befürchtungen gegenüber, selbstbestimmte kommunale Handlungsspielräume zu verlieren. Der »Goldene Zügel« - so wird befürchtet - führe zu einem Verlust an politischer Verantwortlichkeit und zu einer Verringerung des Interesses an kommunalen Entscheidungen. Von finanzwissenschaftlicher Seite ist darüber hinaus darauf hingewiesen worden, daß derartige Lenkungseingriffe sehr schnell zu einem Einfallstor für zentralistische Bestrebungen werden können.[21]

Zweckzuweisungen sind mit hohem bürokratischem Aufwand verbunden, da - gerade bei antragsgebundenen Zuweisungen - umfangreiche Antrags-, Bewilligungs- und Kontrollprozeduren sowohl bei den Zuweisungsgebern als auch bei den Zuweisungsnehmern anfallen. Dieser personelle und zeitliche Aufwand legt nahe, in jedem einzelnen Fall zu fragen, ob sich der Aufwand eigentlich lohnt. Wie bei der aktuellen Kritik an einem ausufernden Subventionswesen gilt auch hier, daß eine zu weite Ausdehnung der Zweckzuweisungen für nahezu beliebige Zwecke zu einer »Unüberschaubarkeit der Zuweisungstöpfe« und zu einem »Richtliniendschungel« führen würde. Die Mittelverteilung richtet sich dann im Zweifel stärker nach dem Informationsstand der Antragsteller und nicht nach der sachlichen Notwendigkeit. Hinzu kommt, daß befürchtet wird, der kommunale Finanzausgleich würde durch eine Vielzahl neuer Lenkungszwecke überfrachtet und damit intransparent.

Das Gegenargument der begrenzten Reichweite ist insbesondere für Stadtstaaten und ihr Umland relevant; diese Probleme sind mit dem kommunalen Finanzausgleich nicht lösbar, weil verschiedene Bundesländer betroffen sind. Gleiches gilt für andere naturräumlich zusammengehörende Räume, die unterschiedlichen Bundesländern angehören. Betrachtet man die strukturschwachen Bundesländer, dann stellt sich die Frage, ob diese - da die kommunale Finanzausgleichsmasse immer auch die Finanzposition des jeweiligen Bundeslandes widerspiegelt - mit weniger Flächenschutz auskommen sollen?

Abschließend sei auf die Netzwirkungen hingewiesen. Wenn eine ganz bestimmte räumliche Verteilung - z.B. Netze - angestrebt wird, sind preisliche Anreize, denen man eben auch *nicht* folgen kann, keine angemessene Lösung. So könnte sich bspw. herausstellen, daß nur Gemeinden im ländlichen Raum diesen Anreizen folgen würden. Wenn das Land seine Ziele aber auch in allen Verdichtungsgebieten erreichen will, dann ist der kommunale Finanzausgleich nur begrenzt geeignet.

---

[20] Vgl. Zimmermann; Postlep (1985), S. 9.

[21] Vgl. Cäsar; Kops (1983).

6.3.4.4 Gegenfinanzierung

Die letzte zu beantwortende Frage ist die der Gegenfinanzierung. Das grundlegende Problem ist, daß das Land Finanzmittel benötigt, um die Aktivitäten der Gemeinden zu steuern. Hierbei ist nach Schlüssel- und Zweckzuweisungen zu unterscheiden. Sollte man sich zu einem *Nebenansatz* und damit zu bedarfsorientierten Schlüsselzuweisungen durchringen können, wäre es konzeptionell sinnvoll, diesen Nebenansatz bei konstanter Finanzausgleichsmasse einzuführen. Die damit verbundene Umverteilung verringert allerdings die politischen Durchsetzungschancen eines derartigen Ansatzes, so daß auch hier - wenn man den Nebenansatz favorisiert - über eine Aufstockung der Ausgleichsmasse nachgedacht werden muß.

Auch bei den *Zweckzuweisungen* ist es geraten, für die gewährten Zuweisungen Gegenfinanzierungspotentiale ausfindig zu machen. Ohne Aufstockung sind ökologische Ergänzungen des kommunalen Finanzausgleichs vermutlich nicht durchsetzbar, weil Verteilungsverlierer Front machen werden. Denn die Mittel für die Zweckzuweisungen schmälern bei konstanter Finanzausgleichsmasse die für die Schlüsselzuweisungen zur Verfügung stehenden Mittel. Um notwendige zusätzliche Gelder für die Zweckzuweisungen aufzubringen, stehen prinzipiell zwei Finanzierungsalternativen bereit: Umschichtung im Budget und Erschließung neuer Einnahmequellen.

Umschichtungspotential: Zuerst sollte der kommunale Finanzausgleich durchforstet werden, ob nicht durch Abschaffung überholter Nebenansätze (Stationierungsansatz, Bäderansatz usw.) Mittel bereitgestellt werden können, die dann für neue, problemnähere Nebenansätze - Freiflächenansatz - verwendet werden können. In gleicher Weise sollte dann geprüft werden, ob durch Umschichtungen bei den Zweckzuweisungen nicht Gelder für die Abgeltung ökologischer Leistungen freigemacht werden können. Auch hier wird eine »ökologische Modernisierung« des alten Zweckzuweisungsbestandes sicherlich Finanzierungsspielräume zutage fördern. Es sollten allerdings nicht die Konfliktpotentiale unterschätzt werden, denn auch bei der Abschaffung antiquierter Nebenansätze oder Zweckzuweisungen gibt es Verlierer. Danach sollten die übrigen Landesprogramme mit der gleichen Zielsetzung überprüft werden.[22]

Neue Einnahmen: Umschichtung jeglicher Art, auch wenn die Subventionsregelungen offensichtlich überholt sind, berühren immer Besitzstände. Die politische Durchsetzung derartiger Finanzierungspfade ist schwierig und legt die Suche nach Alternativen nahe. Eine könnte darin bestehen, durch die Erschließung geeigneter neuer Einnahmequellen die von den Zuweisungen ausgehenden Wirkungen zu verstärken. Gedacht wird hier an landesseitige Umweltsonderabgaben, die über (negative) preisliche Anreize den Privaten gegenüber Lenkungswirkungen entfalten und gleichzeitig dem Land ein Abgabeaufkommen bescheren, das zur - allerdings nicht zweckfreien - Verwendung zur Verfügung steht. Lenkungsson-

[22] Sinnvoll ist es auch, nicht auf der Landesebene stehenzubleiben und bei bestehenden nationalen und europäischen Subventionstöpfen zu fragen, ob dort nicht Finanzmittel umgewidmet werden können.

derabgaben auf Landesebene sind in einzelnen Teilbereichen schon bewährte Praxis.

Aber auch gänzlich neue Instrumentenvorschläge können darauf überprüft werden, ob durch ihren Einsatz nicht neue Finanzoptionen eröffnet werden. Als konkretes Beispiel sei hier an den zuvor bereits zur Diskussion gestellten Vorschlag erinnert, die Gemeinden mit handelbaren Flächenausweisungsrechten zu konfrontieren. Wenn diese Flächennausweisungsrechte - zumindest teilweise - versteigert und nicht vollständig kostenlos an die Kommunen ausgegeben werden, ergibt sich ein Aufkommen, das - genau wie bei den Umweltsonderabgaben - zur Aufstockung des Finanzausgleiches verwendet werden kann. Es ergibt gleichzeitig eine Zangenwirkung: Einerseits zwingen Flächenausweisungsrechte zur Konzentration auf die wesentlichen flächenintensiven Vorhaben, andererseits prämieren Flächenzuweisungen naturnahe Flächennutzungen.

6.4 Flächennutzungsteuer

Die Erfolgschancen einer Reform der Grundsteuer im Hinblick auf die umweltpolitischen Flächennutzungsziele der Kommission werden um so höher sein, je mehr sie mit den bisherigen Zielen der Grundbesteuerung im Einklang stehen. Zielkonflikte dürfen nur begrenzt auftreten. Tatsächlich eignet sich die Grundsteuer in mehrfacher Hinsicht für eine umweltpolitische Reform: Erstens kann das bisherige Aufkommen in voller Höhe für eine Anreizsetzung auf der Erhebungsseite der Steuer genutzt werden. Das sind gegenwärtig rd. 14 Mrd. DM. Zweitens ist die politische Reformwilligkeit positiv einzuschätzen, da die bisherige Grundsteuer aufgrund vielfältiger Mängel seit langem umstritten ist. Und drittens bietet sich über einen umweltpolitischen Ansatz eine solide Begründung der Steuer, die bisher nur hilfsweise mit dem Äquivalenzprinzip gerechtfertigt wurde.

Die bisherige Grundsteuer knüpft an Einheitswerten an, deren Aktualisierung extrem kostspielig ist. Deswegen werden seit einiger Zeit verschiedene Reformkonzepte diskutiert. Für die verfolgten Umwelthandlungsziele, insbesondere das Flächennutzungsziel »Versiegelungsreduzierung« bietet es sich an, auf das Reformkonzept der Flächennutzungsteuer zurückzugreifen, wie es vom Finanzwissenschaftlichen Forschungsinstitut in Zusammenarbeit mit Prof. Lang vom Kölner Institut für Steuerrecht im Rahmen eines Forschungsvorhabens für das Umweltbundesamt entwickelt wurde.[23]

Danach werden verschiedene Nutzungen nach Steuerklassen aufgeteilt, wobei den naturverträglichsten Steuerklassen die niedrigsten Steuermindestsätze in Form von Steuermeßzahlen zugeordnet werden. Auf die Steuermeßzahlen erhalten die Gemeinden ein Hebesatzrecht. Dadurch bleibt die kommunale Finanzautonomie, die die bisherige Grundsteuer gewährt, erhalten. Das Konzept der Flächennutzungsteuer beruht im Kern auf sieben Steuerklassen, die auf den in Kapitel 6.1

[23] UFOPLAN 101 03 196 im folgenden zitiert als Bizer/Lang (1997). Die folgenden Ausführungen zur Ausgestaltung beruhen auf diesem Forschungsbericht, S. 62-68.

dargestellten Flächennutzungsklassen beruhen. Im folgenden werden sie ausführlich beschrieben.

Die *Steuerklasse I (Naturbelassene Flächen)* soll die ökologisch unbedenklichsten Flächennutzungen erfassen. Hier erlaubt der Fiskalzweck zwar eine Steuerbelastung; für die hier aufgenommenen Flächen wird jedoch empfohlen, bundeseinheitlich eine Nullbelastung vorzusehen. Diese Steuerklasse erfordert strenge Kriterien der Naturbelassenheit. Aus ökologischer Sicht weist diese Klasse die geringste Belastungswürdigkeit auf.

Unstrittig dürfte die Einstufung von Naturschutzgebieten nach dem BNatSchG sein. Da diese auf dem Verordnungswege auch gebietsscharf abgegrenzt werden und ihre Nutzungsintensität rechtlich gesichert ist, bereitet eine Befreiung kaum Schwierigkeiten. Lediglich die vom Kern zum Rand des Gebietes abgestufte Nutzungszulässigkeit könnte Probleme aufwerfen, da auch diejenigen von der Befreiung profitieren, die ihre Grundstücke - wenn auch mit Einschränkungen - nutzen dürfen.

Naturschutzgebiete sind nicht daran gebunden, daß es sich um Wald oder offene Flächen handelt. Es gibt aber neben den Schutzgebieten nach dem BNatSchG auch Schutzzonen nach dem BWaldG. Dazu zählen beispielsweise auch Naturwaldreservate. Da auch in diesen die forstwirtschaftliche Nutzung ausgeschlossen ist, werden sie in Steuerklasse I eingestuft.

Ebenfalls unbedenklich dürfte die Einstufung der Kernzonen von Biosphärenreservaten sein. Auch in diesen besteht ein durch Verordnung festgesetzter Schutzzweck, der Nutzungen weitgehend einschränkt. Allerdings stellt sich auch hier das Problem, ob die gesamten Biosphärenreservate in Steuerklasse I eingestuft werden, und damit auch in den Rand- und Pufferzonen, die wiederum mehr Nutzungen zulassen, keine Flächennutzungsteuer entrichtet werden muß.

Im übrigen ist den Ländern die Möglichkeit einzuräumen, weitere Schutzkategorien Steuerklasse I zuzuordnen, wenn in diesen die Nutzungen vollständig oder weitgehend eingeschränkt werden. Die Länder müssen jedoch sicherstellen, daß die Nutzungseinschränkung gesichert und befolgt wird.

Eine Berücksichtigung von Flächen, die keinem gebietsscharfen gesetzlichen Schutz unterliegen, aber qualitativ den Anforderungen der »Naturbelassenheit« genügen, d.h. nicht genutzt werden, ist problematisch, wenn diese Flächen nicht regelmäßig neu begutachtet werden. Dabei sind zwar nicht strengere Maßstäbe an die Periodizität anzulegen als bei den anderen Steuerklassen, aber ohne eine Überprüfung des ökologischen Zustands kann keine Steuerbefreiung ausgesprochen werden. Dies betrifft z.B. die CORINE-Biotope, die in Deutschland vom Bundesamt für Naturschutz im Auftrag der Europäischen Union erfaßt werden.

Die *Steuerklasse II (Naturschonend genutzte Flächen)* berücksichtigt die wesentlich geringere Belastungswürdigkeit naturschonend genutzter Flächen, besonders des sog. ökologischen Landbaus gegenüber der konventionellen Landwirtschaft. Die Arten naturschonender Nutzung lassen sich im Gesetz nicht abstrakt und trennscharf definieren. Daher ist zu empfehlen, für die Zuordnung zur Steuerklasse II ein von der zuständigen Behörde zu erlassendes Zertifikat vorzusehen. Dieser Verwaltungsakt ist verbindlicher Grundlagenbescheid für den Steuerbescheid.

Zunächst existieren klare Kriterien, nach denen ein landwirtschaftlicher Betrieb als »ökologischer Landbau« zu qualifizieren ist. Darüber hinaus sind die Flächen einzubeziehen, die im Rahmen der EWG-VO-2078/92 eine umweltgerechte, extensive und ökologische Grundförderung erhalten. Dazu zählen nicht die stillgelegten Flächen, sondern nur die Flächen, auf denen Maßnahmen zum Erhalt der Kulturlandschaft vorgenommen werden. Bei einem ersatzlosen Auslaufen des Vertrages ist die Einstufung in Steuerklasse II zurückzunehmen.

Für diese Flächen ist auch eine regelmäßige Kontrolle gegeben, da nach Auskunft des BML jährlich ca. 5 % der Betriebe kontrolliert werden. Die Kontrolle wird bei den von den verbandlich organisierten Betrieben von der Arbeitsgemeinschaft ökologischer Landbau (AGÖL) durchgeführt. In den übrigen Fällen übernehmen die zuständigen Landwirtschaftsämter die Kontrolle.

In die Klasse der naturnahen Bewirtschaftung könnte außerdem die naturnahe Waldnutzung eingestuft werden. Im August 1996 wurde von verschiedenen Umweltorganisationen erstmalig ein Konzept für ökologische Waldbewirtschaftung vorgestellt, das eine Zertifizierung vorsieht.[24] Ökologische Waldnutzung bedeutet nach diesem Konzept, daß dynamische Waldnutzungssysteme angestrebt werden, die an den Abläufen ungenutzter Waldflächen orientiert sind. Mit der Umstellung wird ein Zehntel der Waldfläche als Referenzfläche ausgewiesen. Auf dieser Fläche soll sich der Wald eingriffsfrei entwickeln, so daß der Nutzwald regelmäßig mit den natürlichen Entwicklungsstadien verglichen werden kann. Stellt sich heraus, daß die Entwicklung sehr unterschiedlich verläuft, wird die Nutzungsweise angepaßt.

Eine naturnahe Waldnutzung wird vom Naturlandverband zertifiziert. Allgemein anerkannte Maßstäbe gibt es bisher jedoch nicht.[25] Abgesehen von einigen wenigen Forstbetrieben, die entweder gerade oder in Kürze zertifiziert wurden, liegen auch kaum Erfahrungen mit dem Verfahren vor.[26]

Als Kriterien für die Zertifizierung des naturnahen Waldbaus gelten im einzelnen:[27]

- Ausweisung von Referenzflächen: Diese müssen mindestens je 20 ha groß sein und insgesamt 10 vH der gesamten Waldfläche ausmachen. Auf diesen Flächen erfolgen keine Eingriffe. Die Referenzflächen werden beobachtet und dienen als Maßstab für die Entwicklung und die Behandlung der Wirtschaftswälder.
- Potentiell natürliche Vegetation: Nicht heimische Baumarten, die von Natur aus nicht am Standort vorkommen, werden nicht gefördert.
- Ernte: Entnommen werden nur einzelne Bäume oder Baumgruppen (bis zu max. 0,25 ha), ohne daß Kahlflächen entstehen.

---

[24] Siehe Stadtfostamt Lübeck (1995).

[25] Siehe aber z.B. Klein (1995), S. 43 ff.

[26] Zertifiziert wurde vom Naturlandverband bisher nur Lübeck. Die Stadtforste Göttingen und Merzig werden noch 1997 das Verfahren abgeschlossen haben.

[27] Die folgende Auflistung ist zitiert nach Stadtforstamt Lübeck (1995). Dort sind auch die grundsätzlichen Verbote aufgelistet. Dazu zählen Kahlschläge, Monokulturen, Ansiedlung von nicht heimischen Baumarten, Gifte, Mineraldünger, Gülle, Klärschlamm, Bearbeiten oder Verdichten des Mineralbodens, flächiges Abräumen, Verbrennen von Biomasse, Entwässern von Feuchtgebieten, störende Arbeiten während ökologisch sensibler Jahreszeiten und Füttern von Wildtieren. Vgl. auch Picht (1994), S. 2 ff.

- Erneuerung: Künstliche Saat und Pflanzung werden nur ausnahmsweise durchgeführt. Die Wälder werden durch natürliche Verjüngung erneuert.
- Jagd: Die Wilddichte ist auf die ökologisch tragfähige Dichte zurückzuführen.
- Verfahren, Maßnahmen, Geräte, Maschinen und Stoffe zur Pflege und Nutzung der Wälder sollen so naturverträglich wie möglich sein.

Betriebe, die nach diesen Kriterien wirtschaften, sollten ebenfalls in die günstigere Steuerklasse II eingestuft werden, da sie ebenfalls aufgrund der speziellen Bewirtschaftungsweise einen Beitrag zur Pflege und zum Erhalt der Natur leisten. Für eine flächendeckende Berücksichtigung dieser Wirtschaftsweise müßte jedoch ein staatlich anerkanntes Verfahren eingeführt werden. Die Kontrolle könnte dem Verfahren beim ökologischen Landbau entsprechen.

In der *Steuerklasse III (Forstwirtschaftlich genutzte Flächen)* werden die forstwirtschaftlich genutzten Flächen gesondert erfaßt. Sie sind nämlich ökologisch deutlich wertvoller einzustufen als konventionell landwirtschaftlich genutzte Flächen. Die aufgrund der Nutzung erfolgenden Eingriffe weisen in der Regel längere Abständen auf, so daß es selten zu plötzlichen und gravierenden Veränderungen kommt. Auch der Pestizideinsatz ist auf forstwirtschaftlichen Flächen deutlich unter dem Einsatz auf landwirtschaftlichen Flächen. Flächendeckende Kahlschläge kommen kaum noch vor.

Die *Steuerklasse IV (Sonstige Freiflächen)* erfaßt alle Freiflächen sowohl des Außen- als auch des Innenbereichs im Sinne des Baugesetzbuchs, die nicht den Anforderungen einer ökologisch günstigeren Flächennutzung genügen und daher durch Zuordnung zu den Steuerklassen I bis III steuerlich nicht besser gestellt werden sollen. In die Steuerklasse IV fallen insbesondere die konventionell bewirtschafteten Landwirtschaftsflächen sowie die nicht bebauten Flächen des nach § 34 BauGB abgegrenzten Innenbereichs.

Die bauplanungsrechtlichen Abgrenzungen spielen also bei der steuerrechtlichen Qualifikation der nicht bebauten Flächen keine Rolle. Den Abstufungen der Steuerbelastung nach den Steuerklassen I bis IV liegen also nur ökologische Kriterien zugrunde.

Grundsätzlich ist festzuhalten, daß die Steuerklassen I bis IV ökologisch mehr oder weniger verträgliche Flächennutzungen erfassen. Demgegenüber sind die ökologisch unverträglichen Flächennutzungen in den Steuerklassen V bis VII erfaßt.

Die *Steuerklasse V (Versiegelte Flächen im Außenbereich)* erfaßt die ökologisch unverträgliche Flächennutzung im Außenbereich. Damit wird erstmals an einen Begriff des Baugesetzbuchs angeknüpft. Im Expertengespräch vom 12.6.1997 wurde Einigkeit darüber erzielt, daß der Außenbereich steuerlich besser gestellt sein soll als der Innenbereich.

Grundlegender Maßstab für die ökologische Unverträglichkeit ist die Versiegelung der Fläche, so daß in der Steuerklasse V die versiegelten Flächen des Außenbereichs erfaßt werden, die nicht der Steuerklasse VII (besonders naturschädlich genutzte Flächen) zuzuordnen sind. Als »versiegelt« im Sinne der Steuerklasse V sollten nicht nur die Flächen gelten, deren Oberflächen besonders befestigt sind. In den Versiegelungsbegriff sind auch Ablagerungen, Aufschüttungen und Abgrabungen einzubeziehen. Als Versiegelung wird das teilweise bis vollständige Abdichten offener Böden durch bauliche Anlagen, Verkehrsflächen und Freiflächengestaltung verstanden.[28]

Die *Steuerklasse VI (Versiegelte Flächen im Innenbereich)* erfaßt alle versiegelten Flächen des bauplanungsrechtlichen Innenbereichs, die nicht der Steuerklasse VII (besonders naturschädlich genutzte Flächen) zuzuordnen sind.[29]

Ob ein Grundstück bebaubar ist oder nicht, spielt ökologisch keine Rolle. Wesentlich ist die tatsächliche Bebauung, so daß auch Schwarzbauten steuerlich höher zu belasten sind.

Steuerklasse VII (Besonders naturschädlich genutzte Flächen) berücksichtigt, daß mit Versiegelungen keineswegs alle Naturbeeinträchtigungen gleichermaßen erfaßt werden können. Auch wenn die Grundsteuer als Instrument der Grobsteuerung gelten muß, dem keine Feinsteuerungsziele zugemutet werden können, so ist es dennoch möglich, nach groben Merkmalen die Flächennutzungen zu klassifizieren, für die gilt, daß sie die Natur deutlich stärker beeinträchtigen, als es durch einfache Überbauung geschieht.

Dies ist z.B. bei Hochhäusern der Fall, die aufgrund ihrer Bauweise nicht nur das Landschaftsbild stärker beeinträchtigen als eine niedrige Bauweise, sondern die auch die Lokalklimata durch Fallwinde etc. beeinflussen. Hinzu kommt, daß aufgrund der stärkeren Fundamente in der Regel auch in tiefere Erd- und damit Grundwasserschichten eingedrungen wird.

Da die Beeinträchtigungen durch Hochhäuser in keinerlei Proportionalität zur versiegelten Fläche stehen, sondern von der Höhe bzw. vom umbauten Raum abhängen, muß die versiegelte Fläche in dieser Steuerklasse mit einer weiteren Hilfsgröße versehen werden. Bei Hochhäusern könnte die Bemessungsgrundlage versiegelte Grundfläche mit der Zahl der Vollgeschosse ergänzt werden. Eine Alternative wäre die Baumassenzahl nach § 21 BauNVO.[30] Wegen der etwas einfacheren Erhebung der Zahl der Vollgeschosse wird diese der Baumassenzahl vorgezogen. Systematisch ergibt sich dadurch kein Wirkungsunterschied, da die Zahl der Vollgeschosse in Verbindung mit der versiegelten Grundfläche im wesentlichen dieselbe Wirkung erzielt.

In der genauen Ausgestaltung bedeutet dies, daß Gebäude bis zu einer GFZ von 0,8 nach der versiegelten Fläche belastet werden. Mit jedem zusätzlichen Geschoß unterhalb der GFZ von 0,8 sinkt also die Belastung pro Geschoß. Gebäude mit einer GFZ über 0,8 werden hingegen für jedes weitere Geschoß nach Maßgabe der Gebäudegrundfläche zusätzlich belastet. Das bedeutet, daß zusätzliche Geschosse genau so belastet werden wie ein in die Fläche gebauter Bungalow. Maßgeblich für die zusätzliche Belastung ist jedoch nicht die versiegelte Fläche des Grundstücks, sondern die Gebäudegrundfläche.[31]

[28] Siehe Dosch (1996), S. 2.

[29] Nach § 19 BauGB umfaßt der Innenbereich sowohl die im Zusammenhang bebauten Ortsteile nach § 34 BauGB als auch den Planbereich nach § 30 BauGB. Die nicht versiegelten Flächen des Innenbereichs werden Steuerklasse IV zugerechnet.

[30] Siehe Dosch (1997).

[31] Zur optimalen Dichte siehe grundlegend Gassner; Barby (1972). Neueren Datums auch Losch (1994), S. 137 f. oder Bundesregierung (1996), S. 81.

Auch die Verkehrsflächen fallen in Steuerklasse VII. Ähnlich wie bei Hochbauten stellen sie aufgrund ihrer Nutzung eine besondere Beeinträchtigung dar. Im Unterschied zu Hochbauten korreliert diese jedoch in etwa mit der Fläche. Da die Umweltbeeinträchtigungen von Verkehrsflächen aber wegen der Einwirkungen auf die unversiegelte Fläche schädlicher einzustufen sind, werden Verkehrsflächen mit dem doppelten Steuersatz der Klasse VI belastet.

Da die Belastung durch Verkehrsflächen durchaus unterschiedlich ist, könnte auch eine andere Differenzierung erwogen werden. So entstehen durch außergemeindliche Verkehrswege nicht nur Emissionen sondern auch Zerschneidungseffekte. Deshalb könnte auch eine Trennung der Verkehrsfläche in Gemeindestraßen mit dem niedrigeren Steuersatz der Steuerklasse VI und nicht-gemeindliche Verkehrsflächen mit dem höheren Steuersatz der Steuerklasse VII in Betracht gezogen werden.

Übersicht 6.3: Die Steuerklassen der Flächennutzungsteuer

Steuerklasse I (Naturbelassene Flächen): Flächen, die weitgehend naturbelassen sind. Den naturbelassenen Flächen werden auch Flächen zugeordnet, die im Sinne des Natur- und Landschaftsschutzes gepflegt und entwickelt werden, ohne sie wirtschaftlich zu nutzen. Dazu zählen z.B. die vollständig ungenutzten Flächen in den Kernbereichen von Naturschutzgebieten und solche Flächen, deren Nutzung im Rahmen des Vertragsnaturschutzes auf Pflegemaßnahmen beschränkt sind.

Steuerklasse II (Naturschonend genutzte Flächen): Naturschonend genutzte Flächen sind solche, die nachweislich und nach anerkannten Verfahren naturschonend bewirtschaftet werden. Ein Abgrenzungskriterium dieser Klasse ist z.B. die anerkannt ökologische Bewirtschaftung nach EWG-VO 2078.

Steuerklasse III (Forstwirtschaftlich genutzte Flächen): Zu diesen Flächen zählen die Waldfläche, soweit sie bewirtschaftet wird und nicht besonders als ökologischer Waldbau zertifiziert ist.

Steuerklasse IV (Sonstige Freiflächen): Alle Freiflächen des Außen-, Innen- und Planbereichs, die nicht den Steuerklassen I, II und III zugeordnet werden.

Steuerklasse V (Versiegelte Flächen im Außenbereich): Erfaßt sind hier die privilegierten Vorhaben des § 35 BauGB, wenn sie nicht der Steuerklasse VII unterfallen.

Steuerklasse VI (Versiegelte Flächen im Innenbereich): Alle versiegelten Flächen des Innenbereichs, die nicht der Steuerklasse VII zuzuordnen sind.

Steuerklasse VII (Besonders naturschädlich genutzte Flächen): Eine besonders naturschädliche Nutzung ist sowohl im Außenbereich als auch im Innenbereich möglich. Der Steuerklasse VII sind alle Verkehrsflächen aber auch Hochhäuser von mehr als fünf Stockwerken zuzuordnen. Bis zu fünf Stockwerken kann das Argument beachtet bleiben, daß die Konzentration des Wohnens mehr naturbelassene Freiflächen schaffen kann. Die Kriterien der Steuerklasse VII können partiell dem Landesgesetzgeber überlassen werden.

Quelle: Bizer/Lang (1997), S. 62

Für die Steuerklassen V, VI und VII ist die Bemessungsgrundlage der Quadratmeter versiegelte Fläche. Für die übrigen Steuerklassen wird die unversiegelte Fläche des Flurstücks zugrunde gelegt.

Die in bezug auf die Umwelthandlungsziele wohl bedeutendste Steuerklasse würde durch die versiegelten Flächen gebildet. In diesem Bereich würde auch der Großteil des Aufkommens entstehen. Da die Grundsteuer jährlich erhoben wird, würde ein kontinuierlicher Anreiz gegeben, auch bereits bestehende Versiegelungen wieder zu entsiegeln.

Die vorgestellte Konzeption der Flächennutzungsteuer weist ein Element auf, das über die unmittelbare Zielsetzung der Enquête-Kommission für das Gutachten, trotz der Erweiterung um die Zieldreiecke »Verkehr« und »Standorte für Industrie und Gewerbe«, hinausgeht: Im Bereich der Landwirtschaft (insbesondere Steuerklassen I bis III) sei auf die Umwelthandlungsziele für die nachhaltige Land- und Forstwirtschaft der Enquête-Kommission verwiesen.[32]

Da die Flächennutzungsteuer die einzelnen Steuerklassen mit aufsteigenden Steuermeßzahlen belegt, auf die die Gemeinden das Hebesatzrecht haben, ergeben sich steuerliche Mehrbelastungen, je weniger naturschonend die Nutzung erfolgt. Die Steuermeßzahl wird als Zehntausendstel einer DM pro Quadratmeter festgesetzt.

Die ökologische Wertigkeit der Flächen in Steuerklasse I ist z.B. extrem hoch, so daß auf eine Belastung sogar verzichtet werden könnte, obwohl der Fiskalzweck der Steuer grundsätzlich eine geringe Belastung rechtfertigen würde. Wenn für Steuerklasse II eine Steuermeßzahl von 0,3 festgelegt würde, ergäbe sich bei einem Hebesatz von 1 eine steuerliche Belastung von 0,30 DM/ha. Für die Flächennutzungsteuer werden in Anlehnung an die ungefähre bisherige Belastung land- und forstwirtschaftlicher Nutzflächen um Zehnerpotenzen aufsteigende Steuermeßzahlen vorgeschlagen. Ab Steuerklasse VI ergibt sich die Steuermeßzahl aus der Summe der Belastung mit der bisherigen Grundsteuer B. Aus der Berechnung ausgenommen wurden jedoch Zahlungen, die die Gemeinden an sich selbst leisten, so daß dasselbe originäre Aufkommen wie bei Grundsteuer erzielt wird, wenn der Hebesatz 1 beträgt (Tabelle 6.1).

Den Gemeinden kann zusätzlich zu den steuerklassenbezogenen Hebejahren auch das Recht eingeräumt werden, im Innenbereich Wertkomponenten aufzunehmen. Um die Bewertungsproblematik zu umgehen, die mit einer Berücksichtigung von Verkehrs- oder - eingeschränkt - auch Bodenrichtwerten einhergeht, können die Gemeinden über einen Multiplikator drei Wertstufen unterschiedlich belastet werden. Die Wertstufen könnten lose an die bestehenden Bodenrichtwerte angelehnt werden.

[32] Siehe Enquête (1997), S. 50 sowie S. 60 ff, S. 76 ff.

Tabelle 6.1: Steuermeßzahlen und Steuerklassen

Steuerklasse I	Steuermeßzahl 0
Steuerklasse II	Steuermeßzahl 0,3
Steuerklasse III	Steuermeßzahl 3
Steuerklasse IV	Steuermeßzahl 30
Steuerklasse V	Steuermeßzahl 300
Steuerklasse VI	Steuermeßzahl 8.600
Steuerklasse VII	Steuermeßzahl 17.200

Quelle: Bizer/Lang (1997), S. 61.

Zusätzlich zu den bundesrechtlich vorgegebenen Steuermeßzahlen könnte den Ländern das Recht eingeräumt werden, Differenzierungen vorzunehmen. Diese könnten den Spielraum der Gemeinden bei der Hebesatzgestaltung und die Berücksichtigung von Wertkomponenten im Innenbereich betreffen. Über diese Gestaltungsrechte, die im übrigen auch schon jetzt den Ländern bei der Grundsteuer zustehen (§ 26 GrStG), können zumindest ansatzweise landesumweltpolitische Vorstellungen verwirklicht werden wie sie sonst nur über spezielle Landesabgaben erreicht werden können.

Der verfahrensrechtliche Vollzug wird gegenüber der geltenden Grundsteuer stark vereinfacht.[33] Die Grundstückseigentümer haben bei jeder nutzungstechnischen Veränderung des Grundstücks eine Steuererklärung abzugeben. Die Steuererklärung wird für das Kalenderjahr (Steuerabschnitt) abgegeben. Solange sich die steuerrechtliche Klassifikation des Grundstücks nicht ändert, ist keine Steuererklärung abzugeben und die Grundsteuerbescheide werden nach Maßgabe der letzten Steuererklärung erlassen. Nach der erstmaligen Klassifizierung des Grundstücks entsteht ein Erklärungs- und Fortschreibungsbedarf, wie er bei bewertungsrechtlichen Fortschreibungen (siehe § 22 BewG) entsteht. Hierzu kann auf die bewährten verfahrensrechtlichen Regelungen des Bewertungsgesetzes zurückgegriffen werden.

Die Angaben in den Steuererklärungen brauchen im Prinzip nicht individuell überprüft zu werden, denn die für die Klassifikation der Grundstücke erforderlichen Daten lassen sich durch Luftbilder, Grundstückskataster und eventuell technische Pläne sowie Zeichnungen in Bau- und Liegenschaftsakten relativ leicht nachweisen. Mit der luft- und katastertechnischen Erfassung werden im Steuerrecht einzigartige Voraussetzungen zur Überprüfung von Steuererklärungen geschaffen.

Der Grundstückseigentümer sollte im regelmäßigen Abstand von mehreren Jahren aufgefordert werden, den bereits deklarierten Zustand des Grundstücks zu bestätigen oder eine Fortschreibungserklärung abzugeben. Bei diesen regelmäßigen Äußerungen des Grundstückseigentümers geht es im wesentlichen darum, die lufttechnischen Feststellungen zu überprüfen und gegebenenfalls zu spezifizieren, da allein aus der Luft der steuerrelevante Zustand des Grundstücks nicht ermittelt

[33] Das folgende nach Bizer/Lang (1997), S. 70 f.

werden kann. Wegen der Strafbarkeit von Fehldeklarationen wird sich aber der Grundstückseigentümer hüten, die Lücken lufttechnischer Feststellungen auszunützen, da ihm nicht im einzelnen bekannt ist, welche Daten die Gemeinde luft- und katastertechnisch ermittelt hat.

7 Instrumentenspezifische Wirkungsabschätzung

7.1 Flächenausweisungsrechte

7.1.1 Das Mengen- und Preisgerüst

Für eine Wirkungsanalyse der Flächenausweisungsrechte muß ein geeignetes Mengengerüst geschaffen werden. Dieses Mengengerüst wird auf eine Region, vorzugsweise ein Bundesland beschränkt, um Daten in der erforderlichen Genauigkeit und Tiefe verwenden zu können. Außerdem wird nur die Ausweisung von Wohnbauland berücksichtigt.

Aus diesen Daten soll über die ausgewiesenen Fläche eines Bundeslandes, differenziert nach Regionen, und einem Durchschnittspreis für den Grunderwerb ein fiktiver Markt simuliert werden, in den die oben genannten Flächensparziele eingegeben werden. Dabei müssen für unterschiedliche Zielerreichungsgrade unterschiedliche Preissteigerungen für den Grundstückspreis angenommen werden. Auf der Basis dieses Gerüsts werden dann Wirkungsüberlegungen angestellt.

Daten für die insgesamt ausgewiesene Fläche werden in keiner Statistik bundesweit erfaßt. Lediglich für einige Bundesländer liegen kontinuierliche Erhebungen der Flächenausweisungen vor; diese sind jedoch auf Wohnbauland begrenzt. Ein Beispiel ist die Berichterstattung des Niedersächsischen Sozialministeriums, in der seit 1992 der Bestand an Wohnbauland sowie die Neuausweisung durch die Kommunen erfaßt werden.[1]

Danach wurde in Niedersachsen die Flächenausweisung von 1.951 ha im Jahr 1994 auf 2.741 ha im Jahr 1995 gesteigert. Legt man lediglich für diesen Zeitraum ein Flächensparziel zugrunde, das die Ausweisung von 1994 z.B. auf ein Zehntel reduziert, so wird deutlich, daß auf dem Markt der Flächenausweisungsrechte ein enormer Nachfragedruck geherrscht hätte. Dieser Tatbestand zeigt sich auch in einer etwas längerfristigen Perspektive: Seit Beginn der Umfrage ist die absolute Ausweisung stetig gestiegen.

---

[1] Siehe Lehmberg et al. (1996).

Tabelle 7.1: Entwicklung der Neuausweisung von Wohnbauland in Niedersachsen von 1992 bis 1995

Jahr	in ha	Steigerung zum Vorjahr in %	Steigerung zum Vorjahr in ha	Wachstumsindex 1992=100
1992	956,8	-	-	100
1993	1.539,2	61	582	161
1994	1.950,6	27	411	204
1995	2.740,6	41	790	286

Quelle: Lehmberg et al. (1996), S. 9.

Gleichzeitig mit dieser steigenden Flächennachfrage hat sich die Nachfragestruktur verändert: Der Flächenanteil des Geschoßwohnungsbaus ist gesunken, der Anteil der Familienheime hingegen gestiegen. Dies läßt vermuten, daß der stark ansteigende Flächenbedarf u.a. aus dem flächenintensiven Familienhausbau resultiert und nicht zwangsläufige Folge des quantitativen Bedarfs an Wohneinheiten ist. Für die Situation auf dem Markt für Wohnbauland bedeutet dies, daß eine Preissteigerung flächenintensiver Bauweisen möglicherweise in eine Änderung der Nachfragestruktur mündet; zumindest besteht dafür ein Potential, das in Niedersachsen bei einem Flächenanteil des Geschoßwohnungsbaus von 14 v.H. nicht gering zu schätzen ist.[2]

Zur Verdeutlichung der durch die Flächenausweisungsrechte geschaffenen Knappheit wird im folgenden auf der Basis von 1996 und bei einem angenommenen Markträumungspreis von durchschnittlich 91 DM/qm baureifes Bauland die Preisbewegung der Flächenausweisungsrechte verdeutlicht. Der zugrunde gelegte Preis ist aus der Kaufwertestatistik Niedersachsen als Durchschnittswert für das gesamte Land entnommen. Differenziert man nach Regionen, etwa Regierungsbezirk Hannover und Regierungsbezirk Weser-Ems zeigt sich, daß die durchschnittlichen Kaufwerte stark schwanken (Tabelle 7.2). Noch größere Schwankungen entstehen bei einer Differenzierung nach Größenklassen (Tabelle 7.3).

[2] Siehe Lehmberg et al. (1996), S. 11.

Tabelle 7.2: Durchschnittlicher Kaufpreis von Bauland in Niedersachsen

Gebiet	Verkaufte Fläche bei baureifem Land in ha		Durchschnittl. Kaufwert (DM/qm)		Durchschnittl. Kaufwert bei 10 DM/qm pro Ausweisungsrecht	
	1995	1996	1995	1996	1995	1996
Niedersachsen	2465	2700	84,74	90,92	94,74	100,92
Reg.bez. Hannover	815	797	90,10	106,89	100,10	116,89
Reg.bez. Weser-Ems	1400	1447	58,90	63,69	68,90	73,69

Bemerkung: Das Bauland für die Regierungsbezirke meint das gesamte Bauland und nicht nur das baureife Bauland, während für Niedersachsen nur das baureife Land angegeben ist.
Quelle: Niedersächsisches Landesamt für Statistik (1997).

Tabelle 7.3: Durchschnittlicher Kaufpreis von baureifem Bauland in Niedersachsen nach Gemeindegrößenklassen

Gebiet	Verkaufte Fläche bei baureifem Land in ha		Durchschnittl. Kaufwert (DM/qm)		Durchschnittl. Kaufwert zzgl. 10 DM/qm pro Ausweisungsrecht	
	1995	1996	1995	1996	1995	1996
2000-5000	335	451	51,02	51,59	61,02	61,59
5000-10000	404	424	59,03	66,71	69,03	76,71
10000-20000	613	648	70,81	80,71	80,81	90,71
20000-50000	503	586	111,75	121,18	121,75	131,18
50000-100000	132	148	129,84	130,74	139,84	140,74
100000-200000	106	980	186,66	193,57	196,66	203,57
200000-500000	36	23,5	135,53	199,00	145,53	209,00
>500000	35	19,4	388,77	700,77	398,77	710,77

Quelle: Niedersächsisches Landesamt für Statistik (1997).

Wie die Darstellung zeigt, ist die Wahl des Durchschnittspreises von 91 DM nur für eine bestimmte Größenklasse repräsentativ. Die rechte Spalte der vorhergehenden Tabellen weist den durchschnittlichen Kaufpreis bei einem einheitlichen Preis pro Ausweisungsrecht von 10,- DM/qm aus. Da der Preis sich über Angebot und Nachfrage bestimmt, kann der Betrag von 10,- DM/qm nur zur Veranschaulichung dienen.

Bei einer administrativen Verknappung der Neuausweisung um z.B. 5 % hätte die Neuausweisung nur 2.603,5 ha betragen.[3] Die Verknappung wird in Abbildung 7.1 durch die Verschiebung der Angebotsfunktion von A_0 nach A_1 verdeutlicht. Bei bekannter Nachfragekurve kann nun der höhere Preis p1 in Höhe von 101,- DM den Markt räumen. Die Differenz zwischen dem ursprünglichen (p_0) und dem neuen Gleichgewichtspreis (p_1) ist der Preis, der für Flächenausweisungsrechte pro Quadratmeter gezahlt werden muß.

Bedauerlicherweise ist die Nachfragekurve für Fläche nicht nur unbekannt, sie kann auch allenfalls bei geringen Preisänderungen lokal bestimmt werden. Wird nun über eine drastische Verknappung von z.B. 50 % der bisherigen Ausweisung oder gar 90 % der bisherigen Ausweisung der Markt in seiner gesamten Struktur verändert, erlaubt die übliche Marginalbetrachtung keine Aussagen mehr über die Preisänderungen. Derartige Betrachtungen lassen sich allenfalls bei Preisänderungen anstellen, die 2 - 5 oder auch 10 v.H. des Ausgangspreises ausmachen - und auch dann können Aussagen nur bezogen auf Marktsegemente gemacht werden. Die grundsätzliche Problematik von nur punktuell bekannten Nachfragekurven zeigt Abbildung 7.1.

[3] Die Verknüpfung von Daten aus der Kaufwertestatistik und der Wohnbauland-Umfrage ist nicht unproblematisch, weil die Kaufwertestatistik nicht dieselben Fälle umfaßt wie sie in der neu ausgewiesenen Fläche enthalten sind.

Abbildung 7.1: Preisreaktionen auf marginale Flächenausweisungsverknappung

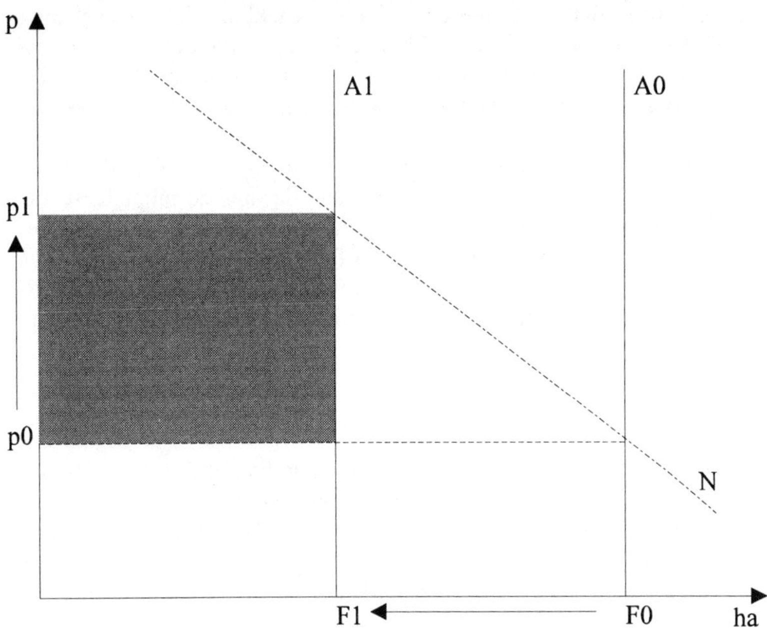

Quelle: eigene Darstellung.

Die Darstellung verdeutlicht auch, daß die Mengenreduzierung bei normalem Verlauf der aggregierten Nachfragefunktion zu einer Preissteigerung führt. Das genaue Maß der Preissteigerung ist aber von der - unbekannten - Steigung der Nachfragekurve abhängig. Je steiler diese ist, desto größer fallen die Preisveränderungen aus. Die Differenz zwischen p_0 und p_1 gibt den Preis des Flächenausweisungsrechts an. Mulitpliziert man diesen mit der ausgewiesenen Fläche, würden sich die Einnahmen aus dem Verkauf der Ausweisungsrechte ergeben, die in Abbildung 7.1 durch die grau hinterlegte Fläche dargestellt werden. Das gilt jedoch nur dann, wenn die Ausweisungsrechte vollständig versteigert werden.

Für eine quantifizierte Wirkungsanalyse müßte das Preis-Mengengerüst zumindest für eine Region und die darin in einer Periode angefallenen Flächennutzungen gewonnen werden. Auch dann bliebe das Problem bestehen, daß nur eine Simulation des Marktgeschehens vorgenommen werden könnte, da der tatsächliche Preis der Ausweisungsrechte nur über den Bietprozeß ermittelt werden kann. Aufgrund der einer gewissen Beliebigkeit unterworfenen Simulation wird im folgenden auf eine Quantifizierung verzichtet; die Ergebnisse der Wirkungsanalyse werden qualitativ dargestellt und anhand einiger Beispiele veranschaulicht.

Auch eine Aufkommensbetrachtung kann nur bei vollständiger Simulation der Angebots- und Nachfragereaktionen in einer gegebenen Region vorgenommen werden. Eine derartige Simulation erfordert wegen der unbekannten Ausweisungspräferenzen und Zahlungswilligkeiten umfangreiche Modellierungen. Als

Anhaltspunkt kann die obige Berechnung dienen, bei der eine Verknappung um fünf Prozent und unter der Annahme einer Preisentwicklung der Ausweisungsrechte auf 100.000 DM/ha sowie einer hälftigen freien Zuteilung der Ausweisungsrechte auf die Gemeinden zu einem Aufkommen von rund 130 Mio. DM führen würde. Auf eine weitere Berechnung wird mangels geeigneter Daten verzichtet.

Davon unabhängig sollte das Aufkommen jedoch nicht für die allgemeine Deckung in den Landeshaushalt eingestellt werden, da dies zu einer Umverteilung von kommunalen Haushaltsmitteln auf das Land führen könnte.[4] Statt dessen soll das Aufkommen, soweit es dem Land zufällt, vollständig in den kommunalen Finanzausgleich fließen, wo es entweder für spezielle Zuweisungen oder zur Erhöhung der Finanzausgleichsmasse verwendet werden kann.

7.1.2 Belastung

In der formalen Inzidenz tragen diejenigen Gemeinden die Zahllast, die eine über das zugestandene Kontingent zur Eigenentwicklung hinausgehende Ausweisung vornehmen. Den Gemeinden sollte nicht nur die Möglichkeit eingeräumt werden, diese Zahllast auf die Eigentümer zu überwälzen; sie sollten sogar nach Möglichkeit zu einer vollständigen Überwälzung verpflichtet werden, damit der Preisimpuls zum Flächensparen die tatsächlichen Nutzer erreicht.

In der materiellen Inzidenz tragen bei einer vollständigen Überwälzung durch die Gemeinden die Eigentümer die Zahllast. Wenn die Eigentümer auch selbst den Wohnraum nutzen, stehen ihnen keine weiteren Überwälzungsmöglichkeiten mehr zur Verfügung. Lediglich beim Verkauf des Grundstücks wäre es denkbar, daß die Ausweisungsrechte zu einem erhöhten Kaufpreis führen können. Das hängt jedoch von der Lage auf dem Markt für Wohngebäude ab. Wird auf einem Grundstück ein Wohngebäude errichtet, das vermietet wird, können die zusätzlichen Kosten durch die Ausweisungsrechte zu höheren Mieten führen. Dies hängt wiederum von den Marktgegebenheiten auf dem Wohnungs(miet)markt ab. Andernfalls führen die gestiegenen Kosten zu einer Renditeminderung bei den Bauträgern bzw. den Eigentümern des Grundstücks.

Da eine detaillierte Belastungsberechnung nur über umfangreiche Simulationen der Preise für Ausweisungsrechte gewonnen werden kann, wird im folgenden über einige einfache Beispiele gezeigt, welche Belastungen bei einem exemplarischen Preis von 100.000 DM/ha entstehen. Dieser Preis wird weder nach Wohn- und Gewerbebauland noch nach raumplanerischen Kriterien wie Siedlungsschwerpunkten, also bevorzugten Ausweisungsregionen, differenziert. Ein derartiger Preis dürfte allenfalls bei einer marginalen Verknappung der Ausweisung entstehen. Bei Zielen, die bei einer Flächenausweisungsreduzierung um 10 v. H oder gar um 50 v.H. liegen, dürfte ein Mehrfaches erreicht werden. Käme es schließlich zu einer Reduzierung auf 10 v.H. der derzeitigen Ausweisungsrate dürfte der Preis pro Hektar wenigstens bei dem Zehnfachen liegen.

[4] Das hängt im einzelnen von den Überwälzungsbedingungen der Gemeinden, d.h. von der materiellen Inzidenz der Ausweisungsrechte ab.

Übersicht 7.1: Beispiel für Belastungen aus den Ausweisungsrechten bei Überwälzung von den Gemeinden auf die Eigentümer

Die Gemeinde A hat ein Kontingent von 2 ha Eigenentwicklung für das laufende Jahr. Sie will einen Bebauungsplan mit 5 ha Siedlungs- und Verkehrsfläche ausweisen. Da die Nachbargemeinde B ihr Kontingent zur Eigenentwicklung nicht ausnutzt, verkauft sie Gemeinde A Ausweisungsrechte für einen Hektar zu einem Preis von 100.000 DM. Dies ist der Preis, der an der Landesausweisungsbörse z.Zt. als Gleichgewichtspreis gilt. Die übrigen 2 ha erwirbt die Gemeinde über die Börse. Sie hat für die Ausweisungsrechte insgesamt 300.000 DM ausgegeben. Von den 5 ha werden 3,5 ha als Wohnbauland ausgewiesen, 1,5 ha sind Verkehrsflächen. Die 300.000 DM muß die Gemeinde nun auf die gesamte Fläche aufteilen. Das bedeutet, daß einerseits die Eigentümer der Wohngrundstücke pro Quadratmeter Grundstücksfläche 6,- DM/qm für das Ausweisungsrecht bezahlen. Außerdem werden jedoch auch die höheren Erschließungskosten über den Erschließungsbeitrag umgelegt. Die Eigentümer zahlen deshalb zusätzlich eine Anteil für die Verkehrsfläche. Bei einem Umlageschlüssel über die Grundstücksfläche würde sich für ein 1.000 qm großes Grundstück ein Betrag von 6.000 DM ergeben, zu dem 1.800 DM hinzukommen. Bei vollständiger Überwälzung kommt auf den Eigentümer also eine Belastung in Höhe von 7.800 DM bei 1.000 qm Grundstücksfläche hinzu.

Aufgrund der speziellen Marktsituationen auf den unterschiedlichen Teilmärkten, die auch regional sehr unterschiedlich sind, kann die materielle Inzidenz nicht abschließend geklärt werden. In Anlehnung an neuere empirische Arbeiten aus den USA zur Inzidenz der *property tax* ist jedoch weder von einer vollständigen Überwälzung noch von einer vollständigen Nicht-Überwälzung auszugehen.[5] In empirischen Untersuchungen bestätigte sich, daß die Marktsituation für die Inzidenz bestimmend ist.

Aufgrund der reinen Flächenorientierung der Ausweisungsrechte ergibt sich jedoch in jedem Fall, daß flächensparende Wohnformen im Prinzip geringere Belastungen erfahren als flächenintensive.

[5] Siehe dazu statt vieler Wassmer (1993).

Übersicht 7.2: Beispiel für Belastungen aus den Ausweisungsrechten bei Überwälzung von den Eigentümern auf die Nutzer

> Der neue Bebauungsplan der Gemeinde A weist u.a. ein Grundstück von 1.000 qm aus, auf dem eine anderthalbgeschossige Bauweise vorgesehen ist. Für ein anderes Grundstück von 3.000 qm ist eine viergeschossige Bauweise vorgesehen. Unter der Annahme vollständiger Überwälzung auf die tatsächlichen Flächennutzer, ergibt sich folgendes Belastungsbild in Abhängigkeit von der baulichen Nutzung. Wird auf dem kleineren Grundstück ein Einfamilienhaus mit nur einer Wohneinheit gebaut, trägt der Endnutzer 7.800 DM. Baut er hingegen ein Zweifamilienhaus, für das das Grundstück ausreichend groß ist, trägt jeder der Endnutzer nur 3.900 DM. Auf dem größeren Grundstück entstehen hingegen acht Wohneinheiten. Die Kosten für die Ausweisungsrechte (insgesamt 23.400 DM für 3.000 qm) belaufen sich für jeden Nutzer auf ca. 2.930 DM.

Innerhalb der privaten Haushalte kommt es aber aufgrund der Ausweisungsrechte noch zu weiteren Belastungen. Diese hängen ebenfalls von dem Maß der Verknappung, also dem durchgesetzten Flächensparziel bei der Ausweisung, und dem daraus resultierenden Preis pro Ausweisungsrecht ab. Da dieser Preis unbekannt ist, werden im folgenden die Wirkungen qualitativ skizziert. Diese Wirkungsbetrachtungen beruhen darauf, daß ein anhaltender Nachfragedruck sowohl beim Erwerb von Wohneigentum als auch auf den Wohnungsmietmärkten besteht.

Bei einer Verteuerung der Neuausweisung von Wohnbauland weichen Nachfrager zunächst auf den billigeren Bestand aus, der von den Ausweisungsrechten nicht direkt betroffen ist. Die Folge des Ausweichens sind jedoch steigende Preise für Wohnobjekte im Bestand. Diese werden solange steigen, bis die Preisunterschiede zum Neubau wieder ausgeglichen sind. Die steigenden Preise führen bei den Immobilienbesitzern zu einer Vermögenssteigerung.

Die Einführung von Flächenausweisungsrechten würde also mit Verteilungseffekten einhergehen. Abgesehen von allgemeinen Wirkungen auf die Einkommenssituation der Haushalte käme es vor allem auch zu Wirkungen auf die Vermögensverteilung, da die Verknappung und der daraus resultierende Knappheitspreis zu einer Vermögenssteigerung bei Immobilien führen, die bereits bebaut sind bzw. für die Baurechte bereits existieren.

Tabelle 7.4: Haushalte mit Haus- und Grundbesitz im Vergleich zur Gesamtheit der privaten Haushalte

Einkommensklassen: HH-Nettoeinkommen	Private Haushalte insg. in 1.000	Struktur innerhalb der Gruppe in vH	davon Haushalte mit Haus- u. Grundbesitz in 1.000 u. ..	... in vH als Anteil	Struktur in vH innerhalb der Gruppe	Immobilienvermögen z. Verkehrswert in Mrd. DM	Struktur in vH innerhalb der Gruppe
bis 30.000 DM	9.777	*39,6*	2.543	*26,0*	*21,7*	684	*16,1*
von 30.000 DM bis 42.000 DM	5.065	*20,5*	2.288	*45,2*	*19,6*	677	*15,9*
von 42.000 DM bis 60.000 DM	5.317	*21,5*	3.188	*60,0*	*27,2*	1.022	*24,0*
von 60.000 DM bis 80.000 DM	2.546	*10,3*	1.914	*75,2*	*16,4*	689	*16,2*
über 80.000 DM	1.996	*8,1*	1.768	*88,6*	*15,1*	1.177	*27,7*
Haushalte insgesamt	24.701	*100,0*	11.701	*47,4*	*100,0*	4.248	*100,0*

Quelle: DIW (1996), S. 65.

Ob diese Wertsteigerungen eher den Haushalten mit geringen Einkommen oder den Haushalten mit höheren Einkommen zugute kommen, hängt von der Verteilung des Immobilienbesitzes ab. Erwartungsgemäß ist dieser jedoch so verteilt, daß die Haushalte mit höheren Einkommen von einer Verknappung am meisten profitieren. Wie Tabelle 7.4 zeigt, gilt dies sowohl für die Anzahl der Haushalte mit Grundbesitz als auch für die Immobilienvermögen zum Verkehrswert. Unter der Annahme, daß die Wertsteigerung als gleichmäßiger Aufschlag auf den Verkehrswert erfolgt, würde die Gruppe der Haushalte mit mehr als 80.000 DM/a mit 27,7 v.H. des Immobilienvermögens die größte Vermögenssteigerung in Form eines *windfall profits* empfangen. Auch wenn Tabelle 7.4 lediglich die Vermögensverteilung innerhalb der Gruppe der Immobilieneigentümer angibt, zeigt sich, daß selbst innerhalb dieser Gruppe die Höherverdienenden am stärksten profitieren. Die Wirkungen auf das Immobilienvermögen dürften daher insgesamt regressiv sein.

Dies bestätigt sich, wenn man aus der Zahl der Haushalte und dem Immobilienvermögen zum Verkehrswert in Mrd. DM aus der obigen Tabelle das durchschnittliche Immobilienvermögen pro Haushalt nach Einkommensgruppen berechnet. Dieses steigt über die Einkommensklassen auf (siehe Tabelle 7.5).

Tabelle 7.5: Durchschnittlicher Immobilienbesitz pro Haushalt in DM zum Verkehrswert

Einkommensklassen: HH-Nettoeinkommen	Haushalte mit Haus- und Grundbesitz in 1.000	Immobilienvermögen zum Verkehrswert in Mrd. DM	Durchschnittliches Immobilienverm. pro Haushalt (in Tsd. DM/HH)
bis 30.000 DM	2.543	684	269
von 30.000 bis 42.000 DM	2.288	677	296
von 42.000 bis 60.000 DM	3.188	1.022	321
von 60.000 bis 80.000 DM	1.914	689	360
über 80.000 DM	1.768	1.177	666
Haushalte insgesamt	11.701	4.248	363

Quelle: DIW (1996), S. 65; eigene Berechnungen.

Gleichzeitig erhöht sich der Druck auf die Wohnungsmärkte, wenn dort eine über das Angebot hinausgehende Nachfrage die Mieten nach oben treibt. Auch hier ist die Wirkungskette ähnlich: Zunächst werden Eigentümer, die für ihre Objekte bereits die Ausweisungsrechte erwerben mußten, versuchen, die Kosten auf die Mieten zu überwälzen. In dem Maße, in dem dies gelingt, steigen die Mieten neuer Objekte. Das führt zu einem verstärkten Nachfragedruck auf den Bestand, so daß auch hier die Mieten tendenziell ansteigen. Allerdings ist im Gegensatz zu den Immobilienmärkten anzumerken, daß diese Märkte einer mehr oder weniger strengen Preisregulierung durch die Vergleichsmieten unterworfen sind. Die Mietpreisniveaus pendeln sich deshalb nur mit einer gewissen Verzögerung ein.[6]

Für Gewerbebetriebe werden in der Literatur branchentypische Flächenkennziffern angegeben, um damit die Fabrikplanungen zu spezifizieren oder auch zukünftige Bedarfe an Gewerbebauland zu ermitteln. Mittlerweile wird dieses Konzept scharf kritisiert, da Vergleiche gezeigt haben, daß nicht nur die analytischen Grundlagen (Fläche, Beschäftigte) in den Untersuchungen höchst unzureichend definiert sind, sondern auch die Flächenkennziffern einer Branche regional stark streuen.[7] Zudem ist die präzise Planung auf der Basis von Flächenkennziffern unwahrscheinlich, da die Grundstückskosten für die Unternehmen nur einen

[6] Siehe dazu Dick (1997), der die Verzögerung mit 5 - 7 Jahren angibt.
[7] Siehe ausführlicher dazu Bizer/Lang (1997), S. 97.

geringen Anteil an den Gesamtinvestitionen der Ansiedlung ausmachen. Für die Unternehmen sind überdies selten Flächen in genau der gewünschten - falls bekannten - Größe erhältlich, so daß sie zu einem Reservehalten neigen, um erneute Umsiedlungskosten in der Zukunft einzusparen. Die beiden folgenden Beispiele dokumentieren die exemplarische Belastung von zwei überdurchschnittlich flächenintensiven Branchen.

Übersicht 7.3: Beispielsrechnung für Kfz-Betriebe unterschiedlicher Flächenintensitäten

Für ein Unternehmen des Kfz-Handel wird mit einem Mittelwert von 343 qm/Beschäftigtem gerechnet. 90 % der Betriebe haben einen Flächenbedarf zwischen 236 und 448 qm/Beschäftigtem.[8] Die Streuung ist also groß. Für den Durchschnittsbetrieb ergibt sich bei 20 Beschäftigten ein Flächenbedarf von 6.860 qm. Ausgehend von einem Preis von 100.000 DM/ha für das Ausweisungsrecht, entfallen auf den Betrieb bei vollständiger Überwälzung 68.600 DM. Für den flächensparsamsten Betrieb (236 qm/Beschäftigtem) entstehen bei gleicher Beschäftigtenzahl Kosten in Höhe von 47.200 DM. Für den flächenintensivsten Betriebe sind es 89.600 DM.

Übersicht 7.4: Beispielsrechnung für Betriebe des Verarbeitenden Gewerbes unterschiedlicher Flächenintensitäten

Für ein Unternehmen des Verarbeitenden Gewerbes wird eine Flächenkennziffer von durchschnittlich 341 qm/Beschäftigtem angegeben. Das 5%-Vertrauensintervall endet bei 207 qm/Beschäftigtem am untersten Ende und bei 474 qm/Beschäftigtem am oberen Ende. Für einen Betrieb mit 200 Beschäftigten besteht bei durchschnittlicher Flächenintensität ein Flächenbedarf von 68.200 qm. Bei einem Preis von 100.000 DM/ha für Ausweisungsrechte würde dies eine Mehrbelastung von 6,82 Mio. DM bedeuten.

Ähnlich wie bei der Nachfrage nach Wohnbauland ergeben sich auch bei Gewerbebauland Rückwirkungen auf den Bestand. Zunächst sind von den Ausweisungsrechten und den damit einhergehenden Preissteigerungen gerade die Unternehmen betroffen, die aufgrund von Neuansiedlungen investieren. Wirtschaftspolitisch ist dies kaum erwünscht; aufgrund der langfristigen Planungen bei Neuansiedlungen ist ein Impuls zum Flächensparen jedoch kaum zu einem anderen Zeitpunkt sinnvoll. Gerade in der Planungsphase können Preise noch die Ausführungen beeinflussen. Später, etwa in der Bauphase oder bereits während der Produktion, kommen nur noch relativ geringe Änderungen in Betracht.

Auch wenn die Kosten der Ausweisungsrechte vollständig auf die Unternehmen überwälzt werden, ist die materielle Inzidenz noch nicht abschließend geklärt. Die Belastung des Unternehmens kann entweder zu einer geringeren Gewinnausweisung führen. Dann tragen die Eigentümer die Last. Sie kann aber

[8] Siehe Bonny (1996), S. 98.

auch zu höheren Produktpreisen führen: dann sind die Produktnachfrager die Träger.

Schließlich können auch die Kommunen den Belastungen ausgesetzt sein, wenn sie die Kosten für die Ausweisungsrechte nicht vollständig überwälzen können. Allerdings kommt es dazu nur, wenn entweder die Kommune zum Zeitpunkt der Ausweisung auch Eigentümer ist und die Grundstücke später nicht entsprechend verkauft werden können bzw. wenn sie aufgrund anderer vorrangiger Ziele wie etwa der Industrieansiedlung über Nachlässe die Kosten freiwillig selbst übernimmt. Letzteres kann sie freilich nur auf Umwegen erreichen, wenn die Überwälzung der Kosten für das Ausweisungsrecht gesetzlich vorgeschrieben wird.

Im ersten Fall kann es sich um eine Fehlplanung der Gemeinde handeln, bei der der zugrunde gelegte Bedarf nicht auf eine marktliche Nachfrage stößt. Derartige Fehlplanungen werden durch die Ausweisungsrechte finanziell sanktioniert. Im zweiten Fall muß die Gemeinde abwägen, ob die erwarteten Nutzen durch die Ansiedlung die Kostenübernahme rechtfertigen. Dies wird in der Regel dann der Fall sein, wenn die erwarteten Zahlungen des Unternehmens etwa aus Gemeindesteuern die Zahlung für das Ausweisungsrecht in mittel- bis langfristiger Sicht übersteigen.

7.1.3
Lenkung

Die Lenkungsanreize aus den Flächenausweisungsrechten wirken auf verschiedene Akteure. Grundsätzlich gilt, daß der Anschaffungspreis pro Flächeneinheit von Bauland erhöht wird und dadurch ein Impuls gegeben wird, flächensparende Varianten zu prüfen und eventuell zu nutzen. Insgesamt beschränken sich die Wirkungen der Ausweisungsrechte auf die Flächennutzungsklassen VI und VII, mit Einschränkungen auch IV, indem die Zuwächse für diese Klassen reduziert werden.

7.1.3.1
Wohnungsbau

Im Wohnungsbau treffen die Ausweisungsrechte auf ein Umfeld, in dem sich bereits in den letzten Jahren deutliche Nachfrageänderungen aufgrund steigender Grundstückspreise abgezeichnet haben. So hat der höhere Grundstückspreis in Ballungsrändern dazu geführt, daß die Grundstücksgröße für Ein- und Zweifamilienhäuser deutlich gesunken ist. An Orten, an denen vor zehn bis fünfzehn Jahren noch Grundstücke mit 800 bis 1.000 qm Grundstücksfläche ausgewiesen wurden, werden mittlerweile nur noch Grundstücke von 400 qm parzelliert.

Dennoch weist die Nachfrage nach Bebauungstypen eine gewisse Behäbigkeit auf: Der preisinduzierte Wechsel von flächenintensiver, freistehender Einfamilienhausbebauung auf Reihenhäuser scheint zwar grundsätzlich möglich, die Verschiebung der Nachfrage von Objekten mit ein bis zwei Wohneinheiten und eigenem Eingang hin zum Geschoßwohnungsbau jedoch deutlich schwieriger. Das bedeutet, daß flächensparende Bauweisen innerhalb bestimmter Bebauungsarten relativ leicht umgesetzt werden können, darüber hinausgehende denkbare Flächensparpotentiale durch Nachfrageverschiebungen auf den Geschoßwohnungsbau aber nur mit Schwierigkeiten realisierbar sind.

Bei marginaler Verknappung der Ausweisungsflächen dürfte deshalb lediglich ein Impuls zu einer weiteren Grundstücksverkleinerung gegeben werden. Eine Änderung der Nachfragestruktur könnte damit nicht bewerkstelligt werden. Diese dürfte erst bei relativ deutlicher Verknappung und damit relativ hohen Preisen für Ausweisungsrechte ermöglicht werden. Erst durch die Strukturveränderung könnten jedoch wesentlich Einsparpotentiale realisiert werden. Dies spricht immerhin dafür, Flächenausweisungsrechte mit einer deutlichen Verknappung der Ausweisung einzuführen.

Um die Folgen einer Änderung der Nachfragestruktur zu zeigen, wird folgendes Szenario unterstellt: In einer gegebenen Region wird die Flächenausweisung für Wohnbauland auf die Hälfte reduziert, indem nur noch die entsprechende Anzahl Flächenausweisungsrechte ausgegeben werden. Dies führt dazu, daß der Preis für ein freistehendes Einfamilienhaus sich verdoppelt, während der Preis für eine Geschoßwohnung gleicher Größe sich lediglich um ein Viertel erhöht. Diese extremen Preisänderungen, so wird angenommen, bewirken, daß die Nachfrage nach Einfamilienhäusern sinkt, während die Nachfrage nach Objekten im Geschoßwohnungsbau steigt. Aufgrund der Strukturänderungen in der Nachfrage wird der Preis für Einfamilienhäuser wieder etwas sinken, der für Geschoßwohnungen noch etwas steigen. Diese Preiseffekte der zweiten Runde werden jedoch durch eine bedarfsgerechte Ausweisung der Gemeinden aufgefangen, wenn die Nachfrage korrekt antizipiert wird. Dann werden geringere Flächen für Einfamilienhäuser ausgewiesen. Die Ausweisung von Geschoßwohnbauflächen steigt entsprechend an.

Da die Ausweisungen von Geschoßbauten nicht immer genau dort möglich und erwünscht sind, wo Einfamilienhausgebiete geplant sind, werden die Ausweisungsrechte nicht nur die Nachfrage strukturell verändern, sondern auch das Angebot räumlich verschieben. Es werden verstärkt die Gemeinden ausweisen, in deren örtliche Gegebenheiten sich Geschoßbauten einfügen lassen. Allerdings könnte sich als unerwünschter Nebeneffekt einstellen, daß die Gemeinden auf Kosten des Landschaftsbildes hochgeschossige Gebäude ausweisen. Diese unerwünschten Ausweichreaktionen werden jedoch zumindest teilweise mit einer geeigneten Ausgestaltung der Flächennutzungsteuer aufgefangen.

Die Ausweisungsrechte werden jedoch nicht nur bei Neubauten zu Wirkungen führen, sondern auch im Bestand Nutzungsänderungen induzieren. Die tendenziell höheren Mieten werden einen zusätzlichen Anreiz zur Nutzungsintensivierung bestehender Objekte geben. Die Intensivierung kann durch den Ausbau von Dachgeschossen, Aufstocken von Geschossen, bauliche Nutzung von Gärten, etc. erfolgen. Auch hier kann es theoretisch zu unerwünschten Ausweichreaktionen kommen, wenn die Verdichtung überhand nimmt. Dem stehen jedoch einerseits die bestehenden Bebauungspläne entgegen, deren Obergrenzen der Verdichtung nur in wenigen Fällen ausgeschöpft sind. Andererseits kann die Gemeinde durch

Änderung der Bebauungspläne die Verdichtungsmöglichkeiten beschränken, wenn andere Ziele in der Abwägung vorrangig sind.

Damit läßt sich als Zwischenergebnis für die Wirkungskette festhalten, daß die Ausweisungsrechte zunächst eine Verteuerung der Grundstücke bewirken. Der Preisimpuls wird über das Erschließungsbeitragsrecht auf die Eigentümer überwälzt.[9] Die Gemeinde wird gesetzlich verpflichtet, die Kosten für die Ausweisungsrechte vollständig zu überwälzen. Für den Eigentümer erhöht sich so der Druck, das Grundstück zu verkaufen oder aber umgehend baulich zu nutzen, um die Kosten auf den Mietpreis zu überwälzen.

Die Überwälzung auf den Verkaufspreis wird um so besser gelingen, je stärker der Grundstücksmarkt ein »Verkäufermarkt« ist, d. h. je größer der Nachfrageüberhang ist. Da dieser durch die Verknappung ansteigt, ist zu vermuten, daß nicht die Eigentümer die Last der Ausweisungsrechte endgültig tragen. Dasselbe gilt für die Vermietung: je stärker der Nachfrageüberhang für einzelne Objektarten ist, desto größer sind die Möglichkeiten der Überwälzung auf die Mieter - auch wenn dies wegen der Mietbindungen erst mit einiger Verzögerung vollständig wirkt. Die Kosten der Ausweisungsrechte werden folglich mit großer Wahrscheinlichkeit auf die Endnutzer überwälzt, bei denen sie die Nachfrage verändern.

Die Nachfrageänderungen werden sich je nach Ausmaß der Preisänderung entweder auf die Intensivierung bereits laufender Trends beschränken, oder sie werden die Nachfrage strukturell, d.h. zwischen den Bebauungsarten verschieben. Auf diese Nachfrageänderungen müssen die Gemeinden mit einer angepaßten Ausweisung reagieren, die einen Teil der Preissteigerungen auf den flächensparsamen Marktsegmenten auffangen kann.

Bei einer drastischen Reduzierung der Ausweisungsflächen auf z.B. 10 vH der Ausweisungsrate von Anfang der neunziger Jahre bis zum Jahr 2010 dürften die Preise relativ heftig reagieren. Daran ändert auch der mittelfristige Zeithorizont der Beschränkung wenig, da die endgültige Verknappung in den Preisen vorweggenommen werden wird. Die Schockwirkung der Preissteigerung wird indes die Nachfragestruktur verschieben können: Das freistehende Einfamilienhaus würde zu einer besonders teuren Wohnform werden.

Die Ziele der Eigentumsbildung, die sich nicht auf die Bebauungsart beziehen, würden dadurch nur indirekt betroffen, da die Änderung der relativen Preise zwischen den Bebauungsarten nicht verhindert, daß grundsätzlich Eigentum gebildet wird. Allerdings geht mit der Verknappung zusätzlicher Bebauungsflächen auch eine allgemeine Preissteigerung einher, die auch die Preise flächensparender Bebauungen tendenziell erhöht. Insgesamt gilt also, daß die Eigentumsbildung für flächenintensive Bebauungen stärker erschwert wird als für flächensparende Bebauungen.

---

[9] Dafür sollte vorgesehen werden, daß der Erschließungsbeitrag fällig wird, wenn die Erschließung abgeschlossen ist.

7.1.3.2 Gewerbe- und Industriebau

Grundsätzlich gilt für den Gewerbe- und Industriebau dieselbe Wirkungskette wie für den Wohnungsbau: Die Kosten der Ausweisungsrechte werden auf die Eigentümer der Grundstücke überwälzt. Diese versuchen wiederum die Preise beim Verkauf bzw. bei der Vermietung der errichteten Objekte entsprechend zu erhöhen. Je mehr diese Märkte durch einen Nachfrageüberhang dominiert sind, desto besser sind die Aussichten, daß die Überwälzung in vollem Umfang stattfindet.

Im Gewerbebau dürfte ebenfalls erst ab einer gewissen Preisschwelle für Bauland eine sparsamere Flächeninanspruchnahme einsetzen. Dies liegt vor allem daran, daß eine rationale Flächenplanung bei der Standortwahl in erster Linie von Infrastrukturentscheidungen beeinflußt wird und nicht von den Grundstückskosten. In bezug auf das Grundstück selbst muß lediglich die Mindestfläche erreicht werden. Überschüssige Flächen werden als Reserve betrachtet. Der vermeintliche bisherige Mangel an rationaler Entscheidungsfindung bei den Unternehmen gründet freilich auf den nur mit großem Aufwand verbesserbaren Informationsgrundlagen, die in keinem Verhältnis zu den bisherigen Grundstückskosten stehen. Erst wenn diese Kosten so hoch sind, daß die Verbesserung der Informationsgrundlagen rentabel ist, werden die Entscheidungsprozesse verbessert.

Im Gewerbebau herrscht eine ein- bis anderthalbgeschossige Bauweise vor, die besonders flächenintensiv ist. Die Verteuerung von Flächen könnte bewirken, daß Potentiale für eine höhere Bebauung ausgeschöpft werden. Allerdings gilt auch hier, daß dem ein rationaler Entscheidungsprozeß vorangehen muß, in dem die relativen Preise abgewogen werden.

Die Märkte für Industrie- und Gewerbestandorte unterscheiden sich jedoch in einem wesentlichen Punkt von den Wohnungsmärkten: Unternehmen werden von den Gemeinden in der Regel umworben, d.h. sie befinden sich regelmäßig in einer Situation, in der sie als Nachfrager Einfluß auf den Preis nehmen können. In einer derartigen Situation können die Gemeinden die Kosten der Ausweisungsrechte nicht überwälzen; sie tragen sie selbst bzw. überwälzen diese auf die Steuerzahler in Form einer höheren Grund- eventuell auch Gewerbesteuer.

Dies gilt auch, wenn die Gemeinde gleichzeitig Eigentümer der Flächen ist. Daran kann nicht einmal eine gesetzliche Verpflichtung zur Überwälzung etwas ändern, weil die Gemeinde dann entweder über einen geringeren Verkaufspreis versucht, die Unternehmen zu attrahieren, oder die Erschließungsbeiträge entsprechend auf ein Minimum senkt.

Solange die Märkte für Unternehmensansiedlungen Nachfragemärkte sind, funktioniert nur der Teil der Wirkungskette, der das Flächensparziel durchsetzt. Die Verknappung der ausweisbaren Fläche ist auch hier im ökologischen Sinn treffsicher. Allerdings führt die Verknappung nicht dazu, daß die Kosten für die Ausweisungsrechte auf die Flächennutzer überwälzt werden. In den Fällen, in denen die Gemeinden z.B. selbst der Eigentümer der Fläche ist, wird sie vermutlich die Kosten der Ausweisungsrechte selbst tragen. Da dies in einem beträchtlichen Umfang der Fall ist, kämen auf die Gemeinden höhere Lasten zu, und die Flächennutzer erhielten keinen Anreiz zu flächensparendem Bauen.

Um das Ausmaß dieser Effekte zu bestimmen, wäre der Wettbewerb unter den Gemeinden näher zu untersuchen. Dabei stünde die Frage im Vordergrund, ob vornehmlich Gemeinden einer Region in Konkurrenz zueinander stehen, oder ob der Ansiedlungswettbewerb über die Landesgrenzen hinaus und vielleicht sogar europaweit geführt wird. Wenn der Wettbewerb nur regional stattfindet, sind die Möglichkeiten der Überwälzung höher einzuschätzen, da alle Gemeinden einer Region die Ausweisungsrechte auf demselben Markt zu denselben Kosten erwerben müssen. Die Unternehmen würden bei allen Gemeinden auf dieselbe Kostensteigerung treffen und hätten keine Ausweichmöglichkeit. Ist der Wettbewerb hingegen europaweit, könnten die Gemeinden kaum überwälzen, da die Unternehmen immer auf andere Länder ausweichen könnten, die keine Verknappung der Flächenausweisung vornehmen. Ohne dieser Frage hier im Detail nachgehen zu können, ist zu vermuten, daß der Wettbewerb je nach Branche und spezifischer Situation des Unternehmens unterschiedlich ausfallen dürfte.

7.1.3.3 Gemeinden

Die Gemeinden haben in der Regel ein Interesse an der Ansiedlung von Einwohnern oder Gewerbe- und Industriebetrieben. Sie haben insofern auch ein Interesse, die Ansiedlungswilligen mit möglichst wenig Kosten zu belasten. Steigen die Kosten aufgrund der Ausweisungsrechte, so werden die Gemeinden bestrebt sein, im Rahmen ihrer Möglichkeiten, die Kostensteigerung durch sparsame Planung von Erschließungsflächen zu beeinflussen. Das gilt mindestens gleichermaßen, wenn ein privater Investor im Rahmen eines Vorhaben- und Erschließungsplanes die Entwicklung der Flächen übernimmt.

Eine flächensparende Planung der Verkehrs- und sonstigen Infrastruktureinrichtungen kann zunächst in die Ausweisung spezieller Wohnformen münden. Wohngebiete für autofreies Wohnen erreichen z.B. aufgrund der geringeren Verkehrsflächen enorme Dichtegrade, ohne daß es zu subjektiv beengten Wohnsituationen kommt. Allerdings sind die Möglichkeiten begrenzt, derartige Flächen auszuweisen, da eine geeignete Anbindung über den öffentlichen Personenverkehr geschaffen werden muß. Derartig spezifische Umsetzungen flächensparenden Ausweisens können deswegen zusätzlich über Zuweisungen im kommunalen Finanzausgleich gefördert werden.

Sparsame Planung kann aber auch beinhalten, daß anstelle der üblichen Straßenbreiten schmalere Varianten oder andere Straßenführungen geprüft werden. Gemeinbedarfsflächen wie Spielplätze, aber auch Einrichtungen wie Kindergärten und Schulen könnten unter dem Gesichtspunkt des Flächensparens ebenfalls anders ausfallen. Allerdings spielt schon jetzt aus Kostengründen dieser Aspekt eine Rolle.

Grundsätzlich ist festzuhalten, daß sich die Lenkungswirkungen bei den Gemeinden auf zwei Ebenen bemerkbar machen können: Erstens kann sich das Ausweisungsverhalten der Gemeinde ändern, indem politische Entscheidungen und planerische Vorgaben durch den Preisimpuls beeinflußt werden. Zweitens kann z.B. auf der Ebene des Hochbauamtes, das für Schul- und Kindergartengebäude zuständig ist, der für einzelne Leistungen spezifische Flächenbedarf reduziert werden. Auf dieser Ebene sind - wie erwähnt - bereits Anreize wirksam.

Abgesehen von diesen grundsätzlichen Wirkungspotentialen dürften bei den Gemeinden gegenüber dem Instrument der Ausweisungsrechte Vorbehalte bestehen bleiben, da sie nicht nur in ihrer Planungsfreiheit beschränkt werden, sondern überdies ein gewisses Entwicklungsrisiko übernehmen müssen, wenn sie selbst Eigentümer von Flächen ist. Dann kann es bei Fehlplanungen dazu kommen, daß der beabsichtigte Veräußerungspreis einschließlich der Erschließungskosten und der Kosten für die Ausweisungsrechte vom Markt nicht akzeptiert wird, und die Gemeinden selbst die Last tragen. Fehlplanungen werden also in härterem Maße bestraft als bisher.

Auch hinsichtlich der Überwälzung der Kosten z.B. über die Erschließungsbeiträge zeigte sich bei der projektbegleitenden Befragung eine gewisse Skepsis: 46 vH der Befragten schätzten es als wahrscheinlich ein, daß die Kosten nicht vollständig auf die Erschließungsbeiträge aufgeschlagen werden. Allerdings gab es auch Einschätzungen, die vom Gegenteil ausgehen, nämlich daß »Ausweisungsrechte keine Belastung des Gemeindehaushalts hervorrufen, da die Kosten der Erschließung sowieso von den Investoren getragen bzw. anschließend von diesen überwälzt werden. Die Ausgaben der Gemeinden werden also wie andere Kosten weitergegeben.«[10] Damit einher geht jedoch die Befürchtung, daß nur noch Projekte abgewickelt werden, für die Investoren gefunden werden. Tatsächlich scheint die Risikoaversion bei gemeindepolitischen Spitzenpolitikern zumindest in Einzelfällen groß zu sein; so äußerte sich ein Bürgermeister:

»Ich würde natürlich nur ein Ausweisungsrecht kaufen, wenn ich einen Investor habe, mit dem ich wenigstens einen Vorvertrag hinsichtlich der Kostenträgerschaft abgefaßt hätte.«[11]

Tatsächlich wird jedoch auch bei den Befragten damit gerechnet, daß die prognostizierte Wirkung eintritt: Durch die allgemeine Verteuerung von Flächen würden die Bauträger die Grundstücke intensiver nutzen, um die Kostensteigerungen pro Wohneinheit relativ zu mindern. In den befragten Gemeinden wurde dieser Trend für Stadtregionen bereits jetzt konstatiert. Statt flächenintensiver freistehender Einfamilienhäuser würden wegen der Bodenpreise vermehrt Reihenhäuser auf sehr kleinen Grundstücken gebaut.

Gleichzeitig geht das Instrument mit einer Steigerung der Verwaltungskosten einher: Die Gemeinde müssen nicht nur mit höherem Aufwand ihre Planungen absichern, sondern sie müssen innerhalb der Planungsperioden auch für Ausweisungsrechte ein Angebot abgeben bzw. bei anderen Gemeinden Ausweisungsrechte erwerben. Diesem erhöhten Verwaltungsaufwand steht auch auf Landesseite ein größerer Aufwand gegenüber: Dort fallen nicht nur Kosten für die Ausweisungsbörse an, das Land muß im Rahmen der bestehenden Raumplanungsverfahren auch Grundlagen für die - politische - Zielbestimmung schaffen.

[10] Ein kommunaler Gesprächspartner.

[11] Ein kommunaler Gesprächspartner.

7.1.4 Schlußfolgerungen

Es wurde gezeigt, daß die Überwälzungsmöglichkeiten der Gemeinden bei Industrie- und Gewerbeansiedlungen begrenzt sind. Die Gemeinden haben schon in der gegenwärtigen Situation starke Anreize, ansiedlungswillige Unternehmen über künstlich verbilligte Grundstückspreise zu attrahieren. Werden diese Kosten über Flächenausweisungsrechte zusätzlich erhöht, steigen die kommunalen Lasten weiter an. Schon allein aus diesem Grund dürften sich die Gemeinden massiv gegen eine Einführung der Flächenausweisungsrechte mit der strikten Zielvorgabe der Kommission zur Wehr setzen.

Darüber hinaus führen die Ausweisungsrechte aber auch im Wohnungsbau zu Preis- und Vermögenseffekten, die nicht in jedem Falle erwünscht sind bzw. anderen Zielen widersprechen. So wird z. B. auch der angemessen verdichtete Wohnungsbau durch die Ausweisungsrechte verteuert, auch wenn die absolute Verteuerung pro Wohneinheit unter der von flächenintensiven Bebauungsarten liegt. Allein die Tatsache, daß über die absolute Preissteigerung im mehrgeschossigen Wohnungsbau auch einkommensschwache Gruppen belastet werden, dürfte die politische Durchsetzbarkeit des Instruments »Ausweisungsrechte« einschränken. Außerdem gehen mit dem Instrument aber auch massive Umverteilungseffekte in den Vermögenspositionen einher: Die Haushalte mit Immobilienbesitz erhalten sogenannte *windfall profits.* Haushalte mit höheren Einkommen profitieren davon stärker als Haushalte mit geringen Einkommen. Deshalb sollte auf jeden Fall darauf verzichtet werden, das Flächenausweisungsziel über einen monoinstrumentellen Ansatz zu verfolgen, indem nur die Flächenausweisungsrechte implementiert werden.

7.2 Kommunaler Finanzausgleich

7.2.1 Allgemeine Einschätzung

Bei der Wirkungsabschätzung des kommunalen Finanzausgleichs ist zunächst an die angestrebten Wirkungsketten zu erinnern. Bei einem Flächen-Nebenansatz fließen allgemeine Zuweisungen in die Gemeinden. Die Höhe der Schlüsselzuweisungen ist dann auch - wählt man diesen Indikator - abhängig von dem Freiflächenanteil in der jeweiligen Gemeinde. Dies stärkt das Bemühen, Neuausweisungen zu reduzieren. In die gleiche Richtung zielen diejenigen Zweckzuweisungen, die auf eine Änderung des gesamten Flächennutzungsverhaltens abzielen. Die Gemeinden erhalten einen preislichen Anreiz, ihre Ausweisungspolitik zu überdenken, da die Sicherung von Freiflächen mit Zuweisungen belohnt wird.

Aber auch die Unterstützung von baulicher Dichte und von Nachverdichtungsprozessen sowie die Förderung einzelner Modellprojekte oder städtebaulicher Vorhaben folgt diesem Muster: Das Land möchte seine flächenpolitischen Ziele verfolgt sehen und gewährt Zuweisungen an Gemeinden, die zielunterstützende Maßnahmen vornehmen.

In allen Fällen gilt: Sind die preislichen Impulse stark genug, werden die Gemeinden ihr Ausweisungsverhalten verändern oder die gewünschten Projekte realisieren. Überwiegen aber trotz Zuweisungen die Vorteile der ursprünglichen Planungen, wird das Ausweisungsverhalten beibehalten oder die Projekte nicht in Angriff genommen. Dies verweist darauf, daß die Höhe der Zuweisungen die entscheidende Stellschraube für die von den Gemeinden zu erwartenden Verhaltensänderungen ist. Gerade für die Ausweisungspolitik der Gemeinden kann die Frage nach der »richtigen« Zuweisungshöhe nicht abschließend beantwortet werden. Die Entscheidung über eine konkrete Ausweisung - sei es Wohnbauland oder sei es Gewerbefläche - ist von all zu vielen Faktoren abhängig, deren Operationalisierbarkeit sehr gering ist.

Dies beginnt schon bei den direkten Kosten und Erträgen. Obwohl diese prinzipiell relativ gut abschätzbar wären, fehlen auch hier valide empirische Untersuchungen, wie hoch der Nettoertrag (oder auch der Nettoverlust) aus einem konkreten Ausweisungsprojekt ist. Betrachtet man darüber hinaus die kommunalen Zielverluste (insbes. Wohnen und Arbeiten), die aus der Änderung der Flächennutzung resultieren können, wird das Entscheidungskalkül der kommunalen Akteure noch schwerer zu bewerten.

Welche Bedeutung hat eine gute Wohnungsversorgung in der Stadt angesichts der immer noch angespannten Lage auf dem Wohnungsmarkt? Wie hoch ist bei 4 Millionen Arbeitslosen der Stellenwert neuer Arbeitsplätze, die von einer neuen Gewerbegebietsausweisung erwartet werden? Hinzu kommt, daß mit solchen Wohn- oder Gewerbeprojekten auch Multiplikatoreffekte verbunden werden. Die auf den Flächen stattfindenden Bauvorhaben können etwa in ein lokales Zulieferernetz eingebunden sein und stärken andere Unternehmen - und führen zu höheren Steuereinnahmen und mehr Arbeitsplätzen.

Wenn man realistischerweise davon ausgeht, daß die politischen Ziele Wohnen und Arbeit eine hohe Priorität bei den lokalen Akteuren genießen, werden die Probleme deutlich, die sich aus einer Steuerung über Zuweisungen ergeben. Eine erste Schlußfolgerung ist naheliegend: Nur relativ hohe Zuweisungen werden zu einer nachhaltigen Änderung der Flächennutzungsstruktur führen. Hohe Zuweisungen für das Unterlassen flächenpolitisch nicht erwünschter Vorhaben führen dann aber zu hohen freien, disponiblen Einkommen bei den Gemeinden, die von bestimmten Aktivitäten Abstand nehmen. Bei den Gemeinden, die hohe Finanztransfers erhalten, werden dann im Zweifel zu viele öffentliche Güter angeboten, verschwenderischem Ausgabeverhalten kann so Vorschub geleistet werden. Allerdings sei auch hier noch einmal betont, daß auf diese Weise die Opportunitätskosten der Gemeinden (teilweise) abgegolten werden können.

Dieses Argument wird verstärkt, wenn man die Gegenfinanzierung mit einbezieht. So würden bei einer Steuerfinanzierung alle - auch die in strukurschwachen Gemeinden - zur Kasse gebeten, um die Finanzkraft in einzelnen Gemeinden deutlich zu erhöhen. Flächenpolitisch wird der gewünschte Erfolg erzielt, er wird aber mit - im Zweifel unerwünschten - Nebenwirkungen bezahlt. Wählt man eine geringere Zuweisungshöhe, so wird dieses Problem entschärft, gleichzeitig läßt aber auch die angestrebte Lenkungswirkung nach. Dennoch können von den Lenkungszuweisungen dann immer noch positive Wirkungen ausgehen.

Sie werden vor allem die Projekte umfassen, die auch vorher schon »auf der Kippe« standen. Die Zuweisung kann dann das letzte Argument sein, das Vorhaben zu unterlassen. Die Projekte, die im Kalkül der lokalen Akteure eine hohe Wertschätzung genießen, werden dann allerdings weiter realisiert. Dies ist aber immer auch eine notwendige Folge preislicher Steuerungsanreize: Die Projekte mit geringer Wertigkeit werden unterbleiben, die mit hoher Wertigkeit durchgeführt. In der Gesamtheit ergibt sich so ein kosteneffizienter Anpassungspfad. Allerdings kann mit niedrigen Zuweisungen auch nur ein relativ geringes Reduktionsziel erreicht werden.

Dieser Anpassungspfad hat auch seine räumliche Dimension. Wenn man plausiblerweise davon ausgeht, daß die Vorhaben mit großer Dringlichkeit in den Verdichtungsräumen verortet werden können, dann werden vor allem die ländlichen Räume - oder besser: die Nicht-Verdichtungsgebiete - überproportional viel zur Erreichung des Flächenreduktionsziels beitragen. Ob diese Arbeitsteilung erwünscht ist, muß politisch entschieden werden. Bei Landeszielen jedoch, die zu ihrer Erreichung Änderungen in der Flächennutzung aller Gebietskörperschaften bedürfen, wird alleine eine Lenkung über Zuweisungen dann nicht der richtige Weg sein.

Eine Zuweisung zur Änderung des Flächennutzungsverhaltens hat aber über die direkten Wirkungen noch weitere positive Aspekte. Zum einen wird dadurch innerhalb der Gemeinde ein interner Diskussionsprozess über die Vor- und Nachteile einzelner Projekte in Gang gesetzt. Diese intensivere Beschäftigung - vor allem mit den umweltpolitisch unerwünschten Folgen - kann den Blick für die Vorteile schärfen, die bei den Gemeinden anfallen, wenn sie etwa der Freiraumsicherung einen höheren Stellenwert einräumen.

Zum anderen liegt in diesen Zuweisungen aber auch ein Anreiz zur Kooperation mit anderen Gemeinden. Derartige Kooperationen über eine gemeinsame Flächennutzung haben sich in den letzten Jahren bei der Planung gemeinsamer Industrie- und Gewerbegebiete herausgebildet. Die Gründe, einvernehmlich ein Gebiet auszuweisen, waren auch - allerdings nicht primär - auf ökologische Restriktionen zurückzuführen. Wenn geeignete Flächen wegen der Schutzwürdigkeit potentieller gemeindlicher Standorte knapp sind, steigt die Bereitschaft zu lokal übergreifenden Strategien. Denn »der Bedarf an Industrie- und Gewerbeflächen ist wegen vielfältiger Nutzungseinschränkungen (Wasserschutzgebiete, Naturschutz, Landschaftsschutz) [...] nur noch schwer abzudecken.«[12]

Eine zentrale Klippe ist bei jeder dieser Kooperationen zu umschiffen. Wie werden die Kosten und die Erträge aufgeteilt? Die einzelne Gemeinde verspricht sich von der Ausweisung Vorteile: Erhöhte Steuereinnahmen, Arbeitsplätze usw. Diese Vorteile fallen nun im gemeinsamen Gebiet an und es sind Verteilungsschlüssel zu finden, mit deren Hilfe insbesondere die gemeinsamen Gewerbesteuereinnahmen - unter Berücksichtigung der Finanzausgleichswirkungen - den

[12] Burger (1994), S. 29.

einzelnen Gemeinden zugeordnet werden. Gleiches gilt für die anfallenden Kosten, etwa für den Erwerb der Fläche oder die Bereitstellung von Infrastruktur. Auch sie sind durch einen geeigneten Schlüssel - etwa in Anlehnung an die Einwohnerzahl - umzulegen.[13]

Zuweisungen können dann ein Mittel neben anderen gegen einen interkommunalen Unterbietungswettbewerb und gegen die Subventionierung von Grundstückskäufern sein. Sie korrigieren - zumindest in Ansätzen - die Verzerrung der falsch gesetzten (relativen) Grundstückspreise und wirken auch so einer ineffizienten, weil zu »billigen« Flächennutzung entgegen.

Ziehen wir ein kurzes Zwischenfazit: Der Versuch, das Ausweisungsverhalten der Gemeinden über Zuweisungen zu verändern, ist vermutlich von eher begrenzter Wirkung. Gerade in Zeiten hoher Arbeitslosigkeit und knapper Wohnbaulandflächen werden über Zuweisungen, die in ihrer Höhe politisch durchsetzbar und gegenfinanzierbar sind, radikale Flächenziele nicht verwirklicht werden können. Zuweisungen können dann eher als Instrument zur Belohnung und Verstärkung bestehender Aktivitäten zur Freiraumsicherung und als Chance betrachtet werden, in Vorhaben einzugreifen, bei denen die Kosten-Nutzen-Relation für die lokalen Akteure nicht von Anfang an schon relativ eindeutig war.

Anders als die Versuche, die gesamte Flächenausweisung zu beeinflussen, sind die Möglichkeiten zu beurteilen, kleinräumig auf bestimmte Projekte in der Gemeinde einzuwirken. Hier geht es dann beispielsweise um die konkreten Nutzungen der ausgewiesenen Wohnbaulandflächen. Stellt man den Gemeinden über Zuweisungen Mittel zur Verfügung, flächensparendes Bauen zu fördern, so können die Gemeinden diese Gelder an die privaten Akteure weiterreichen. Gelingt es, die ausgewiesenen Flächen intensiv zu nutzen, können Ausweisungen an anderer Stelle unterbleiben.

Ähnliches gilt für Zuweisungen, die etwa an die Forderung der Nachverdichtung anknüpfen. Können die privaten Akteure animiert werde, ihre Grundstücke überhaupt oder flächenintensiver zu nutzen, wird die Innenentwicklung gestärkt. Werden die Gemeinden durch Zuweisungen auch finanziell in die Lage versetzt, Industriebrachen für neue Nutzungen aufzubereiten, sinkt der Druck auf Freiflächen an anderer Stelle.

Es ist aber auch sinnvoll, durch Zuweisungen solche Projekte zu stärken, die nur indirekt mit dem Flächenreduktionsziel verbunden sind. Als Beispiel mag die Förderung autofreier Siedlungen dienen. Gelingt es den lokalen Akteuren, solche Vorhaben in der Stadt zu realisieren, wird der Anreiz abgemildert, in den suburbanen Raum abzuwandern. Dies ist nicht nur verkehrspolitisch - und damit indirekt auch wieder flächenpolitisch - sinnvoll, sondern auch aus Sicht der Flächeninanspruchnahme zu begrüßen. Denn es ist anzunehmen, daß im Umland - bei niedrigeren Grundstückspreisen - die Inanspruchnahme größer ausfallen würde. Kombiniert man die autofreien Siedlungen dann noch mit Formen des flächensparenden Bauens, benutzt ökologisch verträgliche Baustoffe und setzt Anreize für Niedrig-Energiehäuser, erhält man Projekte, die vorbildhaft für eine nachhal-

[13] Siehe Krieger (1994), S. 21 f.

tige Stadtentwicklung sein können, über das konkrete flächenhafte Ausweisungsziel freilich weit hinausreichen.

Die beschriebenen Alternativen der Ausgestaltung und ihrer Wirkungen zeigen, daß bezogen auf die Flächennutzungsklassen sowohl Wirkungen im Bereich der Klasse VI (versiegelte Fläche im Innenbereich) als auch in Klasse VII (besonders naturschädlich genutzte Flächen) hervorgerufen werden können. Wird z.B. über einen Nebenansatz die Ausweisungspolitik insgesamt beeinflußt, kommt es auch zu einer Beeinflussung der Nutzungen in den Klassen I bis IV, indem Freiflächen honoriert werden.

7.2.2
Ergebnisse der Befragung

Wendet man sich auf der Basis dieser Überlegungen der projektbegleitenden Befragung zu, wird deutlich, daß einige der hier vorgestellten Plausibilitäten - sowohl was die Vorteile als auch was die Nachteile einer Finanzausgleichsstrategie angeht - sich in den Einschätzungen der Interviewpartner wiederfinden. Bei den folgenden Ausführungen wird die Kritik in den Vordergrund gestellt, um Schwachstellen zu erkennen und verbessern zu können. Zu berücksichtigen ist bei der Kritik allerdings, daß die Befragten - dies war vom Zeitplan her nicht anders möglich - mit einem allgemeinen Konzept zur Reform des kommunalen Finanzausgleichs konfrontiert wurden. Einige der Kritikpunkte lassen sich umstandslos in der Konzeption berücksichtigen.

Auf die Frage nach der grundsätzliche Einschätzung einer ökologische Reform des kommunalen Finanzausgleichs wurde in den Stadtregionen Hannover und Dresden deutlich, daß sich Zustimmung und Ablehnung etwa die Waage halten: In 53 % der Interviews sprachen sich die befragten Akteure gegen dieses Reformvorhaben aus. In 47 % der Gespräche wurde es grundsätzlich befürwortet. Allerdings wurden die kritischen Positionen in der Regel deutlicher formuliert als die zustimmenden. In der Region Dresden überwogen die Vorbehalte: In 42 % der Interviews erfuhr dieses Vorhaben letztlich eine negative Bewertung, in 31 % aller Interviews wurde es befürwortet, 27 % enthielten sich einer Bewertung.

Wie sieht die Kritik am Reformvorhaben grundsätzlich aus? In der Stadtregion Hannover gaben einige der Kritiker zu verstehen, daß sie dieses Vorhaben für sinnlos bis »gefährlich« hielten. Sie bewerteten die skizzierte Reform primär auf der Grundlage ihrer Erfahrungen mit dem bestehenden kommunalen Finanzausgleich in Niedersachsen. Die Möglichkeit, ökologische Ziele anhand einer Modifikation des kommunaler Finanzausgleich umzusetzen und zugleich seine bestehenden Defizite nicht noch zu vergrößern, wurde vor diesem Hintergrund für unrealistisch gehalten. Vor allem zwei Argumente wurden angeführt:

Zum einen wird erwartet, daß der vom kommunalen Finanzausgleich zu leistende vertikale und horizontale Ausgleich, über bestehende Defizite hinaus, beeinträchtigt würde. Eine ökologische Reform des Finanzausgleichs könne mit seiner eigentlichen Funktion, die bestehenden Steuerkraftunterschiede zwischen den Gemeinden auszugleichen, in Konflikt geraten, da strukturschwache Gemeinden nicht unbedingt diejenigen seien, die über die für ökologisch orientierte

Maßnahmen notwendigen finanziellen Voraussetzungen verfügten. Reiche Gemeinden hingegen hätten wahrscheinlich ausreichend Eigenmittel, um sich derartige Programme und Maßnahmen leisten und über den kommunaler Finanzausgleich refinanzieren zu können. Im Falle einer ökologischen Reform des kommunalen Finanzausgleichs könnte es somit zu einer Verschärfung bestehender Finanzkraftunterschiede kommen.[14]

Zum anderen wird darüber hinaus befürchtet, daß es um eine weitere Rückführung allgemeiner Zuweisungen des Landes gehe. Eine derartige Umstrukturierung innerhalb des kommunalen Finanzausgleichs führe jedoch dazu, daß steuerschwache Gemeinden im Vergleich zur bestehenden Situation weniger Zuweisungen erhielten. Der Rückgang allgemeiner Schlüsselzuweisungen, so die Kritiker, wird dort wohl kaum durch aufgrund von ökologischen Maßnahmen gewährte Finanzzuweisungen kompensiert werden können. In Folge dessen kommt es zu einer weiteren Verschlechterung der Finanzsituation steuerschwacher Gemeinden nach Finanzausgleich.

Außerdem wird befürchtet, daß diese Reform weder ökologisch effektiv noch mit raumordnerischen Zielen abgestimmt sei. Aus Sicht der befragten Akteure ist es notwendig, Umweltprobleme sachlich und räumlich differenzierter zu betrachten, als dies im Rahmen einer Neuausrichtung des kommunalen Finanzausgleichs möglich ist. Ökonomische Entscheidungen seien im Kern auf ein zahlenmäßiges Kalkül zurückzuführen, mit dem ökologischen Anforderungen nicht ausreichend Rechnung getragen werden könne. Das notwendigerweise auf relativ abstrakten Kriterien beruhende, an Zahlen orientierte Instrument des kommunalen Finanzausgleichs eigne sich deshalb nicht zur Erreichung umweltpolitischer Ziele.[15]

Einem Steuerungsansatz, der ökologische Ziele einzelfallunabhängig zu erreichen sucht, wird des weiteren grundsätzlich mit Skepsis begegnet. Notwendig für eine Bewertung der Wirkungen von Flächeninanspruchnahmen auf den Naturhaushalt ist aus Sicht der Skeptiker unter anderem die Berücksichtigung unterschiedlicher standörtlicher Ausgangsbedingungen. Entsiegelung beispielsweise könne im Falle eines Altlastenstandortes auch zur Belastung des Naturhaushalts

[14] »Der kommunale Finanzausgleich soll zuerst einmal eine gerechte Verteilung der Mittel von den Ländern auf die Gemeinden organisieren. Wenn ich bestimmte Ziele erreichen möchte, die über die reine Verteilung von Mitteln hinausgehen, dann muß ich dies mit Sondertöpfen durchführen. Man könnte natürlich sagen, daß das Volumen des kommunalen Finanzausgleichs reduziert wird, um die entsprechenden Gelder für die Förderprogramme zu erhalten. Die Veränderung der Grundverteilung des kommunalen Finanzausgleichs halte ich aber für sehr gefährlich. Auch unter dem Gesichtspunkt, daß der kommunale Finanzausgleich eine Einnahmequelle der Kommune ist. In einer derartigen Situation werden natürlich alle finanzstarken Kommunen, die auch andere Einahmen haben, bevorteilt, da sie aus sich heraus viel mehr Möglichkeiten haben, ökologische Maßnahmen umzusetzen.«

[15] Im folgenden Zitat zeigt sich eindrucksvoll, daß in die Beurteilung einer ökologischen Reform des kommunale Finanzausgleichs auch hoch abstrakte Annahmen über das Entsprechungsverhältnis von ökonomischen Kalkülen und Anforderungen des Naturhaushalts einfließen. »Wenn Ihre Frage darauf abzielt, daß man ökologisch Sinnvolles ökonomisch belohnt und ökologisch Unsinniges ökonomisch bestraft, dann habe ich aufgrund meiner Erfahrungen mit der Eingriffsregelung so meine Bedenken. Hier handelt es sich um einen ähnlichen Denkansatz. Das damit verbundene Punktezählen ist mir so zuwider, weil es mit Natur wenig zu tun hat.«

führen. Flächenausweisungen und Flächennutzungen seien somit aus guten Gründen vorrangig situationsspezifisch zu bewerten. Der strategische Vorteil einer ökologischen Reform des kommunalen Finanzausgleichs, nicht einzelfallabhängig, sondern für eine Vielzahl von Situationen einen Steuerungsmechanismus mit ökologischer Zielsetzung bereitzustellen, wird demnach grundsätzlich in Frage gestellt und in letzter Konsequenz für kontraproduktiv gehalten.

Wie wichtig Kritikern situationsspezifische Bedingungen und Problemlagen bei einer Bewertung neuer Instrumente sind, zeigt sich auch an dem Einwand, daß bei siedlungspolitischen Reformvorhaben der regionsspezifischen Siedlungsstruktur und entsprechenden raumordnerischen Zielen angemessen Rechnung zu tragen sei. Hohe Bebauungsdichten beispielsweise seien in Abhängigkeit des jeweiligen Standortes und nicht standortneutral zu bewerten. Das Vorhaben erwecke jedoch den Anschein, als wenn es um die generelle Förderung hoher Bebauungsdichten ginge.[16] Notwendig ist aber - so die befragten Akteure - eine stärkere Abstimmung des Reformvorhabens mit den Zielen und Grundsätzen der Raumordnung und Landesplanung zur Steuerung eines räumlich differenzierten Siedlungsflächenwachstums. Beispielhaft wird angeführt, daß Bauflächen auch in Abhängigkeit raumstruktureller Bedingungen und regionaler Problemlagen bereitzustellen seien. So könnte in der Wachstumsregion Hannover wahrscheinlich nicht ausreichend Bauland in der Kernstadt bereitgestellt werden. Zweckmäßig sei es dann, in infrastrukturell gut erschlossenen Umlandgemeinden entsprechende Angebote zu schaffen, um eine weitere Dispersion der Siedlungsentwicklung zu verhindern.

Das Vorhaben einer ökologischen Reform des kommunalen Finanzausgleichs erweckte in einzelnen Gesprächen in der Region Hannover den Eindruck, als wenn es hierbei um eine umfassende Steuerung der kommunalen Siedlungspolitik ginge. Dieser vermutete Steuerungsanspruch wurde von einzelnen Befragten mit dem impliziten Verweis auf das Grundrecht kommunaler Selbstverwaltung zurückgewiesen. Siedlungspolitische Entscheidungen seien vorrangig als Angelegenheit der örtlichen Gemeinschaft zu verstehen und müßten durch entsprechend politisch legitimierte Gremien getroffen werden.[17]

Auch in der Stadtregion Dresden wird vermutet, daß der siedlungs- und gemeindestrukturellen Ausgangssituation in sächsischen Stadtregionen bei einer ökologischen Reform des kommunalen Finanzausgleichs nicht angemessen

[16] Aus Sicht der Befragten gibt es jedoch »ländliche Bereiche, in denen Verdichtung sinnvoll ist, da ich hier eine gute private und öffentliche Infrastruktur und eine gute Erschließung durch den Schienen-ÖPNV habe. Hier sieht ja auch die Regionalplanung einen Verdichtung vor. Und ich habe andere ländlich geprägte Siedlungen, ohne Busanschluß und gute Infrastrukturausstattung, wo deshalb die Flächen auch preiswert sind. Hier ist es unrealistisch zu erwarten, daß sie hier die gleiche Verdichtung realisieren können. Die unterschiedlichen städtebaulichen und sonstigen lokalen Voraussetzungen sind so vielschichtig, daß sie nicht mit einem schematisierenden Verteilungsschlüssel richtig erfaßt werden können. Entsprechend wird es nicht möglich sein, eine gerechte Zuweisung von Mitteln zu realisieren.«.

[17] »Die politischen Entscheidungen, diese Ziele - Schließung von Baulücken, Erhöhung der Bebauungsdichte, usw. - zu verfolgen, müssen von den Räten vor Ort getroffen werden. Solche Entscheidungen dürfen nicht indirekt über den kommunalen Finanzausgleich durch das Land oder den Bund getroffen werden.«

Rechnung getragen werden kann. Ihr stehe insbesondere die Differenziertheit sächsischer Siedlungsstrukturen (viele kleine, wenige mittlere und große Gemeinden) und besondere Problemlagen der Kommunen entgegen. Nach Ansicht der Kritiker sei von gemeindespezifischen Problemlagen auszugehen, die sich im Zusammenhang mit dem DDR-Regime herausgebildet haben und durch entsprechend spezifische Ziele und Instrumente zu bearbeiten sind.[18] Von den Kritikern wurde weiterhin vermutet, daß eine raumordnerischen Zielen entsprechende Reform des kommunalen Finanzausgleichs zu einem so hohen Verwaltungs- und Kontrollaufwand innerhalb der eigenen Verwaltung führen würde, daß letztendlich der Nutzen dieses Vorhabens in Frage zu stellen sei.

Von den Befürwortern wird in beiden Stadtregionen erwartet, daß auf diesem Wege ein Überangebot an Bauflächen und hieraus resultierende ineffiziente Flächenutzungen, beispielsweise Kümmernutzungen, vermieden werden könnten. Es wurde weiterhin darauf verwiesen, daß mittels einer Reform des kommunalen Finanzausgleichs ökologisch sinnvolle Ausweisungen gefördert werden könnten, die aufgrund fehlender Pflichtigkeit und relativ hoher laufender Kosten oder Zusatzlasten, wie im Falle einer Strategie der Innenentwicklung, nicht in ausreichendem Maße durchgeführt werden.[19]

Aus planerischen Restriktionen resultierende »Verzichtskosten«, beispielsweise in Folge umfangreicher, das eigene Gemeindegebiet betreffender Ausweisungen von Trinkwasserschutzzonen, könnten auf diese Weise entgolten werden. Ferner wäre anzunehmen, daß der Reformansatz zur Verringerung des Siedlungsdrucks auf unbebaute Flächen führen würde. Dies sei insbesondere im Hinblick auf den Erhalt landwirtschaftlich genutzter Flächen und Grünflächen wünschenswert. Darüber hinaus könnten hierdurch die laufenden Kosten für Instandhaltung und Aufwertung von Grünflächen finanziert werden, die angesichts der gegenwärtigen Anforderungen im Pflichtaufgabenbereich und geringer finanzieller Mittel kaum noch aufzubringen seien. Aus Sicht der Befürworter in der Region Dresden sprechen demnach eine ganze Reihe von Gründen für eine ökologische Reform des Finanzausgleichs. Hierbei beziehen sich die von den Befragten vertretenen Argumente in erster Linie auf die örtliche und regionale Freiraumsituation.

Einschränkend wiesen einzelne Befragte in diesem Zusammenhang darauf hin, daß eine ökologische Reform des kommunalen Finanzausgleichs jedoch nicht zu einer grundsätzlichen Änderung des Anreizsystems führen dürfe. Das Interesse

---

[18] Hoyerswerda ist z.B. »eine schnell gewachsene Stadt, die jetzt an Einwohnern verliert. Diese Stadt in einem monostrukturierten Gebiet im Norden Sachsens muß doch wahrscheinlich Bauland ausweisen, um die Abwanderung der Bevölkerung aufzuhalten. Gerade dies ist doch regionalplanerisch erwünscht. Wie also ist das Instrument mit Blick auf dieses Ziel zu bewerten.«

[19] »Denkbar wäre es, daß durch den kommunalen Finanzausgleich ein Ausgleich für Mehrbelastungen geschaffen wird, die sich durch die Verfolgung einer konsequenten Innenentwicklungsstrategie ergeben. Innenentwicklung ist ja in der Regel mit höheren Kosten verbunden, als der Neubau auf der grünen Wiese. Die Kommunen, die durch eine große Zahl von kontaminierten Gewerbebrachen belastet sind, würden durch entsprechende Zuweisungen gegenüber den Kommunen, für die eine Revitalisierung von Brachen kein Thema ist, kompensiert.«

von Kommunen an Einwohnern und Unternehmen müsse in jedem Falle erhalten bleiben. Es wurde auch darauf verwiesen, daß von der Reform ein Kooperationseffekt erwartet wird.[20] Es wird von der Annahme ausgegangen, daß der bestehende kommunale Finanzausgleich durch Anreize zur Konkurrenz von Kommunen um Unternehmen und private Haushalte beiträgt. Wenn Baulandausweisungen im Hinblick auf zu erwartende höhere Einnahmen im Zuge von Einwohnerzuzügen unterbleiben, werden abgestimmte Verhaltensweisen begünstigt.

Nach dieser grundsätzlichen Einschätzung wurde speziell nach der konkret zu erwartenden Lenkungswirkung gefragt. Denn eine ökologische Reform des kommunalen Finanzausgleichs führt nur dann zu den erwünschten Steuerungswirkungen, wenn sie eine systematische Änderung gemeindlicher Baulandausweisungen im Sinne des vorausgesetzten Steuerungsziels bewirkt. Von daher wurden die Gesprächspartner gebeten, die Wirkungen einer derartigen Reform auf die Baulandausweisungen von Kommunen einzuschätzen und zu überlegen, ob es prinzipiell zu Steuerungswirkungen kommen könnte.

Anreizwirkungen auf Baulandausweisungen von Gemeinden wurden in Hannover sowohl für unwahrscheinlich als auch für möglich gehalten. So wurde in einigen Gesprächen verneint, daß der kommunale Finanzausgleich politisch und planerisch erwünschte Baulandausweisungen verändern könne. Aus Sicht dieser Akteure spielt der Finanzausgleich bei siedlungspolitischen Entscheidungen nur eine untergeordnete Rolle. Andere Gesprächspartner hingegen zogen Anreizwirkungen - gerade vor dem Hintergrund der bestehenden Finanzsituation - durchaus in Betracht.

In Dresden hingegen vermutete die Mehrheit der Gesprächspartner, daß angesichts gefestigter Entwicklungsabsichten und Siedlungsstrategien keine Steuerungswirkungen erwartet werden könnten und die auf der Basis des kommunalen Finanzausgleichs verteilten Mittel für die Ausweisungsentscheidung nur von nachrangiger Bedeutung seien. Darüber hinaus wurde vereinzelt angemerkt, daß es gegenwärtig schon schwierig sei, sich auf den bestehenden kommunalen Finanzausgleich einzustellen und das Niveau und zeitliche Eintreten der hieraus resultierenden Finanzmittel sicher abzuschätzen. Der kommunale Finanzausgleich sei auch aus diesem Grunde von geringer Relevanz für siedlungspolitische Entscheidungen.[21]

---

[20] »Wenn wir nicht mehr Einwohner ansiedeln, bedeutet das für uns weniger Einnahmen und eine schlechtere Ausnutzung der Infrastruktur. Wenn der Ausgleich dies kompensieren könnte, wäre es auch möglich gewesen, Landschaftsräume zu erhalten. Solange der Finanzausgleich hierauf aber keine Rücksicht nimmt, wird es weiterhin ein »Hauen und Stechen« zwischen den Kommunen geben. Jeder will Arbeitsplätze, auch wenn dies, unterhalb einer gewissen Schwelle, was die Gewerbesteuer angeht, nicht mehr so interessant ist.«

[21] »Für uns hat der Finanzausgleich nur eine nachrangige Bedeutung. So wie wir unsere Probleme bearbeiten, bedürfen wir der finanziellen Förderung nicht. Wenn es uns gelingt, diese Ideen durchzusetzen, haben wir den Vorteil, weil wir eine gut entwickelte Gemeinde haben. Wir haben einen ökonomischen Vorteil dadurch, daß wir ein gesuchtes Ziel sind, weil wir attraktiv sind, weil wir unsere Grünflächen erhalten haben. Hohe Einnahmen haben wir dann, weil sich bei uns Einwohner ansiedeln, die ständig bei uns bleiben und mit ihrer Einkommenssteuer die Gemeinde mit tragen.«

Nach dieser generellen Bewertung soll abschließend noch kurz auf zwei Fragen eingegangen werden. Zum einen wurde nach der Tauglichkeit spezifischer Ansatzpunkte zur Bemessung von Zuweisungen gefragt. In der Region Hannover belegen die vier Ansatzpunkte »Projekte zur Förderung des flächensparenden Bauens«, »Dichte«, »Nachverdichtung« und »Grünfläche« die Vorderplätze. In der Region Dresden hingegen finden sich auf den ersten Plätzen die Vorschläge, die auf eine Förderung der Flächennutzungs- und Landschaftsplanung abzielen. Eine Förderung im Rahmen des kommunalen Finanzausgleichs könnte den Handlungsspielraum insbesondere von kleinen Gemeinden erweitern und einen Anreiz zur laufenden Überarbeitung und Aktualisierung setzen.

Qualitätsverbesserungen von Planungsinstrumenten als Ansatzpunkt zur Bemessung von Zuweisungen wurden von den Befragten in der Region Hannover eindeutig abgelehnt. Hierzu wurde in den Gesprächen angemerkt, daß es weder möglich noch zweckmäßig sei, Zuweisungen anhand von Qualitätsstandards zu verteilen, die von Außenstehenden definiert und kontrolliert werden müßten. Verständlich wird diese unterschiedliche Bewertung der Vorschläge, wenn man sich des Stellenwertes der Umweltqualitäts- und Handlungsziele in den Regionen vergewissert. Hierbei wurde deutlich, daß Akteure in der Region Hannover flächensparenden Bauweisen und der Nachverdichtung im Bestand einen höheren Stellenwert beimessen als dies in der Region Dresden der Fall ist.

Außerdem ist auch nach der Ausgestaltung (allgemeine Zuweisungen versus Zweckzuweisungen) gefragt worden.[22] Beide Zuweisungsarten weisen aus Sicht der Gesprächspartner in Hannover Vor- und Nachteile auf. So wurde zum einen angeführt, daß allgemeine Zuweisungen »selbstverwaltungsfreundlicher« seien, da Kommunen selbst über die Verwendung der zugeteilten Finanzmittel bestimmen könnten. Andererseits wurde darauf verwiesen, daß ökologische Ziele wirkungsvoller mittels Zweckzuweisungen umgesetzt werden könnten und Mitnahmeeffekte zu vermeiden seien. Beide Zuweisungsarten werden somit grundsätzlich akzeptiert.

In Kontrast hierzu wird in Dresden in einer Mehrzahl von Gesprächen die Ausgestaltung einer ökologischen Reform des kommunalen Finanzausgleich in Form von Zweckzuweisungen befürwortet. Im Hinblick auf eine Vermeidung von Mitnahmeeffekten spricht sich hierbei die eine Gruppe der Befürworter von Zweckzuweisungen für eine finanzielle Beteiligung der Kommunen aus. Eine andere Gruppe von Befragten bevorzugt angesichts der bisherigen Erfahrungen mit den Förderprogrammen des Freistaates Sachsen, die mit der eigenen Haushaltsplanung kaum zu koordinieren seien, Zweckzuweisungen ohne Eigenbeteiligung. Des weiteren wurde angeführt, daß die gegenwärtige Steuerschwäche und die Bindung der Eigenmittel an vorrangig zu erfüllende Pflichtaufgaben, insbesondere im Bereich der materiellen Infrastruktur, eine Eigenbeteiligung nicht zuließen.

Es hat sich - so läßt sich zusammenfassen - gezeigt, daß die oben postulierten konzeptionellen Probleme von den Praktikern vor Ort ähnlich gesehen werden.

---

[22] Diese Frage wurde in Hannover vor dem Hintergrund der skeptischen Einschätzung beantwortet. Aus Sicht der Akteure war es wichtiger, erst grundsätzliche Aspekte und erst dann die Zweckmäßigkeit einer ökologischen Reform des Finanzausgleichs zu diskutieren.

Es hat sich aber auch gezeigt, daß - bei entsprechender Ausgestaltung - durchaus Chancen gesehen werden, mit einer ökologischen Ergänzung des Finanzausgleichs flächenpolitische Wirkungen zu erzielen.

Ein Ziel der Befragung war es, derartige Einwände zu erfassen und zu dokumentieren, um Anhaltspunkte für eine mit dem bestehenden Institutionensystem kompatible Ausgestaltung des Reformansatzes zu gewinnen. Von daher sind eine Reihe von Ausgestaltungsbedingungen zu berücksichtigen, will man die politische Akzeptanz dieses Reformversuches erhöhen.

So muß von Anfang an klargestellt werden, daß die fiskalische und redistributive Funktion des kommunalen Finanzausgleichs von einer ökologisch motivierten Neugestaltung nicht gefährdet werden darf. Erst wenn diese »Basisfunktion« sichergestellt ist, können ökologische Ergänzungen vorgenommen werden. Der Befürchtung, durch neue Nebenansätze und Zuweisungstöpfe könnte insbesondere die Ausgleichsfunktion gefährdet werden, kann durch entsprechende Vorschläge zur Gegenfinanzierung begegnet werden. Erinnert werden soll an dieser Stelle noch einmal an die Potentiale, die in den Umschichtungen innerhalb des Budgets, der Verwendung des Aufkommens von Umwelt-Sonderabgaben und in dem Aufkommen aus der teilweisen Versteigerung der handelbaren Flächenausweisungsrechte liegen.

Die Beibehaltung der primären Funktionen des kommunalen Finanzausgleichs ist ungefährdet, wenn im Zentrum ein klarer Hauptansatz steht, der sich an fiskalischen und redistributiven Zielen orientiert. Er sollte dann mit einer überschaubaren Menge von wichtigen Nebenansätzen ergänzt werden, mit der auf spezifische Bedingungen Rücksicht genommen werden kann. In diesem Zusammenhang ist dann zu überlegen, ob nicht ein ökologischer Flächenansatz gute Dienste leisten kann. Hier ist auch zu prüfen, ob durch das Streichen antiquierter Nebenansätze nicht sowohl Mittel »freigesetzt« werden als auch Transparenz und Überschaubarkeit erhöht werden können.

Sollte der Weg einer finanzbedarfsorientierten Einführung eines Flächennebenansatzes nicht gewünscht sein, steht mit dem Instrument der Zweckzuweisungen eine erfolgversprechende Alternative zur Verfügung. Sie gewähren den Gemeinden zwar weniger Handlungsspielraum als allgemeine Zuweisungen, haben aber neben ihrer größeren Zielgenauigkeit auch die bessere politische Durchsetzbarkeit als Argument auf ihrer Seite. Auch hier muß sorgfältig über die Gegenfinanzierung nachgedacht werden. Sollten diese neuen Zuweisungen aus der allgemeinen Finanzausgleichsmasse gespeist werden und so zu Kürzungen bei den Schlüsselzuweisungen führen, sind politische Verteilungskonflikte vorprogrammiert.

Auch für derartige Zweckzuweisungen sind klare Randbedingungen zu formulieren. Sie müssen überschaubar, klar, begründet, rechtssicher und dauerhaft sein; es sind nachvollziehbare, dem Problem angemessene Indikatoren auszuwählen. Da die jeweiligen Ausgangsbedingungen unterschiedlich sind, ist dafür Sorge zu tragen, daß die Zuweisungen nicht an den Bestand geknüpft werden, sondern sich an Zuwächsen bzw. Entwicklungen orientieren. So kann auch verhindert werden, daß in einzelnen Gemeinden zu hohe, frei disponible Einkommen anfallen.

Besondere Aufmerksamkeit ist in diesem Zusammenhang den Verbundwirkungen der hier diskutierten einzelnen Instrumente zu widmen. Werden flächenpolitisch begründete Zweckzuweisungen im kommunalen Finanzausgleich eingebettet in ein System handelbarer Flächenausweisungsrechte auf der einen und einer Flächennutzungsteuer auf der anderen Seite, so kann man die Lenkungswirkung der Zuweisungen auf Projekte und Maßnahmen in den einzelnen Gemeinden begrenzen. Die Struktur der Flächennutzung würde dann über die Ausweisungsrechte und die Steuer beeinflußt, der kommunale Finanzausgleich hätte dann die Funktion, einzelne Maßnahmen in den Gemeinden - wie etwa das flächensparende Bauen - zu unterstützen.

Dabei ist zu sorgfältig prüfen, wie hoch die Eigenbeteiligung der Gemeinden zu sein hat. Obwohl ökonomisch eigentlich unbestritten, muß doch angesichts der prekären Finanzsituation der kommunalen Haushalte darüber nachgedacht werden, ob die Eigenbeteiligung - auch unter Hinnahme von Effizienzeinbußen - nicht abgesenkt werden sollte. Es wäre der Sache nicht dienlich, wenn wegen mangelnder Eigenbeteiligungsmittel - etwa auf Grund alter Konnexitätsverletzungen - wichtige Projekte nicht realisiert werden könnten.

Ein von den Befragten immer wieder genanntes Problem wird sich aber auch dann nicht lösen lassen, wenn man den kommunalen Finanzausgleich auf diese Lenkungswirkungen beschränkt und die Steuerung der Flächennutzung anderen Instrumenten überläßt. Es ist nicht sinnvoll, den Akteuren vor Ort die alleinige Entscheidung über die Struktur der Flächennutzung zu überlassen. Es bedarf der staatlichen Korrektur, um sicherzustellen, daß übergeordnete Aspekte der Freiflächenausweisung in angemessener Art und Weise berücksichtigt werden.

Die Gemeinden verkennen augenscheinlich, daß flexible Instrumente wie Ausweisungsrechte oder Zuweisungen ihnen dabei größere Spielräume lassen als eine konsequent durchgesetzte Regionalplanung. Von der Erfahrung geprägt, daß die Regionalplanung im Zweifel ein nicht unüberwindbares Hindernis darstellt, also Vollzugsdefizite aufweist, gewinnen neue Instrumente eine besondere Bedeutung. Es wird befürchtet, daß durch neue Instrumente die Spielräume vor Ort zu stark eingeschränkt werden würden. Übersehen wird dabei, daß es notwendig ist, den Kommunen sowohl Handlungsspielräume zu belassen als auch Restriktionen vorzugeben. Nur so kann auf der einen Seite Akzeptanz gesichert und auf der anderen Seite verhindert werden, daß die »unproduktiven« Freiflächennutzungen im Wettbewerb der Gemeinden untergehen.

Dazu ist es notwendig und wird von den kommunalen Praktikern indirekt gefordert, die Reform des kommunalen Finanzausgleichs in das bestehende planerische Instrumentarium einzubetten. Ein ökologisch reformierter kommunaler Finanzausgleich ist kein Königsweg, sondern ein Mittel neben anderen: Erst im Zusammenspiel mit Raumordnung und Landesplanung, mit Ordnungsrecht und Fachpolitik, mit Ausweisungsrechten und Flächennutzungsteuer werden die positiven Anreize, die der kommunale Finanzausgleich setzen könnte, wirksam. Vor diesem Hintergrund - und unter Beachtung der Verbundwirkungen der Instrumente - kann der kommunale Finanzausgleich ein Stimulus sein, eine andere Art der Flächennutzung in Angriff zu nehmen oder bestimmte Projekte, die perspektivisch flächensparend sind, vor Ort zu realisieren.

Dabei ist der kommunale Finanzausgleich über klare Nebenansätze oder deutlich strukturierte Zweckzuweisungen so zu reorganisieren, daß er für die jeweiligen Problemfälle zu angemessenen Lösungen führt. Dazu kann man an den Problemen ansetzen, die tendenziell für alle Gemeinden - zum Beispiel sinkender Freiflächenanteil - gelten, dazu kann man aber auch an speziellen Vorhaben, wie etwa der Notwendigkeit eines flächensparenden Bauens, ansetzen. Die Wirkungen von Zuweisungen im Rahmen des kommunalen Finanzausgleichs sind entweder über den originären Wirkungsmechanismus differenziert genug, um örtlichen Gegebenheiten Rechnung zu tragen, oder sie können, sollte dies nicht ausreichen, durch eine regionale Komponente entsprechend differenziert ausgestaltet werden.

Zu diesem Zweck sind entsprechende Indikatoren zu formulieren, wie etwa die Flächennutzungsstruktur, und müssen Projekte und Maßnahmen bestimmt werden, wie etwa im Bereich des Flächenrecyclings, für deren Realisierung den Kommunen Zweckzuweisungen gezahlt werden sollen. Auch hier ist die Frage nach einer regionalen Differenzierung zu beantworten.

Ob man diese Zweckzuweisungen - dies gilt nicht für einen neu einzuführenden Nebenansatz »Freifläche« - unter dem Dach des kommunalen Finanzausgleichs organisiert oder nicht, ist letztlich eine akademische Frage. Ist für eine Gegenfinanzierung gesorgt, werden durch flächenpolitisch motivierte Zuweisungen weder andere Zuweisungen berührt, noch wird die Höhe der Schlüsselzuweisungen dadurch reduziert. Es kann von daher durchaus sinnvoll sein, derartige Zuweisungen in einen eigenständigen Fonds zu überführen, in dem auch andere Programme des Landes, die ähnliche Ziele verfolgen, angesiedelt werden.

Abschließend ist zu betonen, daß der kommunale Finanzausgleich ein hochsensibles Entscheidungsfeld ist, in dem sich landesspezifische Problemlagen und politische Konstellationen niederschlagen. Eine ökologische Reform dieses komplizierten Regelwerks, dessen spezifische Funktionsweise und -folgen außerordentlich komplex sind, wird diesen Bedingungen Rechnung tragen müssen, wenn sie sowohl von Kommunen wie auch überörtlichen Entscheidungsträgern akzeptiert werden soll. Anzunehmen ist von daher, daß das bestehende Institutionensystem lediglich schrittweise umgestaltet werden kann. Die Einführung eines neuen Nebenansatzes »Freifläche« und/oder die Gewährung von Zweckzuweisungen für die genannten Ziele kann ein erster Schritt in diese Richtung sein.

7.2.3 Schlußfolgerungen

Der kommunale Finanzausgleich ist nicht geeignet, als alleiniges Instrument das angestrebte Reduzierungsziel (auf 10% der Flächeninanspruchnahme) zu erreichen. Idealtypisch und in partial-analytischer Sicht wäre dies zwar vorstellbar: Man gewährt den Gemeinden so hoch dotierte Zuweisungen, daß ihre oben beschriebenen Zielverzichte ausgeglichen werden. Da die Gemeinde ihren Wohnbauland- und Gewerbegebietsausweisungen aber in vielen Fällen eine hohe Priorität einräumen, wären hohe Zuweisungen notwendig.

Diese rein steuerungsbezogene Perspektive muß nun mit ihren Konsequenzen konfrontiert werden. Zwei sind hierbei besonders zu betonen: Zum einen würden durch entsprechend hohe Zuweisungen den Gemeinden frei disponible Mittel zufließen, die nicht mehr vom jeweiligen Finanzbedarf in der Gemeinde abhängig sind. Dies widerspricht - insbesondere bei hohen Zuweisungen - der Logik des kommunalen Finanzausgleiches. Zum anderen müssen diese Zuweisungen gegenfinanziert werden. Gerade, wenn die Verwendung nicht finanzbedarfsorientiert ist, werden die politische Widerstände gegen die notwendigen Steuererhöhungen und/oder Budgetumschichtungen massiv sein.

Von daher bietet es sich an, den kommunalen Finanzausgleich zur Unterstützung flächenpolitischer Ziele dort einzusetzen, wo auf bereits erprobte Bahnen zurückgegriffen werden kann. Dies ist einerseits - wenn sich hinreichende Bedarfe nachweisen lassen - die Einführung eines neuen, ergänzenden Nebenansatzes »Fläche«. Zum anderen sind Zweckzuweisungen für jene kommunalen Maßnahmen und Projekte vorzusehen, die - wie etwa die kommunale Unterstützung flächensparenden Bauens - das flächenpolitische Ziel indirekt unterstützen, zweckgebunden vergeben werden können und die anfallenden Kosten in den jeweiligen Gemeinden (teilweise) mindern. Damit kann an die bestehende Tradition der Zweckzuweisungen - etwa zur Stützung kommunaler Investitionen - angeknüpft werden.

7.3 Flächennutzungsteuer

Wie bereits erwähnt liegt für die Flächennutzungsteuer eine umfangreiche und detaillierte Wirkungsanalyse des Finanzwissenschaftlichen Forschungsinstitutes im Auftrag des Umweltbundesamtes vor.[23] Auf diese Wirkungsanalyse wird im folgenden zusammenfassend zurückgegriffen.

7.3.1 Mengengerüst

Auf der Basis von flächenstatistischen Daten, die durch die BfLR zur Verfügung gestellt wurden, konnten für die oben gebildeten Steuerklassen im Ansatz entsprechende Mengendaten ermittelt werden. Auf der Basis der zur bisherigen Grundsteuer aufkommensneutralen Ausgestaltung der Flächennutzungsteuer konnten anhand der Mengen die spezifischen Steuersätze ermittelt werden.

Für die Steuerklassen I bis V wurde das Aufkommen aus Grundsteuer A zugrunde gelegt. Für die Steuerklassen VI und VII wurde das Aufkommen der Grundsteuer B herangezogen. In beiden Fällen wurden die Flächen nach Möglichkeit herausgerechnet, für die Gemeinden Zahlungen an sich selbst entrichten.[24] Es ergaben sich die in Tabelle 7.6 und Tabelle 7.7 dargestellten Steuersätze.

[23] Bizer/Lang (1997), S. 73 ff.

[24] Davon ausgenommen sind Flächen, für die bereits unter der geltenden Grundsteuer Zahlungen entrichtet werden, z.B. den gemeindlichen Wald.

Tabelle 7.6: Basissteuersätze der Flächennutzungsteuer von Steuerklasse I bis V bei aufkommensneutraler Ausgestaltung (DM/ha)

I	II	III	IV	V
0	0,38	3,80	38,00	380,00

Tabelle 7.7: Basissteuersätze der Flächennutzungsteuer von Steuerklasse VI bis VII bei aufkommensneutraler Ausgestaltung (DM/qm versiegelte Fläche)

VI	VII
0,86	1,72

Eine Analyse der regionalen Aufkommensstreuungen zeigte, daß die Steuersätze auch bei örtlicher Aufkommensneutralität zur bisherigen Grundsteuer nicht in völlig andere Dimensionen geraten. Allerdings muß das Ergebnis angesichts der Lücken bei gemeindeweiten Versiegelungsdaten relativiert werden. Insgesamt konnte die räumliche Betrachtung gesamthaft nur für die Bundesländer Nordrhein-Westfalen und Bayern sowie - hilfsweise - für Berlin vorgenommen werden. Als größere Städte konnten Mainz und Dresden die Untersuchung ergänzen. Schließlich wurden noch Daten für fünf kleinere Orte auf der Grundlage der Flächennutzungsstatistiken und allgemeiner Versiegelungsdaten generiert. Auch bei diesen zeigte sich, daß keine großen Abweichungen von den Steuersätzen erforderlich sind, um das bisherige Aufkommen aus der Grundsteuer zu ersetzen. Diese Aussagen stehen jedoch unter dem Vorbehalt, daß über Primärerhebungen die angenommenen Versiegelungskennziffern bestätigt werden.

7.3.2 Belastung

Belastungen aus der Flächennutzungsteuer entstehen bei Haushalten, Unternehmen und den Gebietskörperschaften, wobei letztere erst explizit im Rahmen der Lenkung betrachtet werden. Aufgrund der besonderen Ausgestaltung der Steuer werden außerdem die land- und forstwirtschaftlichen Betriebe gesondert behandelt.

7.3.2.1 Land- und Forstwirtschaft

Die Ausdifferenzierung der Flächennutzungsklassen führt zu unterschiedlichen Belastungen bei verschiedenen Wirtschaftsweisen. Konventionell wirtschaftende Betriebe werden grundsätzlich höher belastet als anerkannt ökologisch wirtschaftende Betriebe, und die konventionelle Landwirtschaft hat eine höhere Hektarbelastung als die konventionelle Forstwirtschaft.

Aufgrund der aufkommensneutralen Ausgestaltungsweise und der vorgeschlagenen Steuermeßzahlen bzw. des angenommenen Hebesatzes entsteht bei der konventionellen Landwirtschaft mit durchschnittlich 38,- DM/ha ein etwas höherer Abgabesatz als bisher. Je nach Berechnungsweise schwankt die Grundsteuerlast für landwirtschaftliche Flächen zwischen 25,- und 50,- DM. Für die konventionelle Forstwirtschaft gilt ähnliches: Die bisherige Grundsteuerlast beträgt durchschnittlich etwa 5,- DM/ha. Unter der Flächennutzungsteuer sind es - immer bei einem angenommenen Hebesatz von 1 - noch 3,80 DM/ha forstwirtschaftlich genutzter Fläche.

Aufgrund der nur geringfügig gestiegenen bzw. gesunkenen Steuerbelastungen in der differentialanalytischen Betrachtung kann davon ausgegangen werden, daß die Gewinnsituationen nicht wesentlich beeinflußt werden.

7.3.2.2 Wohnungsmarkt

Die vorliegenden Statistiken zur Wohnraumnutzung sind nur unter großen Schwierigkeiten mit den Einkommensstatistiken zu verbinden. Es zeigt sich nämlich, daß die Berichterstattung genau an dem Punkt endet, an dem ein Zusammenhang zwischen der Art der Wohnraumversorgung bzw. der spezifischen Versiegelung und den Haushaltseinkommen hergestellt werden könnte. Aus diesem Grund muß über eine Annahme die Lücke geschlossen werden. Diese Annahme ist in Abbildung 7.2 dargestellt: sie geht von einem linearen Zusammenhang zwischen Einkommen und versiegelter Fläche aus.

Abbildung 7.2: Zusammenhang von monatlichem Haushaltsnettoeinkommen und Versiegelungsbedarf pro Wohneinheit in qm versiegelte Fläche

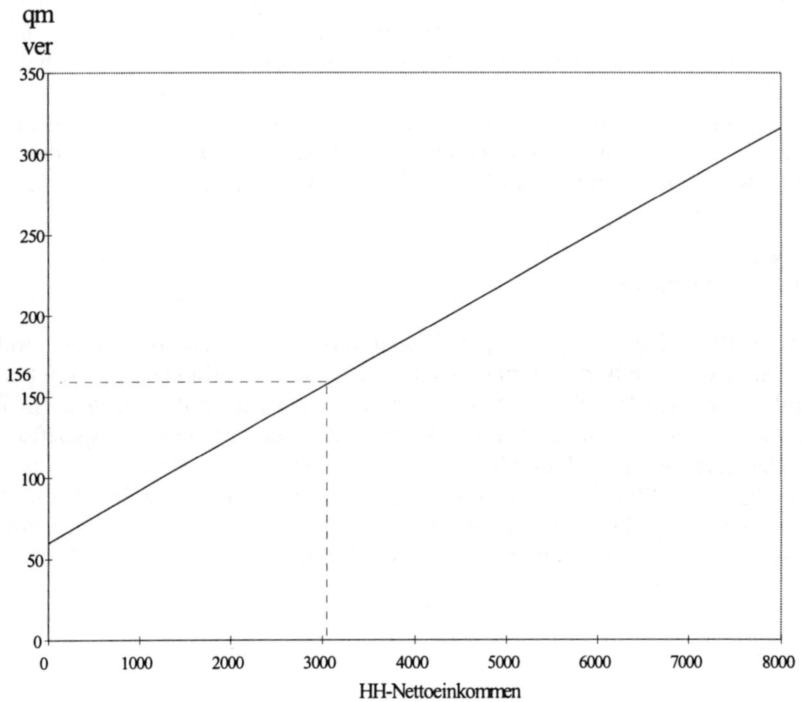

Quelle: Bizer/Lang (1997), S. 93

Diese Annahme läßt sich lose auf die Verteilung von Miet- und Eigentümerhaushalten auf die Wohnform Einfamilienhaus stützen. Es zeigt sich, daß mehr Eigentümerhaushalte insgesamt über mehr Einkommen verfügen und 74 v.H. der Einfamilienhäuser auf Eigentümerhaushalte entfallen.

Unter diesen restriktiven Annahmen ergibt sich, daß die Verteilungswirkungen auf die Haushalte nicht regressiv sind, vielmehr daß die höheren Einkommen proportional im Vergleich zu unteren Einkommensgruppen belastet werden.

Diese grundsätzliche Aussage ist möglicherweise räumlich zu differenzieren; allerdings liegen auch für eine räumliche Betrachtung keine entsprechenden Daten vor. Da in den ländlichen Gebieten die Wohnformen flächenintensiver und auch versiegelungsintensiver sind, in diesen Regionen aber die Einkommen niedriger sind, könnte sich ergeben, daß in räumlicher Hinsicht unerwünschte Verteilungswirkungen auftreten.

7.3.2.3 *Industrie und Gewerbe*

Ähnlich wie beim Zusammenhang zwischen Wohnen und Einkommen fehlen auch bei Industrie und Gewerbe Daten, die Branchen (und damit Umsätze) und Flächenbedarfe (und damit Versiegelungen) verbinden. Ohnehin ist die Aussagekraft von Belastungszahlen im Verhältnis zum Umsatz nur von begrenzter Aussagekraft. Im folgenden wird deshalb über den branchenspezifischen Flächenbedarf pro Beschäftigtem, der aus regionalen Studien übernommen wurde, und den Beschäftigtenzahlen der Branchen bundesweit sowie sogenannter Versiegelungskoeffizienten nur die absolute Belastung dargestellt. Das Ergebnis zeigt Tabelle 7.8 für zwei unterschiedliche Steuersätze.

Tabelle 7.8: Belastungsprofil von Industrie und Gewerbe

Ausgewählte Branchen	Versiegelte Fläche in ha	Jährliche Belastung bei 1,00 DM/qm (in Mio. DM)	Jährliche Belastung bei 0,86 DM/qm (in Mio. DM)
Chemische Industrie	28666	286,66	246,5276
Kunststoffverarbeitung	13293	132,93	114,3198
Steine, Erden, Keramik	19650	196,5	168,99
Eisen, Stahl	24594	245,94	211,5084
Maschinenbau	83903	839,03	721,5658
Elektrotechnik	48630	486,3	418,218
Holz, Papier, Druck	28934	289,34	248,8324
Textilien, Bekleidung	8592	85,92	73,8912
Nahrung und Genuß	24543	245,43	211,0698
Baugewerbe	60130	601,3	517,118
Handel	157455	1574,55	1354,113
Nachrichten/Verkehr	52116	521,16	448,1976
Dienstleistungen	193307	1933,07	1662,4402

Quelle: Bizer/Lang (1997), S. 100.

Dabei zeigt sich, daß die am stärksten belasteten Sektoren Dienstleistungen, Handel, Maschinenbau und Verkehr sind. Die geringsten Belastungen zeigen sich in den Branchen Textilien sowie Kunststoffverarbeitung.

7.3.3 Lenkung

Analog zur Belastungswirkung werden auch die Lenkungspotentiale nach Akteursgruppen aufgeteilt. Diese erhalten durch die Flächennutzungsteuer höchst unterschiedliche Anreize. Aus naheliegenden Gründen können keineswegs alle Entscheidungssituationen behandelt werden, für die Anreize gegeben werden.

7.3.3.1 Land- und Forstwirtschaft

Innerhalb der Land- und Forstwirtschaft sind drei Wirkungspotentiale zu betrachten: Betriebe können auf eine anerkannt ökologische Produktionsweise umsteigen. Sie können einzelne Betriebsflächen extensivieren, und sie können in Einzelfällen landwirtschaftlich genutzte Flächen aufforsten. Von diesen Möglichkeiten bringt die Umstellung der Betriebsweise mit Sicherheit die größten Schwierigkeiten mit sich.

Innerhalb der Forstwirtschaft gibt es bisher kein staatlich anerkanntes Verfahren der Zertifizierung von Betrieben. Es gibt jedoch vom Naturlandverband bereits ein Zertifizierungskonzept nach dem der Stadtforst Lübeck als erster Forstbetrieb auch anerkannt ist. Die einzuhaltenden Kriterien führen trotz der geringeren zur Nutzung freigegebenen Fläche in Lübeck nicht zu einer schlechteren Ertragslage. Die Einsparungen beim Personal, den Pestiziden sowie dem Pflanzgut gleichen die Einnahmeverzichte beim Holzeinschlag wieder aus. Das Betriebsergebnis hat sich in Abhängigkeit vom gewählten Referenzjahr um 10 bis 20 v.H. verbessert.

Überdies hat sich für den Vorreiterbetrieb gezeigt, daß er am Markt mit dem Naturland-Siegel eine »Zertifikatsprämie« erzielen kann, die bei etwa 10 v.H. des bisherigen Erlöses liegt. Allerdings dürfte für Nachahmer gelten, daß diese Prämie mit der Zeit zusammenschmilzt, auch wenn vorläufig die Nachfrage weitaus größer ist als das Angebot.

Die Flächennutzungsteuer kann die ohnehin gegebene Vorteilhaftigkeit der naturnahen Waldnutzung nur geringfügig verbessern. Für den Fall des Stadtforstamtes Lübeck gilt z.B., daß bisherige Grundsteuerzahlungen in Höhe von 18.775 DM/a für 4.500 ha durch die Reform auf 1.710 DM/a gesenkt werden.[25] Die bisherige durchschnittliche Belastung von 4,17 DM/ha sinkt auf 0,38 DM/ ha. Durch die Senkung der Steuerlast steigert sich die Ertragsfähigkeit des Umstellungsbetriebs Lübeck von 88,89 DM/ha geringfügig auf 92,68 DM/ha.

Bei nicht erfolgter Umstellung hätte sich eine geringe Erhöhung der Steuerentlastung ergeben. Der bisherigen Grundsteuerzahlung hätte eine Steigerung um 1.025 DM auf 19.800 DM gegenübergestanden.

[25] Berücksichtigt man zusätzlich über eine Steuerbefreiung, daß zertifizierte Betriebe ein Zehntel der Forstfläche als Referenzfläche zur Verfügung stellen, die der Nutzung entzogen sind, so reduziert sich die Steuerlast um weitere 171.- DM/a.

Bei den landwirtschaftlichen Betrieben ist die Umstellung mit noch größeren Schwierigkeiten verbunden. Die Flächennutzungsteuer wirkt auf die Umstellungsentscheidung analog zu einer kontinuierlich gezahlten Prämie. Von den tatsächlich gewährten Prämien unterscheidet sie sich jedoch in ihrem unendlichen Zeithorizont. Neben den ökonomischen Erwägungen, die eine zentrale Rolle bei der Umstellung spielen, werden die Entscheidungen aber auch von der Einstellung der Landwirte, der Beratung und nicht-monetarisierbaren Einflußfaktoren dominiert.

Unter den ökonomischen Einflußfaktoren dominiert z.Zt. der Engpaßfaktor Vermarktung. Auf diesen Engpaßfaktor kann die Flächennutzungsteuer keinen Einfluß nehmen. Es wäre folglich möglich, daß in der Anfangsphase der Implementierung kaum Umstellungen induziert werden, weil aufgrund der mangelnden Vermarktungsmöglichkeiten die wirtschaftlichen Rahmendaten für die Betriebe nicht ausreichen. Kommt es hingegen zu einer verbesserten Vermarktung, etwa durch eine Vereinheitlichung der Zeichen, könnte von der Flächensteuer ein wirksamer, wenn auch nur zusätzlicher Anreiz ausgehen. Insgesamt ist allerdings festzuhalten, daß in der diskutierten Höhe der Steuersätze von der Flächennutzungsteuer nur ein begrenzter Anreiz ausgehen kann.

7.3.3.2
Wohnbauflächen

Auf dem Wohnungsmarkt sind grundsätzlich zwei Entscheidungsgruppen zu unterscheiden. Bei Neubau von Wohnungen können durch die Steuer die gesamten Investitionsvorhaben beeinflußt werden. Es kann zu einer verringerten Neuversiegelung kommen. Im Bestand der Wohnungen können hingegen Entsiegelungsmaßnahmen induziert werden, die jedoch in der Regel auf versiegelte Nebenflächen beschränkt bleiben, d.h. auf Wege, Straßen, Plätze, Terrassen, etc. Sowohl bei Neubauten als auch im Bestand lassen sich zusätzlich drei Standardsituationen unterscheiden, in denen unterschiedliche Lenkungspotentiale bestehen. In Standardsituation 1 sind Nutzer und Eigentümer identisch. Die Wirkungskette ist hier am direktesten. In Standardsituation 2 baut ein institutioneller Träger das Objekt und verkauft an selbstnutzende Eigentümer. In Situation 3 fallen schließlich Eigentümer und Nutzer dauerhaft auseinander. Wie in Tabelle 7.9 gezeigt, bedingen die Standardsituationen auch die Weitergabe des Lenkungsimpulses: Während der Impuls bei einem Eigentümer - Nutzer - Dilemma verpufft, sind die Potentiale in Situation 2 größer. Nur in Situation 1 kommt es aber zu einem direkten Impuls, der dann nur noch von der Steuersatzhöhe und den Ausweichmöglichkeiten abhängt.

Tabelle 7.9: Wirkungsimpuls und -übertragung in den gebildeten Standardsituationen

	Neubau	Bestand
Standardsituation 1	direkter Impuls, weniger zu versiegeln	direkter Impuls zu entsiegeln
Standardsituation 2	Impuls nur bei korrekter Antizipation der Nachfrage nach Eigentumswohnungen durch die Baugesellschaft	Eigentümerversammlungen entscheiden über die versiegelten Gemeinflächen
Standardsituation 3	Impuls nur bei korrekter Antizipation der Mietnachfrage durch Baugesellschaft	Eigentümer-Nutzer-Dilemma

Quelle: Bizer/Lang (1997), S. 108.

Die Komplexität der Entscheidungssituation läßt sich mit Blick auf den Neubau verdeutlichen. Versteht man das Baumanagement als ein vernetztes System, ergeben sich spezifische Regelkreisläufe um den Bauherren bzw. den Auftraggeber als Generalunternehmer, der sich mit Umweltbehörde[26], Genehmigungsbehörde und den Finanzierungsinstituten sowie dem Architekten und den Bauausführenden auseinandersetzen muß (siehe Abbildung 7.3).

[26] Zukünftig werden direkte Verhandlungen mit den Umweltbehörden nicht mehr erforderlich sein.

Abbildung 7.3: Das Baumanagement als vernetztes System

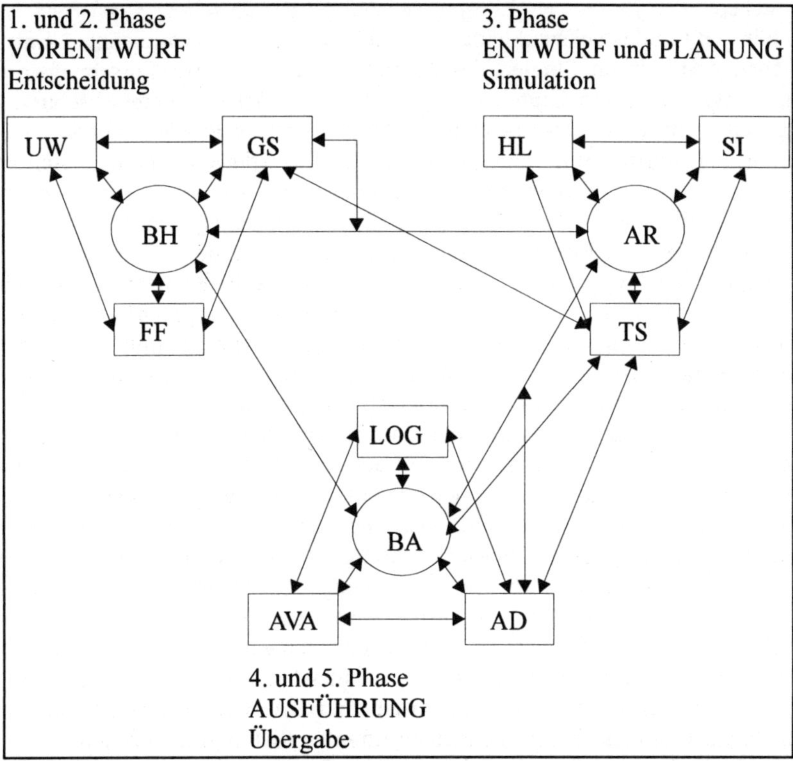

BH:Bauherr, Auftraggeber (privat, (General-)Unternehmer, Behörden, Kirchen, Gesellschaften, juristische Personen); UW: Umweltbehörde (Landesplanung, Städtebau, Landschaftsarchitekten, ökologische Initiativen); GS: Genehmigungsbehörde (parlamentarische Ausschüsse, Bürgerinitiativen, Sondergenehmigungen); FF: Finanzierung und Folgekosten (Baukostenschätzung, Rentabilität); AR: Architekten und Ingenieure (freiberuflich, beamtet, angestellt); HL:Heizungs-/Lüftungsingenieure (Wärmedämmung); SI: Spezialingenieure (Aufzüge, Krankenhaus-Ingenieur, usw.); TS: Tragwerksingenieure (Statiker); BA: Bauausführung (Bauunternehmer Rohbau, Ausbaugewerker): AVA: Ausschreibung, Vergabe, Abrechnung (nach Gewerken, bauteilbezogen, funktional); LOG: Logistik (Materialanlieferung, Fertigteiltransport, Geräteeinsatz, Baustelleneinrichtung); AD: Abnahmen-Dokumentation (durch Architekten/Ingenieure, Statiker, Auftraggeber, Behörden)

Quelle: Deters; Arlt (1996), S. 30.

Um jedoch zu Wirkungsaussagen zu kommen, muß von der Abbildung der komplexen Wirkungsmechanismen abstrahiert werden. Dies wurde im Rahmen eines einfachen Modells[27] unternommen, das die Möglichkeiten der Reaktion auf eine Grundstücksverkleinerung, eine Änderung der Bauausführung und eine Reduzierung der Versiegelung beschränkt. Über diese Reaktionsmöglichkeiten

[27] Für eine ausführliche und formale Darstellung siehe Bizer/Lang (1997), S. 113 ff.

kann der selbstnutzende Bauherr die steuerliche Belastung zumindest teilweise umgehen.

Für den Grundstücksverkleinerungseffekt wurde im Zusammenhang mit zahlreichen empirischen Studien des Finanzwissenschaftlichen Forschungsinstituts eine Auswertung von Grundstücksmarktberichten der Gutachterausschüsse vorgenommen. In diesen Untersuchungen konnte statistisch belegt werden, daß mit einem steigenden Grundstückspreis eine Grundstücksverkleinerung einhergeht. Auf der Basis der gewonnenen Regressionsgeraden wurde für die Abschätzung der Reagibilität der Grundstücksgröße auf den Preis ein typischer Vorhabenträger ausgewählt, dessen Reaktionsmaß verallgemeinert wurde. Für ein an das oben erwähnte Modell angelehntes Vorgehen müßte indes die Kreuzpreiselastizität der Grundstücksnachfrage auf die Versiegelungbesteuerung geschätzt werden. Bei normalem Nachfrageverhalten liegt die Kreuzpreiselastizität üblicherweise unter der direkten Preiselastizität der Nachfrage. Weitergehende Aussagen lassen sich zum Verhältnis Kreuzpreis- und Preiselastizität nicht machen.

Bei der Bauausführung kann der Bauherr ebenfalls Kosten einsparen, um so die aus der Flächennutzungsteuer entstandenen Mehrbelastungen aufzufangen. Die Bauausführung kann sich einerseits auf so aufwendige Objekte wie Wintergärten, Loggien, Unterkellerungen o.ä. beziehen. Dann sind erhebliche Kosteneinsparpotentiale gegeben, meistens schreitet damit aber auch eine Nutzeneinbuße einher. Es kann aber auch zu einer einfach kostengünstigeren Ausführung kommen, indem etwa günstigere Türen, Fenster oder Treppen gewählt werden.

Der Bauausführungseffekt ist empirisch am schwersten zu unterfüttern. Untersuchungen liegen bisher dafür nicht vor und könnte auch nur im Rahmen umfangreicher Planspiele gewonnen werden. Für die Wirkungsabschätzung wurde der Bauausführungseffekt mit einem bestimmten Reaktionsmaß fixiert.

Schließlich verbleibt über den Versiegelungsreduzierungseffekt die letzte Wirkungsmöglichkeit: Der Bauherr entscheidet sich bei einer in der Regel gegebenen Bauweise für eine geringere Versiegelung. Auf der Basis des Grundstücksverkleinerungs- und des Bauausführungseffektes ergibt sich für den Versiegelungsreduzierungseffekt ein Wirkungspotential von ca. 10 v.H. der neuversiegelten Grundfläche.

Zur Veranschaulichung wird das empirische Modell, für das eine bundesweite und alle Wohnungsbauversiegelungen betreffende Berechnung aufgrund mangelnder Datenbasis nicht möglich ist, anhand eines Beispielhauses berechnet. Die technischen und ökonomischen Kenndaten des Beispielhauses in bezug auf die Bauausführung werden in Tabelle 7.10 dargestellt.

Tabelle 7.10: Technische und ökonomische Kenndaten des Beispielhauses

Wohnhaus	Version I	Version II	Version III	Version IV
Wohnfläche in qm	107	107	107	65
Umbauter Raum in cbm	580	440	440	354
Grundstücksgröße in qm	504	504	504	504
Baukosten	330.600	286.000	264.000	210.400
- in DM/qm Wohnfläche	3.090	2.670	2470	3.240
- in DM/cbm umbauter Raum	570	650	600	600
Baunebenleistungen (ca. 10-12 v.H.)	33.000	28.600	26.400	25.000
Baukosten (ohne Grundstück)	363.000	314.600	290.400	235.400

Quelle: Schwäbisch Hall (1996), Bizer/Lang (1997), S. 125.

Es zeigt sich in Tabelle 7.11, daß in Abhängigkeit vom gewählten Steuersatz die Wirkungspotentiale bei 7,2 % der Grundfläche bei einem Steuersatz von 0,86 DM/qm liegen. Bei dem doppelten Satz reduziert sich die versiegelte Fläche um 11,1 %.

Tabelle 7.11: Reagibilitätsmaße bei unterschiedlichen Steuersätzen

	Steuersatz		
	0,86 DM/qm	1,29 DM/qm	1,72 DM/qm
Grundfläche	500 qm	500 qm	500 qm
Preis pro qm	150 DM/qm	150 DM/qm	150 DM/qm
gesamt	75.000 DM	75.000 DM	75.000 DM
Bauausstattung	3.550 Einheiten	3.550 Einheiten	3.550 Einheiten
Preis pro Einheit	100 DM/Einheit	100 DM/Einheit	100 DM/Einheit
gesamt	355.000 DM	355.000 DM	355.000 DM
Versiegelte Fläche	200 qm	200 qm	200 qm
Preis pro qm	40 DM/qm	40 DM/qm	40 DM/qm
gesamt	8.000 DM	8.000 DM	8.000 DM
Gesamtkosten	438.000 DM	438.000 DM	438.000 DM
Steuersatz pro qm und Jahr	0,86 DM/qm	1,29 DM/qm	1,72 DM/qm
Marktzins	5%	5%	5%
diskontierter Steuersatz	17,20 DM/qm	25,80 DM/qm	34,40 DM/qm
Preis pro versiegeltem qm Fläche	57,20 DM/qm	65,80 DM/qm	74,40 DM/qm
Budgetüberschreitung	3.440 DM	5.160 DM	6.880 DM
Primäreffekt: Grundstück			
Kreuznachfrageelastizität	-0,01	-0,01	-0,01
absolute Veränderung (in qm)	-2,15	-3,23	-4,30
relative Veränderung (in %)	-0,43	-0,65	-0,86
Einsparungen (in DM)	323	484	645
Sekundäreffekt: Bauausführung			
Kreunachfrageelastizität	-0,015	-0,015	-0,015
absolute Veränderung (in Einheiten)	-22,9	-34,3	-45,8
relative Veränderung (in %)	-0,65	-0,97	-1,29
Einsparungen (in DM)	2.290	3.430	4.260
gesamte Einsparungen (in DM)	2.613	3.914	5.225
Fehlbetrag (in DM)	829	1.246	1.655
Tertiäreffekt: Versiegelung			
absolute Veränderung (in qm)	-14,46	-18,94	-22,24
relative Veränderung (in %)	-7,2	-9,5	-11,1

Quelle: Bizer; Lang (1997), S 129.

Damit kann festgehalten werden, daß die Flächennutzungsteuer im Bereich des Neubaus in der Lage ist, einen wirkungsvollen Beitrag zum Lenkungsziel zu erreichen. Dieser Zielbeitrag steigt zunächst mit steigendem Abgabesatz, trifft aber auf noch unbestimmtem Niveau auf eine Wirkungsschwelle, die im Übergang von einer Bebauungsart auf eine andere liegt. Um einen Anreiz zu geben, die Bebauungsart zu wechseln, müßten zusätzliche Instrumente implementiert werden. Andernfalls müßte die Flächennutzungsteuer mit deutlich erhöhten Sätzen operieren.

Neben dem Neubau kommt es jedoch auch zu Änderungen im Bestand. Die technischen Entsiegelungspotentiale werden für die Gruppe, in die das Beispielshaus fällt, mit 5 - 10 v.H. der Grundstücksfläche angegeben.[28] Es könnte also auch hier zu deutlichen Lenkungswirkungen kommen. Diese hängen letztlich von den Entsiegelungskosten ab. Für diese lassen sich drei Fälle unterscheiden:[29]

1. Fall A: Eine kleine, nur mit Verbundsteinen abgedeckte Fläche wird vom Eigentümer und Selbstnutzer entsiegelt. Pro Quadratmeter entsiegelter Fläche fallen 0,08 m^3 Bauschutt an, der in Recyclinganlagen abgegeben werden kann. Die regelmäßige Obergrenze für die kostenlose Annahme liegt bei 1m^3 und wird erst ab 6 qm erreicht. Die Entsiegelungskosten bestehen bei Kleinflächen für Eigenheimbesitzer hauptsächlich in den Arbeitskosten.
2. Fall B: Bei Flächen über 6 qm ist von einer Entsorgung per Container auszugehen. Zusätzlich zu den Arbeitskosten fallen Gestellungskosten von mind. 205 DM und eine Entsorgungspauschale von 215 DM für 7 - 8 m^3 an. Geht man von einer Schüttung der Verbundsteine und deshalb vom doppelten Raumbedarf aus, können 50 qm entsiegelter Oberfläche in einem Container abgeräumt werden. Pro Quadratmeter ergibt sich ein Entsorgungspreis von über 8,- DM. Berücksichtigt man zusätzlich Arbeitskosten von 15 DM/qm liegen die Entsiegelungskosten bei knapp 25,- DM.
3. Fall C: Größere Flächen sowie asphaltierte Flächen können fast nur von Bauunternehmen entsiegelt werden. Die Kosten orientieren sich an den Anfahrtswegen und am verwendeten Gerät, vor allem aber an der Art des Materials und des Abraumvolumens. Für bituminöse Materialien gilt ein Entsiegelungspreis von 200 DM/m^3. Für Kies und lehmiges Material können 100 DM/m^3 als Orientierungspunkt gelten. Berücksichtigt man, daß der Rückbau z.B. eine Tiefe von 0,25 m erreichen muß, ergeben sich pro Quadratmeter entsiegelter Fläche Entsiegelungskosten von 25 - 50 DM.

In einer Untersuchung über eine Abgabe auf versiegelte Nebenflächen wurde für die Entscheidungssituation »Entsiegelung« bei einem Zeitraum von 6 Jahren und einem Zinssatz von 5 v.H. konstatiert, daß in den Fällen A und B die diskontierten Abgabezahlungen die Entsiegelungskosten übersteigen und im Fall C die Untergrenze der Entsiegelungskosten immerhin überschritten wird.[30]

Bei einem Zeitraum von nur 6 Jahren gilt dies nicht für die Flächennutzungsteuer. Sie würde zwar im Fall A noch zu einem veränderten Kalkül führen können. Die Lenkungswirkungen würden jedoch geringer ausfallen als bei der

[28] Siehe Dosch (1996), S. 24.
[29] Das folgende nach Bizer/Truger (1996).
[30] Siehe Bizer/Linscheidt/Ewringmann (1996), S. 350.

Abgabe auf versiegelte Nebenflächen. Diese Aussage ändert sich auch nur geringfügig, wenn ein erweiterter Zeithorizont zu Grunde gelegt wird: Geht man von einem unendlichen Zeithorizont aus, so entspricht ein Steuersatz von 0,86 DM/qm bei einem Zinssatz von 5 v.H. 17,2 DM/qm. Dieser Betrag liegt für Fall A hoch genug, um Entsiegelungsentscheidungen zu induzieren. Für Fall B gilt dies nur bedingt, und bei Fallgruppe C werden die Entsiegelungskosten gar nicht mehr erreicht.

Im Bereich des Versiegelungsbestandes lassen sich somit durch eine Erhöhung der Flächennutzungsteuer noch zusätzliche Zielbeiträge erreichen, die ansonsten nicht realisiert werden. Auch hier führt jedoch ein Steuersatz von 0,86 DM (Hebesatz von 1,0) zu Lenkungswirkungen.

7.3.3.3
Industrie und Gewerbe

Gewerbe- und Industrieflächen lassen sich in drei Fallgruppen unterteilen, für die unterschiedliche Wirkungsmechanismen gelten:[31]

1. Auf den vorhandenen Gewerbe- und Industrieflächen bestehen weitgehend bereits Nutzungen. Diese können durch die Flächennutzungsteuer weiter konzentriert werden, es käme zu einer Nachverdichtung. Es könnten aber auch Flächen entsiegelt werden, die nicht einen Beitrag zum Unternehmensertrag leisten.
2. Auf den zukünftigen Gewerbe- und Industrieflächen könnte von vornherein über die Beplanung, aber auch über die Flächennutzungsteuer der Impuls zu einem verdichteten Bauen gegeben werden. Im Unterschied zur Nachverdichtung, die zumindest partiell den vorhandenen Bestand der Gebäude nutzen muß, kann auf Neubauflächen ein sparsamer Umgang mit Fläche sowie eine geringe Versiegelung durch entsprechende Bauplanung erreicht werden.
3. Schließlich kommt es bei den brachliegenden Gewerbe- und Industrieflächen zu einem Impuls, die versiegelten Flächen wieder zu nutzen bzw. zu renaturieren, um entweder der Steuerlast einen Ertrag gegenüberzustellen oder der Steuerlast zumindest partiell zu entgehen.

Die Lenkungspotentiale hängen in allen Fällen von den Maßnahmen im einzelnen ab. Neue Versiegelung kann vermieden und Flächen können entsiegelt werden. Da die Entsiegelungskosten in diesem Sektor im Regelfall mit rund 50,- DM veranschlagt werden können, dürften Entsiegelungsmaßnahmen die Ausnahme bilden.

Im Bereich der Neuversiegelung spielt eine große Rolle, ob Unternehmen auf mehrgeschossige Bauweisen ausweichen können. Dem Geschoßbau stehen gewisse Restriktionen gegenüber, die sich anhand verschiedener Varianten bei der Lagerhaltung in ihren Kostenfolgen darstellen lassen. So zeigt sich, daß Flachhallen mit einer Nutzhöhe von 5 m schon ab einem Grundstückspreis von ca. 500 DM/qm ungünstiger sind als fünfgeschossige Stockwerkslager. Noch günstiger schneidet das Betonhochregallager ab, das bereits bei einem Grundstückspreis

[31] Das Folgende nach Bizer/Lang (1997), S. 137.

von etwa 150,- DM/qm günstiger als die eingeschossige Flachhalle ist. Da die Flächennutzungsteuer tendenziell den Grundstückspreis erhöht, drückt sie den Punkt, ab dem sich eine flächensparende Bauweise lohnt, nach unten. Letztlich ausschlaggebend ist jedoch, auf welchem Niveau des Grundstückspreises die Flächennutzungsteuer wirkt.

Abbildung 7.4: Lagersystemvergleich: Investition pro t Lagerkapazität in Abhängigkeit der Grundstückspreise

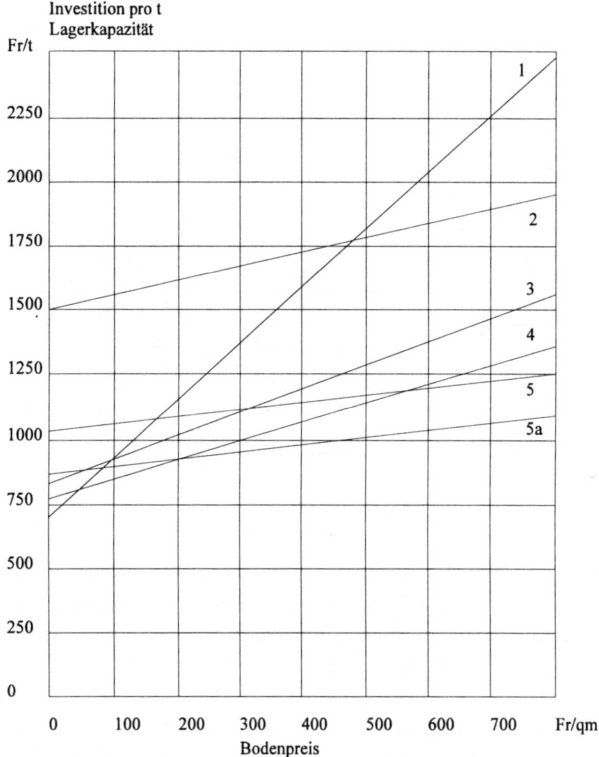

Variante 1: Flachhalle 5m Nutzhöhe; Variante 2: Stockwerklager 5geschossig; Variante 3: Flachhalle 8m Nutzhöhe; Variante 4: Stahlregallager 11m Nutzhöhe; Variante 5: Betonhochregallager 33,5m Nutzhöhe; Variante 5a: Variante 5 exklusive Feuerlöschanlage
Quelle: Dolezalek/Warnecke (1991), Bonny (1996).

Als ein weiteres Beispiel seien die groben Kostendaten eines ein- bzw. zweigeschossigen Einkaufszentrums aufgeführt. Diese Daten zeigen, daß schon jetzt eine zweigeschossige Bauweise bei derselben Verkaufsfläche günstiger ist.

Tabelle 7.12: Bauwerkskosten für Einkaufszentrum mit 10.000 qm Bruttogeschoßfläche - eingeschossige Lösung

	Berechnungsgrundlagen	Summe
Dach	10.000 qm × 330 DM/qm	3.300.000
Grund	10.000 qm × 250 DM/qm	2.500.000
Opake Wände	80 v.H.: 1.280 qm ×350 DM/qm	448.000
Fenster Alu	20 v.H.: 320 qm × 1.100 DM/qm	352.000
Summe		6.600.000

Quelle: Deters (1997)

Tabelle 7.13: Bauwerkskosten für Einkaufszentrum mit 10.000 qm Bruttogeschoßfläche - zweigeschossige Lösung

	Berechnungsgrundlagen	Summe
Dach	5.000 qm × 330 DM/qm	1.650.000
Grund	5.000 qm × 250 DM/qm	1.250.000
Opake Wände	1.943 qm ×350 DM/qm	680.000
Fenster Alu	320 qm × 1.100 DM/qm	352.000
Geschoßdecke	5.000 qm × 300 DM/qm	1.500.000
Summe		5.432.050

Quelle: Deters (1997)

Die Flächennutzungsteuer kann in diesem Bereich lediglich einen zusätzlichen Anreiz geben, Einsparpotentiale zu verwirklichen. Einen originären Lenkungsbeitrag kann sie nicht leisten, da die flächensparende Variante schon jetzt eine sogenannte » no regret « Maßnahme darstellt.

Abschließend soll anhand der Entscheidungssituation zwischen der Bereitstellung ebenerdiger Parkierungsfläche und einer eingeschossigen Tiefgarage dargestellt werden, ab welchem Grundstückspreis das Entscheidungskalkül zugunsten der flächensparenden Variante geändert wird und welchen Einfluß die Flächennutzungsteuer auf die Entscheidung nimmt. Es zeigt sich, daß der bisherige Punkt, in dem die Akteure indifferent zwischen den beiden Optionen sind, bei einem Grundstückspreis von rd. 880 DM liegt. Bei einem lokalen Steuersatz von 1,60 DM/qm wird der Gleichgewichtspunkt auf etwa 854,- DM abgesenkt. Auch in diesem Bereich ist die Wirkung der Flächennutzungsteuer eingeschränkt.

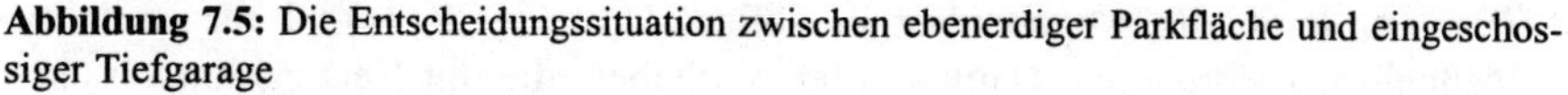

Abbildung 7.5: Die Entscheidungssituation zwischen ebenerdiger Parkfläche und eingeschossiger Tiefgarage

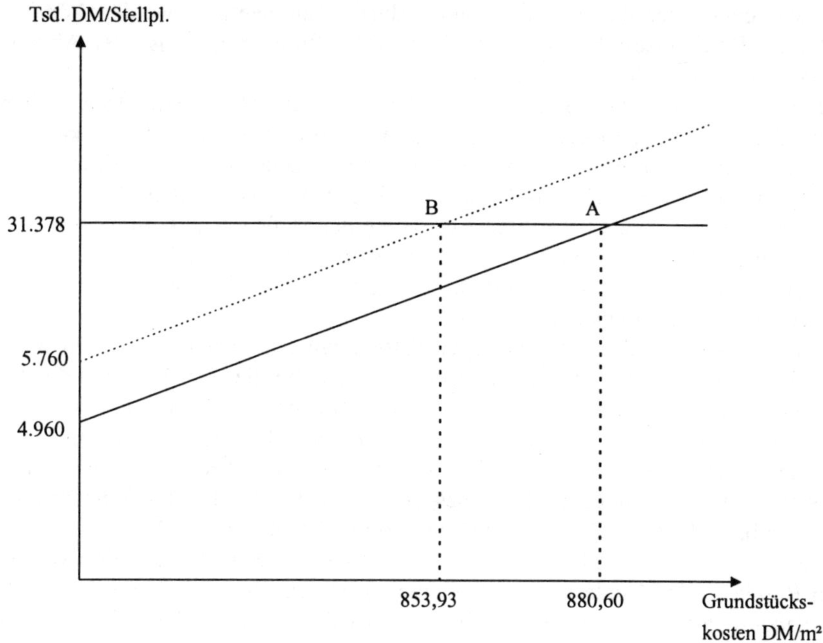

Quelle: Bizer/Ewringmann (1996), S. 65 mit neuer Berechungsgrundlage.

7.3.3.4
Versiegelte Flächen der Gebietskörperschaften

Bei den Gebietskörperschaften werden neben den Verkehrsflächen (Steuerklasse VII) auch die Gebäudeflächen belastet. Die Gebäudeflächen der öffentlichen Hände werden jedoch nicht statistisch erfaßt. Deshalb beschränkt sich die folgende Darstellung von Wirkungspotentialen auf Verkehrsflächen, obwohl auch bei einzelnen Gebäudenutzungen der öffentlichen Hand große Entsiegelungspotentiale vermutet werden können.

Die grundlegenden Handlungsmöglichkeiten können für alle Gebietskörperschaften in vier Hypothesen gefaßt werden:[32]

- Erstens können sie über Abgabenerhöhungen die Mehrkosten kompensieren. Dann kann eine Anpassung an das Lenkungsziel ausbleiben (Abgabenerhöhungshypothese).

[32] Siehe Bizer/Ewringmann (1997), S. 19.

- Zweitens kann die Abgabenlast in vollem Umfang die Mittel für geplante Maßnahmen reduzieren. Dann werden Vorhaben, die mit Versiegelungen einhergehen, nur noch in dem Umfang verwirklicht, in dem sie ohne Mehrbelastung gegenüber der Situation ohne Abgabe durchgeführt werden können. Dieser Haushaltseffekt wird vor allem in der Einführungsphase der Abgabe wirksam (Haushaltshypothese).
- Drittens können die Mehrausgaben für die Steuerzahlungen ausgeglichen werden, indem an anderer Stelle des Budgets eingespart wird. Dabei kann es sich um die Realisierung von Effizienzgewinnen handeln. Wahrscheinlicher ist jedoch, daß Leistungseinschränkungen erfolgen (Einsparhypothese).
- Viertens kann es zu einer echten Anpassung der Maßnahmen kommen, in dem Nutzungen flächensparend und -schonend umgesetzt werden. Dann werden Versiegelungen nicht bloß zeitlich verlagert. Versiegelte Flächen werden intensiver genutzt (Lenkungshypothese).

Für das Verhalten der Gebietskörperschaften spielen neben den Refinanzierungsmöglichkeiten die Entscheidungskompetenzen für die Vorhaben und die Art des Vorhabens eine zentrale Rolle. Für die Gemeinden gilt z.B. daß sie beim Neubau von Erschließungsstraßen über den Erschließungsbeitrag der Anlieger ein gerichtsfestes Refinanzierungsinstrument an der Hand haben, dessen Möglichkeiten nur kommunalpolitisch begrenzt werden. Bei Erschließungsstraßen von Neubaugebieten hat die Gemeinde darüber hinaus großen Einfluß auf die Ausgestaltung der Verkehrswege. Völlig anders liegt der Fall z.B. beim Ausbau von Bundes- oder Landestraßen im Gemeindegebiet, für die größere Städte als Vorhabenträger auftreten, aber nicht in demselben Umfang über die Art der Maßnahmen entscheiden können, weil sie durch Landes- oder Bundesvorgaben eingeschränkt werden.

Nach der Lenkungshypothese kann die Gemeinde aber auch Beiträge zum eigentlichen Lenkungsziel der Flächennutzungsteuer leisten, indem sie Flächen entsiegelt oder Neuversiegelungen reduziert. Neuere Untersuchungen zeigen, daß Entsiegelungspotentiale sowohl bei den kommunalen Verkehrsflächen als auch bei versiegelten Nebenflächen öffentlicher Gebäude, wie z.B. Schulen, existieren. Das technische Entsiegelungspotential wird bei den kommunalen Verkehrsflächen auf rd. 15 v.H. geschätzt.[33] Diese Größenordnung deutet an, daß die Gemeinden im Bestand erhebliche Reaktionsmöglichkeiten haben.[34] Unter der Annahme, daß bei laufenden Vorhaben ähnlich großzügig versiegelt wird, läßt sich folgern, daß die Abgabe beträchtliche Versiegelungsreduzierungen realisieren kann, ohne daß Vorhaben gänzlich fallengelassen werden müßten.

Auch für die öffentlichen Akteure stehen jedoch bei Änderungen im Bestand die Entsiegelungskosten im Mittelpunkt der Entscheidung. Ähnlich wie bei Gewerbe und Industrie ist davon auszugehen, daß lediglich die Fallgruppe C mit Entsiegelungskosten von 25 - 50 DM relevant ist. Tatsächlich läßt sich anhand

[33] Das folgende nach Bizer/Lang (1997), S. 159 ff.

[34] Siehe zum technischen Entsiegelungspotential grundlegend Dosch (1996). Eine Teilmenge des technischen Entsiegelungspotentials ist das anreizspezifische Entsiegelungspotential, das aufgrund des Lenkungsimpulses potentiell realisierbar ist. Dieses bestimmt sich aus den Entsiegelungskosten, den Erträgen der Fläche und der Höhe des Anreizes.

realisierter Entsiegelung zeigen, daß die durchschnittlichen Entsiegelungskosten mit etwa 50 DM/qm angegeben werden können. Dabei ist zu berücksichtigen, daß die Entsiegelungskosten einer extremen Variabilität unterliegen: sie können von 0,30 DM/qm bei großen Flächen bis zu 150 DM/qm reichen.[35]

Ein Beispiel aus Nordrhein-Westfalen, bei dem ein umfangreicher Rückbau von Straßen vorgenommen wurde, zeigt ähnliche Dimensionen: Die Entsiegelungen umfaßten 11.160 qm. Für den Rückbau wurden 373.000 DM aufgewendet. Der durchschnittliche Entsiegelungspreis belief sich auf 33,42, ohne die darin noch enthaltene Restwerterstattung für die stillgelegte Straßenentwässerung liegen die Entsiegelungskosten bei 27,78 DM /qm.[36] Tabelle 7.14 zeigt detailliert die verschiedenen Kosten der Maßnahme einschließlich der Folgekosten.

Tabelle 7.14: Übersicht zur Kostenstruktur des Pilotvorhabens Elbeallee in Köln-Chorweiler

Kosten für den eigentlichen Straßenabbau (in DM)	
Abbau Elbeallee	106.000
Abbau Tiberstraße	29.000
Verfüllen der Tieflage Elbeallee	92.000
Demontage Straßenbeleuchtung	63.000
Stillegung Straßenentwässerung	20.000
verwaltungsinterne Restwerterstattung stillgelegter Straßenentwässerung	63.000
Zusammen	373.000
Folgekosten für notwendige Um- und Neubauten (in DM)	
Neubau Tiberstraße	154.000
Neukanalisierung Tiberstraße	93.000
Umbau Parkhauserschließung	472.000
Um- und Rückbau Anschlußknoten (Umbau, Änderung von Signalanlagen, Beschilderung und Markierungen)	180.000
Versetzen Trafostation	33.000
Rückbau Wasserversorgungsleitung	5.000
Zusammen	937.000
Kosten für die Parkanlage (in DM)	
Anlage Olof-Palme-Park	1.700.000
Analge Rosengarten	400.000
Zusammen	2.100.000
Projektgesamtkosten	3.410.000

Quelle: Bernart et al. (1993), S. 24.

In der folgenden Tabelle 7.15 zeigen sich bei Entsiegelungsmaßnahmen, die das Land Hessen im Rahmen der Verwendung des Grundwasserabgabenaufkommens

[35] Siehe Othmer (1993), S. 109 f.

[36] Siehe Bernart et al. (1993),S. 22 ff.

fördert, deutlich höhere Entsiegelungskosten. In ihnen sind allerdings die vollen Renaturierungskosten enthalten, die ebenfalls bezuschußt werden; diese nehmen etwa ein Drittel des Zuschusses ein. In den Investititonskosten dürften darüber hinaus auch Maßnahmekosten enthalten sein, die nicht direkt der Entsiegelung, sondern der nachfolgenden Nutzung dienen. Dennoch liegen die landesdurchschnittlichen Entsiegelungskosten mit rund 82,49 DM/qm entsiegelte Fläche noch im Rahmen, lediglich einzelne Entsiegelungskosten wie z.B. die 591,97 DM/qm, die für eine Maßnahme des Landkreises Bergstraße angefallen sind, erscheinen exorbitant hoch.

Tabelle 7.15: Entsiegelungsmaßnahmen gefördert vom Land Hessen

Landkreis	Zahl der Maßnahmen	Fläche in qm	Investitionsvolumen	Investitionen in DM/qm
Bergstraße	1	610	361.100	591,97
Darmstadt, Stadt	1	1.500	345.000	230,00
Frankfurt, Stadt	3	33.627	1.182.400	35,16
Groß-Gerau	3	237	45.400	191,56
Hochtaunus	1	90	6.300	70
Main-Kinzig	2	8.900	415.600	46,70
Rheingau-Taunus	1	60	19.600	326,67
Gießen	5	2.032	340.100	167,37
Limburg-Weilburg	2	1.546	74.300	48,06
Marburg-Biedenkopf	1	2.300	165.400	71,91
Vogelsbergkreis	7	6.690	681.500	101,87
Kassel, Stadt	4	7.240	1.018.200	140,64
Fulda	4	4.515	598.800	132,62
Hersfeld-Rotenburg	4	2.500	289.400	115,76
Kassel	10	6.893	914.200	132,63
Waldeck-Frankenberg	1	908	110.700	121,91
Werra-Meißner-Kreis	1	760	65100	82,65
Gesamt	51	80.408	6.633.100	82,49

Quelle: Hessisches Ministerium für Umwelt (1997), Anhang 4-32, eigene Berechnungen.

Neben Wirkungen auf das Budgetverhalten, ergeben sich auch Wirkungen auf das Planungsverhalten. Allerdings dürfte bei den relativ geringen Steuersätzen der Flächennutzungsteuer kaum eine drastische Nachfrageänderung eintreten, die dann über die Bedarfsfeststellung der Gemeinden Eingang in eine veränderte Planung findet. Auch hier gilt, daß die Flächennutzungsteuer für derartige Wirkungen entweder deutlich erhöht werden muß, so daß ein Vielfaches des bisherigen Aufkommens entsteht, oder daß eine Flankierung der Flächennutzungsteuer etwa durch Ausweisungsrechte oder fiskalische Anreiz im kommunalen Finanzausgleich erfolgen muß.

Für die übrigen Gebietskörperschaften, den Bund und die Länder können die Wirkungshypothesen etwas spezifiziert werden. Um das Ergebnis etwas zu veranschaulichen, soll am Beispiel des Landschaftsverbandes Westfalen-Lippe gezeigt werden, wie sich die Straßenbaulasten auf die Gebietskörperschaften verteilen und welche Entlastungen realisiert werden könnten.[37]

Das Land Nordrhein-Westfalen hätte danach im Gebiet des Landschaftsverbandes Westfalen-Lippe bei einem landesdurchschnittlichen Grundsteuersatz von 1,40 DM/qm in Steuerklasse VII eine Steuerlast von 48,74 Mio. DM. Bezieht man das technische Entsiegelungspotential von 15 v.H. mit ein, könnte sich die Steuerlast kurz- bis mittelfristig um 7,31 Mio. DM reduzieren, wobei zu beachten ist, daß das technische Entsiegelungspotential für Landesstraßen geringer sein dürfte als für kommunale Verkehrsflächen. Unter der Annahme, daß der Lenkungseffekt in dieser Höhe realisierbar wäre, verblieben im Landschaftsverband 41,43 Mio. DM, die über den Haushaltseffekt abzudecken wären, d. h. die zur Verfügung stehenden Mittel müßten zeitlich gestreckt werden.

Tabelle 7.16: Fiktive Lenkungswirkungen berechnet auf der Basis des technischen Entsiegelungspotentials im Landschaftsverband Westfalen-Lippe - nur Verkehrsfläche

Baulast-verteilung	Versiegelte Fläche in ha	in v.H. der Gesamt baulast	Belastung bei 1,40 DM/qm in Mio. DM	Technisches Entsiegelungs-potential[1] in ha	Entlastung bei Realisierung des techn. Ents.pot. um Mio. DM
Gesamtbaulast des Bundes	3684,88	35	51,58	552,72	7,74
Gesamtbaulast d. Landschafts-verbandes	3482,35	33	48,74	522,35	7,31
Gesamtbaulast der Kreise	1899,42	18	26,60	284,91	3,99
Gesamtbaulast der Gemeinden	1482,71	14	20,76	222,41	3,12
Gesamt	10549,36	100	147,68	1582,40	22,16

1) Das technische Entsiegelungspotential wird mit 15 v.H. für alle Verkehrsflächen angenommen.
Quelle: Dosch (1996), S. 24; Bizer et al. (1997), S. 356.

[37] Das folgende nach Bizer/Lang (1997), S. 163 ff.

Auch wenn in Tabelle 7.16 das technische Entsiegelungspotential einheitlich mit 15 v.H. angenommen wurde, ist zu vermuten, daß bei Bundes- und Landesstraßen weniger entsiegelt werden kann als bei den kommunalen Verkehrsflächen. Insofern läßt sich für die Reaktion der Länder festhalten, daß bei ihnen

1. der Abgabenerhöhungseffekt eher geringer ausfällt als bei den Gemeinden oder dem Bund, da die Länder nicht über dieselben Gesetzgebungskompetenzen verfügen;
2. der Lenkungseffekt geringer ausfallen dürfte als bei den Gemeinden, da schon die technischen Potentiale geringer sind, und deswegen
3. Haushalts- und Einspareffekt dominieren werden.

Länder und Gemeinden sind aber nicht nur sachpolitisch im Straßenbau miteinander verbunden, sondern über den kommunalen Finanzausgleich auch fiskalisch miteinander vernetzt. Bei einer aufkommensneutralen Ausgestaltung, worunter, wie bereits erläutert, hier die konstante Aufkommenshöhe der originären Einnahmen aller Gemeinden verstanden wird, ändert sich im kommunalen Finanzausgleich nichts: Die Finanzmasse bleibt gleich, da die Einnahmen der Länder von der Flächennutzungsteuer nicht betroffen sind. Die Verteilung der Einnahmen der Gemeinden bleibt ebenfalls gleich, da die Gemeinden die Höhe der Flächennutzungsteuer am bisherigen Aufkommen der Grundsteuer orientieren. Deswegen verändert sich auch nicht die Steuerkraft der Gemeinden.

Allerdings könnte es sein, daß das Land im fakultativen Teil des kommunalen Finanzausgleichs Kürzungen vornimmt, um seine Mehrausgaben auszugleichen. Dies würde aber eine Änderung des Proporzes bei der Finanzmasse erfordern und wäre gesetzlich festzulegen.

Für den Bund gilt im Blick auf den Landschaftsverband Westfalen-Lippe nahezu derselbe Befund wie für das Land. Hinsichtlich der vier möglichen Effekte ist festzuhalten, daß

1. die Möglichkeiten der Abgabenerhöhung für den Bund aufgrund der weitgehenden Gesetzgebungs- und Ertragskompetenz am besten sind,
2. während gleichzeitig die Lenkungseffekte wie bei den Ländern aufgrund der geringeren technischen Entsiegelungspotentiale geringer sein dürften als bei den Gemeinden.

Eine Quantifizierung der Effekte ist jedoch auch für den Bund beim gegenwärtigen Forschungsstand nicht möglich. Dafür fehlen repräsentative Reaktionsdaten für die verschiedenen Sachbereiche wie Bundesfernstraßenbau, Verteidigung, gebäudebauliche Tätigkeiten des Bundes, etc.

Im Ergebnis kann davon ausgegangen werden, daß auch bei den öffentlichen Gebietskörperschaften Lenkungswirkungen entstehen. Das größte Lenkungspotential dürfte indes bei den Gemeinden liegen, die über große technische Entsiegelungspotentiale verfügen. Die projektbegleitende Befragung hat ergeben, daß die Flächennutzungsteuer bei diesen trotz der mit Steuer einhergehenden Zahlungen von Gemeinden an sich selbst auf eine grundsätzliche Akzeptanz stößt. Am ehesten stößt die Steuer auf Bedenken, weil ein erheblicher Vollzugsaufwand befürchtet wurde. Allerdings wurde gerade im Zusammenhang mit der Erhebung von Daten zur versiegelungsbezogenen Abwassergebühr auch auf moderne Erhebungsverfahren hingewiesen.

7.3.4 Schlußfolgerungen

Für die Flächennutzungsteuer bietet sich aufgrund der Reformbedürftigkeit der Grundsteuer eine aufkommensneutrale Ausgestaltung an. Dies hat zwar den Nachteil, daß die Steuersätze nicht ausreichen, um die Versiegelung »einzufrieren«. Eine ausreichend hoch bemessene Flächennutzungsteuer würde jedoch auf der anderen Seite nicht nur mit hohen Abgabesätzen von wenigstens 100,- DM einmalig pro versiegeltem Quadratmeter einhergehen, sondern auch zu einem enormen Aufkommen führen. Für eine derartige Steuer dürften sich politisch keine Mehrheiten finden lassen.

Aus diesem Grund weist der hier gewählte Ansatz, die Grundsteuer zu reformieren, eine besondere Attraktivität auf: Die Gebietskörperschaften sind sich darin einig, daß die verwaltungsaufwendige Einheitsbewertung ersetzt werden muß; und Zielbeiträge der bisherigen Grundsteuer zur kommunalen Finanzautonomie lassen sich auch über die Flächennutzungsteuer erreichen.

Die Flächennutzungsteuer kann deswegen als Einstieg in eine versiegelungsbezogene Besteuerung angesehen werden, die es im Zuge einer Gemeindefinanzreform entweder entsprechend zu erweitern gilt oder die über weitere Instrumente zu ergänzen ist.

8 Instrumentelle Interdependenzen

Obwohl die drei hier untersuchten Instrumente auf jeweils spezifischen Wirkungsmechanismen beruhen, überschneiden und beeinflussen sich ihre Wirkungen zumindest partiell. Enge Wirkungszusammenhänge bestehen nicht nur zwischen dem kommunalen Finanzausgleich und den Flächenausweisungsrechten; auch zwischen der Flächennutzungsteuer und den Ausweisungsrechten sowie dem kommunalen Finanzausgleich gibt es enge Verbindungen. Aufgrund solcher Interdependenzen könnte man überlegen, ob es u.U. möglich und sinnvoll wäre, auf den Einsatz mehrerer Instrumente zu verzichten, und die Ziele allein über ein einzelnes Instrument anzusteuern. Im folgenden Abschnitt 8.1 wird dargelegt, in welchem Maße dies möglich ist. Anschließend werden in Abschnitt 8.2 die Vorteile eines gemischten Instrumenteneinsatzes diskutiert.

8.1 Zielerreichung durch ein einzelnes Instrument

Bei einem alleinigen und strikten Einsatz von Flächenausweisungsrechten wird der Flächenneuverbrauch sozusagen per definitionem wirksam begrenzt. Gleichzeitig erhöht sich der Druck, auf bereits ausgewiesenen Flächen nachzuverdichten. Im Rahmen des bestehenden Rechts stößt dies zwar an Grenzen; nach Einschätzung der im Projekt Befragten, könnte jedoch eine Tendenz zur Nachverdichtung auf bereits ausgewiesenen Freiflächen entstehen, die über das hinausschießt, was an Verdichtung gewollt ist. Im Extremfall, nämlich der strikten Null-Ausweisung, würde die Nachverdichtung im Innen- und Planbereich bei Abwesenheit rechtlicher Grenzen gegen Unendlich ansteigen. Dies kann nicht gewünscht sein. Insofern muß das Instrument der Flächenausweisungsrechte flankiert werden; nur so läßt sich ein extremer Versiegelungszuwachs auf den Flächen innerhalb bebauter Ortsteile verhindern. Es darf nicht vergessen werden: Ausweisungsrechte begrenzen die Versiegelung im bereits ausgewiesenen, aber noch nicht versiegelten Bestand und die jährliche Neuausweisung. Bei einem radikalen Eingriff in die bisherigen Ausweisungsraten muß daher bei etwa gleichbleibender wirtschaftlicher Entwicklung die Nachverdichtung die Ventilfunktion übernehmen: Es entstehen mithin Konflikte zwischen den einzelnen Umwelthandlungszielen.

Der kommunale Finanzausgleich bietet eine zusätzliche Wirkungskomponente. Über Zuweisungen an die Kommunen und eventuelle Weitervergabe an Private lassen sich auch Entsiegelungsmaßnahmen finanzieren. Das transferpolitische Instrumentarium hat insofern einen Vorteil, als es sich leicht auf spezielle Förderziele zuschneiden läßt. Der Nachteil von zweckgebundenen Zuweisungen an die Gemeinden ist jedoch, daß die Förderung starken Mitnahmeeffekten ausgesetzt ist. Um die gesteckten Ziele sowohl bei der Flächenausweisung als auch bei der Versiegelung tatsächlich zu erreichen, müßten daher hohe Entsiegelungszuschüsse und Versiegelungskompensationen gezahlt werden. In der Randlösung gilt dennoch, daß der kommunale Finanzausgleich beide Ziele verfolgen kann:[1] Über entsprechende Zuweisungen an Kommunen könnte die Ausweisung begrenzt werden, während über die finanzielle Bezuschussung von Entsiegelungen an Private und Kommunen zumindest im Bestand die Versiegelung reduziert werden könnte.

Demgegenüber kann die Flächensteuer in der hier beschriebenen Ausgestaltung, bei der auch die Freiflächen im Innenbereich belastet werden, partiell den kommunalen Finanzausgleich und die Flächenausweisungsrechte ersetzen. Die Flächensteuer auf versiegelte Fläche wirkt dann nicht nur in Richtung einer reduzierten Versiegelung; sie bietet auch einen Anreiz, insgesamt weniger Fläche für Siedlungs- und Verkehrsflächen zu beanspruchen. Im Extremfall wird das dazu führen, daß so sparsam wie möglich ausgewiesen und so sparsam wie möglich versiegelt wird. Dies ist allerdings nur der Fall, wenn die Gemeinden die Ziele der geringeren Flächenversiegelung zu ihrer eigenen Angelegenheit machen und auf hinreichender Informationsbasis rational reagieren. Daran ist zu zweifeln: Die Steuer ist ein sogenanntes Preisinstrument, dessen umweltpolitische Zielerreichung davon abhängt, daß der Preis »richtig« gesetzt wird; die dazu erforderlichen Informationen fehlen zumeist. Bei der vorgeschlagenen Ausgestaltung verbleibt den Gemeinden ein erheblicher Spielraum bei der »Preisfestsetzung« durch das Hebesatzrecht, d.h. sie müssen sich selbst die Informationen über den »richtigen« Satz beschaffen und die Reaktion der Nachfrage korrekt antizipieren. Daß dies in den Gemeinden möglich und - angesichts des Standortwettbewerbs - wirklich gewünscht ist, muß bezweifelt werden; erst recht, so lange andere Steuereinnahmen von Versiegelungen positiv beeinflußt werden können und Finanzausgleichselemente kompensierender Art fehlen. Aufgrund des gemeindlichen Wettbewerbs bei der Ansiedlung von Unternehmen und Einwohnern spricht vieles dafür, daß sich Gemeinden innerhalb des bestehenden fiskalischen Anreizsystems in bezug auf Versiegelungsentscheidungen strategisch verhalten; ob es daher nicht letztlich aufgrund von Antizipationsfehlern sogar zu fiskalischen Einbußen kommt, ist eine andere Frage. In keinem Fall wird eine aufkommensneutrale Reform der Grundsteuer die Flächenziele der Enquête-Kommission allein erreichen können.

---

[1] Wird jedoch für den kommunalen Finanzausgleich davon ausgegangen, daß nur über zweckgebundene Zuweisungen die Ausweisung beeinflußt werden kann, so dürfte das Ziel, die Ausweisung zu reduzieren, unerreichbar sein. Jede andere Ausgestaltung des kommunalen Finanzausgleichs konfligiert mit der auf dem Finanzbedarf fußenden Systematik.

8.2 Vorteile des gemischten Instrumenteneinsatzes

Unter Wirkungsaspekten liegt es daher nahe, einen gemischten Instrumenteneinsatz von Flächenausweisungsrechten, kommunalem Finanzausgleich und Flächennutzungsteuer zu diskutieren.[2] Über den Instrumentenmix können die Probleme der extremen instrumentellen Randlösungen verkleinert werden; auch läßt sich eine simultane Beeinflussung von Angebot und Nachfrage erreichen.

Alle drei hier diskutierten Instrumente zielen letztlich auf die Beeinflussung der Endnutzungen. Unter dem Regime von Flächenausweisungsrechten wird ein Anreiz gegeben, die jeweils genutzte Grundstücksfläche zu reduzieren. Mit einer Reform des kommunalen Finanzausgleichs wird die Ausweisung flächensparender Nutzungen gefördert, und unter der Flächennutzungsteuer erhält der bisherige, mit Beeinträchtigungen auf Natur und Landschaft einhergehende Bestand an Nutzungen einen Anreiz, die Nutzung einzuschränken oder zu verändern.

Der Wirkungsverbund von Ausweisungsrechten, kommunalem Finanzausgleich und Flächennutzungsteuer läßt sich am ehesten im Fall des Neubaus eines Eigenheimes darstellen. Für diesen ergibt sich durch das Flächenausweisungsrecht allein durch die Ausweisung als Siedlungsfläche bereits eine Belastung beim Kauf eines baureifen Grundstückes. Beim Bau des Hauses wird versiegelte Fläche geschaffen und deshalb höher durch die Flächennutzungsteuer belastet. Ein Neubau eines Gebäudes auf einem neu ausgewiesenen Grundstück wird insofern durch alle drei Instrumente belastet, wenn auch das Flächenausweisungsrecht nur einen Anreiz zu einer kleineren Grundstücksfläche gibt, während durch den kommunalen Finanzausgleich möglicherweise zu einer spezifischen Verdichtungsform und durch die Flächensteuer mindestens zu einer verringerten Grundfläche des Hauses und der Nebengebäude angereizt wird.

Durch die Flächenausweisungsrechte wird jede neu ausgewiesene Fläche um das Lizenzentgelt verteuert. Die Preissteigerung gibt Flächennutzern einen Anreiz, auf bereits ausgewiesene Flächen auszuweichen. Durch die steigende Nachfrage nach ausgewiesenen Flächen im »Altbestand« paßt sich der Preis von ausgewiesenen Flächen an das Niveau der neu ausgewiesenen Flächen an. Der Anpassungsdruck geht also mit einer Nutzungsintensivierung auf den »Altflächen« einher.

Die Nutzungsintensivierungen auf Altflächen unterliegen hingegen nur der Flächennutzungsteuer. Beim Bau eines Eigenheims kann die Anreizwirkung des gemischten Instrumentariums dazu führen, daß nicht auf neu ausgewiesener Fläche gebaut wird, sondern bisher nicht ausgeschöpfte Planvorgaben von »Altflächen« genutzt werden (siehe Abbildung 8.1). Auf diese Weise vermeidet der Bauherr die direkte Zahlung des Lizenzentgeltes für die Neuausweisung. Wenn er sich auf der Altfläche für den Bau eines freistehenden Eigenheimes entscheidet, unterliegt er der Flächennutzungsteuer, die dann noch das Maß der Neuversiegelung bzw. Nutzung von Altversiegelungen beeinflußt. Entscheidet sich der Bauherr jedoch für eine Bebauung neu ausgewiesener Fläche, obwohl er dadurch ein

[2] Es versteht sich von selbst, daß alle drei Instrumente auch über geeignete ordnungsrechtliche Maßnahmen flankiert und gestützt werden müssen.

Entgelt für die Flächenausweisungsrechte angelastet bekommt, kann die Flächennutzungsteuer, partiell ergänzt durch den kommunalen Finanzausgleich, dazu führen, daß eine verdichtete Bebauung vorgezogen wird. Dann wird z.B. eine Wohneinheit im Mehrfamilienhaus im Vergleich zum freistehenden Einfamilienhaus günstiger.

Abbildung 8.1: Die Beeinflussung der Flächensubstitutionsentscheidung beim Eigenheimbau durch Flächenausweisungsrechte, kommunalen Finanzausgleich (KFA) und Flächennutzungsteuer

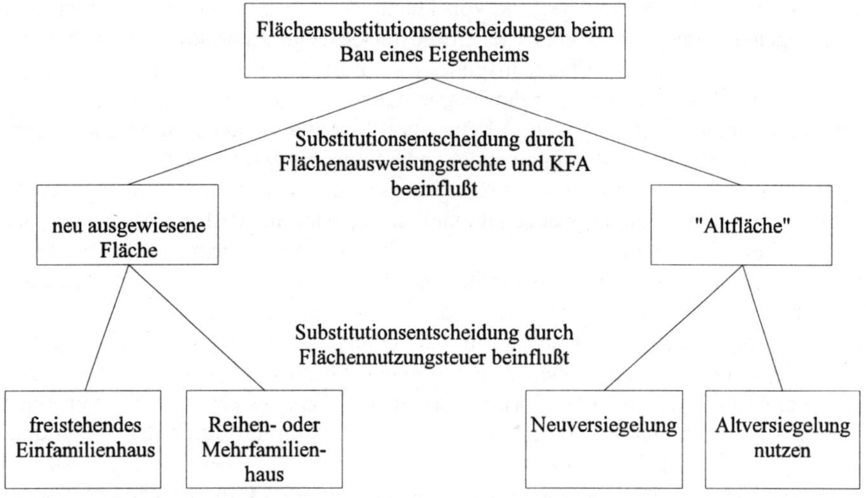

Quelle: Bizer (1997), S. 156, eigene Darstellung.

Zusammenfassend kommt man zu folgendem Ergebnis: Der Wirkungsverbund von kommunalem Finanzausgleich, Flächenausweisungsrechten und Flächennutzungsteuer beeinflußt nicht nur die spezifische Grundstückskauf- und Bauentscheidung des Bauherrn, sondern auch die davor liegende Ausweisungsentscheidung der Gemeinde. Im günstigsten Fall entscheidet sich die Gemeinde aufgrund ihrer Bedarfsanalyse für flächensparende Ausweisungen, die auf eine preislich veränderte Nachfrage treffen, wenn der Bauherr sich für ein flächensparendes Reihenhaus oder eine Geschoßwohnung entscheidet statt für ein freistehendes Einfamilienhaus.

Gleichzeitig schafft der Verkauf von Flächenausweisungsrechten ein Aufkommen, dessen Verwendung als Finanzausgleichsmasse bzw. für spezifische Zuweisungen eine günstige finanzpolitische Verbundwirkung hervorrufen kann. Die Verwendung der Mittel aus den Flächenausweisungsrechten im kommunalen Finanzausgleich führt dazu, daß die den Gemeinden entzogenen Mittel den Gemeinden insgesamt wieder zugute kommen. Es wird keine zusätzliche Finanzierung durch das Land erforderlich.

Die kombinierte Einführung der drei Instrumente würde daher eine deutliche Veränderung in den strukturellen Rahmenbedingungen für öffentliche und private Akteure in der Flächenausweisung und Flächennutzung herbeiführen. Dies ist der eher allgemeine wirkungsorientierte Befund. Eine ganz andere Frage ist es, ob angesichts der vorhandenen Instrumentenkonstellationen und anderer unverändert bestehen bleibender Anreizstrukturen sowie angesichts der sozialen und wirtschaftlichen Folgen des umweltpolitisch zielführenden Instrumenteneinsatzes das Instrumentarium so wie hier diskutiert umgesetzt werden sollte und wie groß die Umsetzungschancen im politisch-gesellschaftlichen Prozeß sind.

9 Zusammenfassung und Empfehlung

Wenn es einen gesellschaftlichen Konsens über die Priorität der von der Enquête-Kommission formulierten Umwelthandlungsziele gäbe, so wären diese Ziele mit Hilfe der in dieser Studie untersuchten Instrumente auch erreichbar. Dies ist allerdings eine Binsenweisheit. Natürlich läßt sich die Flächenausweisung über ein mengensteuerndes Instrument theoretisch exakt auf die gewünschte Menge begrenzen. Über den dadurch auftretenden Verknappungseffekt für neu verfügbare Flächen und durch eine zusätzliche gezielte Versiegelungsbesteuerung lassen sich Preiseffekte erzielen, die zu einem deutlichen Rückgang der Nachfrage nach Neuversiegelungen beitragen. Schließlich läßt sich durch Änderungen im kommunalen Finanzausgleich ein Anreizsystem für Gemeinden etablieren, das eine deutliche Verringerung des bisherigen Eigeninteresses an Ausweisung und somit Versiegelung mit sich bringt. Dies ist die eine Seite des Befundes.

Die andere Seite zwingt zu der Aussage, daß mit dem Einsatz der hier untersuchten Instrumente - und diese stellen nur einen Ausschnitt aus der Gesamtheit aller denkbaren Instrumente dar - und mit ihrem Beitrag zur Erreichung der Umweltziele zugleich wirtschaftliche und soziale Veränderungen einhergehenden; diese machen es unwahrscheinlich, daß es zur Einführung und strikten Anwendung der diskutierten Instrumente in einer für die Verwirklichung der Kommissionsziele notwendigen Schärfe bzw. Dosierung kommt. Diese Aussage bedeutet nicht mehr und nicht weniger, als daß die Kommissionsvorgaben für die Verringerung von Ausweisung und Versiegelung unter Berücksichtigung ihrer Nebeneffekte eben nicht - wie im einleitenden Satz unterstellt - einem absoluten Konsens entsprechen dürften.

Wenn man sich darauf einstellt, daß - unabhängig vom gewählten Einzelinstrument und Instrumentenverbund - der Nutzen aus einer Erreichung der Flächenziele der Kommission unter den Gemeinden und innerhalb der Bevölkerung nicht mehrheitlich höher eingeschätzt wird als die Kosten durch Zieleinbußen in anderen Bereichen, macht es Sinn, nach einem Konsens auf geringerem Niveau zu suchen: Dabei könnte u.U. eine geringere Einschränkung bestimmter Flächennutzungen bei entsprechend geringeren »Betroffenheiten« angesteuert werden. Auch in einem solchen Fall läßt sich sinnvoll auf die hier untersuchte Instrumentenkombination zurückgreifen. Wenngleich nach der Gesamtanlage des Projektes nicht sämtliche alternativen Instrumentenkombinationen untersucht werden konnten; der Verbund aus Ausweisungsrechten, kommunalem Finanzausgleich und Flächenbesteuerung könnte auch im Rahmen einer »sanfteren« und möglicherweise realistischeren Umsetzungsvariante eine zentrale Rolle spielen. Sie setzt kommunale wie private Akteure gleichermaßen einem veränderten Anreizsystem für den Umgang mit Flächen aus. Ihre Mechanismen berühren zentrale Anreizvariable:

Flächenausweisungsrechte gewährleisten eine strikte Mengenbegrenzung, während der Preis pro Ausweisungsrecht und Flächeneinheit je nach Angebot und Nachfrage schwankt. Die Gemeinden müssen Ausweisungsrechte erwerben, wenn sie Baurechte über einen Bebauungsplan, Außen- oder Innenbereichssatzung bzw. Vorhaben- und Erschließungsplan schaffen. Sie erhalten jedoch ein Freikontingent in Höhe einer indizierten Eigenentwicklung. Das Kontingent kann die Gemeinde auf eigene Rechnung verkaufen, um damit Einnahmen zu erzielen. Wird hingegen eine Ausweisung angestrebt, die über die Eigenentwicklung hinausgeht, müssen zusätzliche Rechte von anderen Gemeinden oder von der »Landesausweisungsbörse« erworben werden. Diese Institution läßt sich als eine Art Börse verstehen, die zu Anfang jeder Planungsperiode ein Auktionsverfahren durchführt. Dafür geben die Gemeinden gestaffelte Angebote ab. Die Ausweisungsbörse teilt dann idealtypisch die Rechte so zu, daß der Markt am Anfang geräumt ist. Nach Ende des Auktionsverfahrens können die Gemeinden nur noch Rechte von anderen Gemeinden erwerben. Über den Preis der Ausweisungsrechte wird die Knappheit von Ausweisungsflächen angezeigt: der im Auktionsverfahren ermittelte Basispreis dient als Ausgangspunkt für die weitere Preisentwicklung.

Die Ausweisungsrechte können nach Wohnbaufläche, Industrie- und Gewerbefläche sowie Verkehrsfläche differenziert werden, ebenso die Märkte nach Siedlungsschwerpunkten und Nicht-Siedlungsschwerpunkten bzw. nach Siedlungsachsen und interaxialen Räumen. Dieser sachlichen Abgrenzung der Märkte kann eine räumliche Abgrenzung gegenübergestellt werden, um regionale Besonderheiten oder Entwicklungsziele zu berücksichtigen. Dabei muß allerdings berücksichtigt werden, daß eine zu kleinräumige Abgrenzung zu »dünnen« Märkten führen kann.

Die Kosten, die den Gemeinden für Ausweisungsrechte entstehen, müssen auf die Eigentümer der Grundstücke überwälzt werden. Dafür können die Erschließungsbeiträge instrumentalisiert werden. Allerdings sollte sichergestellt sein, daß die Kosten der Ausweisungsrechte zu 100 % überwälzt werden.

Flächenausweisungsrechte verfügen - theoretisch - über eine perfekte ökologische Treffsicherheit. Unabhängig von der Überwälzung der Kosten ist das Reduzierungsziel für die Flächenausweisung gesichert, wenn die Mengenrestriktionen festgelegt und Umgehungen verhindert sind. Damit ist auch ein juristisch bisher ungeklärter Punkt angesprochen: Die Anknüpfung der Ausweisungsrechte an Bebauungs- bzw. Vorhaben- und Erschließungsplan bzw. Innen- und Außenbereichssatzung läßt bisher offen, ob den Gemeinden nicht ausreichend Umgehungsmöglichkeiten im immer flexibler werdenden Bauordnungsrecht verbleiben. Diese Schlupflöcher müssen versperrt werden, wenn die Flächenausweisung effektiv begrenzt werden soll.

Die Überwälzungswahrscheinlichkeit ist bei Wohnbauflächen größer als bei Industrie und Gewerbe. Bei letzteren ist der gemeindliche Ansiedlungswettbewerb deutlich schärfer. Das bedeutet, daß die Gemeinden oft Anreize haben, eher kostensenkend zu wirken als Kostensteigerungen weiterzugeben. Das hat zur Folge, daß die Nutzer ihren Flächenbedarf nicht preisinduziert entsprechend einschränken, so daß ein Nachfrageüberhang entsteht. Bei Wohnbauflächen haben die Gemeinden zwar ebenfalls ein Interesse daran, günstig Bauland zur Verfügung zu stellen; der Druck, Bauland kostengünstig anzubieten, ist jedoch deutlich niedriger, so daß Überwälzungen wahrscheinlicher sind. Bei den gemeindlichen Verkehrsflächen kann eine sparsamere Dimensionierung erwartet werden.

Je nach Flächenverbrauchsreduzierung werden die Ausweisungsrechte zu deutlichen Nachfrageänderungen führen. Im Fall einer zügigen Durchsetzung des »10%-Zieles« dürfte eine dramatische Abkehr vom freistehenden Einfamilienhaus stattfinden. Das freistehende Einfamilienhaus dürfte schon wegen des relativ großen Flächenbedarfs zu einem Gut werden, daß allenfalls die höheren Einkommensschichten erwerben können.

Die Verknappung von Flächen führt gleichzeitig zu Preissteigerungen im Bestand, auf den ein Teil der Nachfrage ausweicht. Dadurch ergeben sich Vermögenszuwächse, von denen aufgrund der Eigentümer-Mieter-Struktur bei Einfamilienhäusern und deren Einkommen vermutet werden kann, daß sie stärker Haushalten mit hohem Einkommen zugute kommen.

Änderungen im ergänzenden aktiven *kommunalen Finanzausgleich* dienen in erster Linie dazu, den fiskalischen Interessen kommunaler Akteure Rechnung zu tragen, indem man Mechanismen etabliert, die entweder die allgemeine kommunale Finanzausstattung mit der »Nicht-Ausweisung« von Flächen korrelieren oder für die Durchführung flächenschützender Maßnahmen gezielt Landesmittel zur Verfügung stellen. In diesem Teil des gesamten Finanzausgleichs geht es vor allem darum, die bei der Zuteilung von Aufgaben und originären Einnahmen auf der Gemeindeebene nicht ausgeräumten »Ungerechtigkeiten« zu verringern und zusätzlich landespolitische Lenkungsziele zu verfolgen. Dazu bieten sich einerseits Ausgleichszuweisungen als Zuführung allgemeiner Deckungsmittel und andererseits Zweckzuweisungen als Mittelzuführungen mit Verwendungsbindungen im Landesinteresse an.

Die wesentlichen Ansatzpunkte für eine Reform des allgemeinen kommunalen Finanzausgleichs bestehen im Hauptansatz und in Nebenansätzen. Es geht dabei also um eine neue Sicht der gemeindlichen Bedarfssituation. Fläche bzw. Freihaltung oder Nichtnutzung von Fläche müßten zu einem Indikator für den gemeindlichen Finanzbedarf entwickelt werden. Der Hauptansatz ist dafür nicht geeignet. Die Einführung eines zusätzlichen Neben- oder Sonderbedarfsansatzes bereitet im Rahmen der bestehenden Finanzausgleichssystematik zwar ebenfalls Probleme; soweit sich keine besonderen kommunalen Ausgaben für den Flächenschutz belegen lassen, läßt sich eine Mittelumverteilung zugunsten flächenschützender Gemeinden nicht legitimieren. Aus politisch-pragmatischer Sicht bieten sich allerdings einige Möglichkeiten.

In den Vordergrund sollte jedoch das *Landes*interesse an geringeren Flächenausweisungen und an bestimmten Nutzungen rücken. Insofern kommt vor allem das Instrumentarium der Zweckzuweisungen in Betracht. Allerdings ist auch hier die Steuerung des gesamten Flächenausweisung und -nutzung skeptisch zu beurteilen. Ansatzpunkte bieten sich eher bei der spezifischen Förderung einzelner Nutzungsintensitäten oder beim flächensparenden Bauen an. Der ergänzende aktive Finanzausgleich wird daher insgesamt eher eine flankierende Funktion übernehmen können. Wenn man den gesamten finanziellen Anreizrahmen für Gemeinden reformieren will, so muß man an den originären Einnahmearten, vor allem an den Kommunalsteuern anknüpfen; dies würde bei einer Reform der Grundsteuer und ihrem Ersatz durch eine Flächensteuer zumindest angegangen. Allerdings ist möglicherweise auch die gesamte Logik des kommunalen Finanzausgleichs im Lichte der staatlichen und kommunalen Umweltschutz- bzw. Nachhaltigkeitsstrategien erneut zu überdenken. So wie das Steuersystem gedanklich für eine Internalisierung ansonsten entscheidungsextern bleibender Umwelteffekte genutzt werden kann, ohne daß ihm dadurch neue fiskalische *Funktionen* zuwachsen, so könnte u.U. auch der Finanzausgleich stärker in den Dienst der Umweltlenkung gestellt werden, ohne daß die damit verbundenen Mittelzuführungen für den Bedarfs-Finanzkraft-Ausgleich relevant werden.

Die *Flächennutzungsteuer* verfolgt hauptsächlich das Ziel, die Versiegelungszuwächse zu reduzieren. Außerdem gibt sie Anreize zur naturschonenderen Nutzung von Freiflächen.

Zentrales Element der Flächennutzungsteuer sind nach dem Grade der Naturbeeinträchtigung aufsteigende Steuerklassen. Diese reichen von der völligen Naturbelassenheit bis hin zur versiegelten Fläche bzw. besonders naturschädlichen Flächennutzungen. Wie bei der Grundsteuer werden bundesrechtlich Steuermeßzahlen für die Steuerklassen vorgegeben, die für eine Mindestbelastung sorgen und grob eine Mindestbelastungsrelation der Steuerklassen untereinander vorgeben. Über diese hinaus können die Länder zusätzlich Korridore festlegen, innerhalb derer die Gemeinden ein Hebesatzrecht behalten.

Die steuertechnische Umsetzung erfolgt über ein Selbstveranlagungsverfahren, bei dem die Steuerpflichtigen periodisch Steuererklärungen abgeben müssen. Die Erklärungen können per Luftbild im Abgleich mit elektronischen Liegenschaftskatastern flächendeckend überprüft werden, soweit letztere bereits digital zur Verfügung stehen.

Erhebt man die Flächennutzungsteuer auf dem Niveau der bisherigen Grundsteuer, sieht also eine aufkommensneutrale Grundsteuerreform vor, so werden die Wirkungen nicht ausreichen, um das Versiegelungsziel der Enquête-Kommission zu verwirklichen. Dafür müßte die Flächennutzungsteuer ausgebaut werden, und einen höheren Steuersatz erhalten. Allerdings ergeben sich, wenn auch in relativ begrenztem Ausmaß, auch bei der aufkommensneutralen Ausgestaltungsperspektive bereits Lenkungseffekte.

Versiegelungsintensive Wohnformen werden deutlich verteuert gegenüber dem Geschoßwohnungsbau. Da freistehende Einfamilienhäuser nicht nur flächen-, sondern auch versiegelungsintensiv sind, ergibt sich abermals eine Belastung: Freistehende Einfamilienhäuser dürften bei Durchsetzung des »Flächenreduzierungsziels« und des »Versiegelungsziels« zum Luxusgut werden.

Eine präzise Wirkungsabschätzung für die strikten Umwelthandlungsziele der Enquête-Kommission ist indessen nicht möglich. Informationen zu den entscheidenden Parametern der Nachfragefunktionen liegen bestenfalls für einige Punkte vor, die sich in der Nähe der derzeitigen Grundstückspreise und Baukosten bewegen. So hat sich gezeigt, daß die Zielverwirklichung zu einer deutlichen Verteuerung bestimmter Wohnformen wie dem freistehenden Einfamilienhaus führt. Bei der Neuausweisung dürfte das zügige Umsetzen der Reform zu einer prompten Änderung der Bebauung führen. Im Bestand ergeben sich Vermögensumverteilungen.

Im Bereich des Zieldreiecks »Bauen und Wohnen« bestehen einige Zielkonflikte und -komplementaritäten. Komplementär wirken die Ziele »Reduzierung des Flächenverbrauchs« und »«relative Verbilligung von Umbau- und Erhaltungsinvestitionen« sowie »Optimierung von technischer Infrastruktur«. Bei einem kombinierten Instrumenteneinsatz widerspricht die Verausgabung von Mitteln aus dem kommunalen Finanzausgleich an Private dem Ziel, den Subventionsaufwand zu verringern. Dafür kompensiert der kommunale Finanzausgleich bei geeigneter Ausgestaltung partiell die Belastung von Privaten, die sich besonders an das Flächenverbrauchsziel anpassen, und kann für die Förderung der Vernetzung von Arbeiten, Wohnen und Freizeit in der Siedlungsstruktur eingesetzt werden. Die Verteuerung von bebauten Grundstücken sowie von baureifem Land erschwert tendenziell die Wohneigentumsbildung, allerdings werden Geschoßwohnungen in viel geringerem Ausmaß verteuert als flächenintensive Wohnformen.

Im Bereich »Verkehr« bestehen Zielkonflikte hinsichtlich einer räumlich gleichmäßigen Versorgung und den ökologischen Zielen. In dem Maße, indem es zum Neubau von Verkehrstrassen kommt, werden die öffentlichen Haushalte zusätzlich belastet. Diese Lasten müssen über das Steuersystem finanziert werden.

Im Bereich »Standort für Industrie und Gewerbe« besteht der offensichtlichste Zielkonflikt zwischen der kostengünstigen Bereitstellung von geeigneten Standorten und der Verteuerung neuer Flächen. Weichen die Unternehmen ins Ausland aus, ergeben sich zusätzlich negative Arbeitsplatzeffekte. Die Verwendung von Mitteln im kommunalen Finanzausgleich für Flächenrecycling kann diese Effekte etwas abmildern, indem sie die Wiedernutzung von Altstandorten subventionieren. Auch deshalb wird empfohlen, die Umwelthandlungsziele über einen gemischten Instrumenteneinsatz zu verfolgen.

Die wichtigsten Ergebnisse der Studie lassen sich wie folgt zusammenfassen:

1. Zur Verwirklichung der flächenbezogenen Ziele der Enquête-Kommission muß in die Ausweisungssystematik und Ausweisungspraxis der Gemeinden und in das Preisgefüge des Marktes eingegriffen werden.
2. Die kommunale Flächenausweisung zu begrenzen, heißt in Rechte der Gemeinden eingreifen. Restriktive Ausweisungsvorgaben oder strikte Zertifikatsansätze greifen in die kommunale Selbstverwaltung ein und werden auf den Widerstand der Gemeinden treffen. Dies um so mehr, als das kommunale Finanzsystem die kommunalen Budgetspielräume weitgehend von der Verwendung der Flächen für Gewerbe und Wohnen abhängig macht.
3. Eingriffe in die Ausweisungsmöglichkeiten der Gemeinden dürften daher allenfalls Chancen haben, wenn gleichzeitig das finanzielle Anreizsystem geändert wird und dabei Einnahmequellen geschaffen werden, die an das Vorhalten von Freiflächen anknüpfen.
4. Die Möglichkeiten im ergänzenden aktiven Finanzausgleich sind begrenzt. Besonderen Flächen-Bedarfsansätzen im Rahmen von Schlüsselzuweisungen steht die Grundsystematik des bestehenden Ausgleichs entgegen, zumindest soweit ihnen keine Ausgaben gegenüberstehen. Im Bereich der Zweckzuwei-

sungen gibt es einige Anknüpfungspunkte, z.B. durch Zuweisungen für flächensparendes Bauen, zur Lösung der Gesamtproblematik leisten sie allerdings nur einen geringen Beitrag.

5. Erforderlich bleibt daher eine Reform der originären kommunalen Einnahmenstruktur. Von den möglichen Maßnahmen wurde hier nur die Reform der Grundsteuer hin zu einer Flächennutzungsteuer untersucht. Mit Hilfe einer derartigen Reform kann ein starker Preisimpuls zur Unterstützung der Umwelthandlungsziele ausgelöst werden. Dazu wären allerdings deutliche Steuererhöhungen im Vergleich zum gegenwärtigen Niveau der Grundsteuer unerläßlich. Die aufkommensneutrale Umstellung der Grundsteuer wirkt zwar in die richtige Richtung, kann aber alleine keinen nennenswerten Zielerreichungsbeitrag leisten. Eine zielgenaue Ausgestaltung der Flächennutzungsteuer würde Steuersätze voraussetzen, die drastische Preiseffekte und Folgewirkungen hätten.
6. Letztlich ist eine Rückführung der Neuausweisung und Versiegelung von Flächen auf die Kommissionswerte unabhängig von der Wahl des konkreten Instrumentariums nur mit Hilfe einer drastischen Verknappung und Preiserhöhung erreichbar. Auch wenn dies keineswegs zu einer generellen gleichmäßigen Preiserhöhung sämtlicher Flächen-, Gebäude- bzw. Wohnungsnutzungen führen würde, so lassen sich bestimmte Wirkungstendenzen nicht leugnen. Hauptbetroffen wäre stets das freistehende Einfamilienhaus.
7. Wegen solch unerwünschter Nebenwirkungen kann man indessen nicht einfach von der Anwendung der hier untersuchten Instrumente Abstand nehmen und nach besseren Ersatzlösungen suchen. Gleichermaßen wirksame Maßnahmen, die geringere volkswirtschaftliche Kosten und Zielverzichte an anderer Stelle und bei anderen Gruppen hervorrufen, wird es nicht geben, sofern man nicht ein zusätzliches Umverteilungs- oder Kompensationsinstrument anhängt. Letztlich müssen alle Instrumente, die im Sinne der Kommissionsziele wirken sollen, die für Versiegelungsnutzungen verfügbaren Flächen begrenzen und die künstliche Verknappung zur Selektion in entsprechende Preisimpulse umsetzen. Wenn die Instrumente dafür nicht durchsetzbar erscheinen, ist auf der Zielebene kein Konsens vorhanden; dann muß die Konsequenz in einer Anpassung der Zielvorgaben liegen.
8. Die Vorgaben der Kommission sollten daher als erste Orientierungsdaten, nicht aber als strikte und alleinige Richtschnur für die Beurteilung von Instrumenten dienen und daher auch nicht von »kleinen« Lösungen abhalten. Erste vorsichtige Ansätze im Finanzausgleich und bei der Vorstrukturierung von übertragbaren Ausweisungsrechten könnten mit der Grundsteuerreform verbunden werden, um institutionelle Korrekturen im Flächenmanagement und im Anreizsystem anzubringen und die relativen Preise für unterschiedlich versiegelungsintensive Flächennutzungen in die umweltpolitisch indizierte Richtung zu lenken.

Anhang: Verzeichnis der Gesprächspartner

Frau Dr. Grambow	Abteilungsleiterin Vorbereitende Bauleitplanung, Stadt Dresden
Herr Graber	Dezernent für Umwelt und Kommunalwirtschaft, Stadt Dresden
Herr Wolgaat	Dezernent für Wirtschaft und Wohnen, Stadt Dresden
Herr Dorner	Bürgermeister, Gemeinde Arnsdorf b. Dresden
Herr Mai	Bürgermeister, Gemeinde Birkwitz-Pratzschwitz
Herr Trache	Baudezernent und stellv. Bürgermeister, Stadt Coswig
Frau Werner	Fachgebietsleiterin Baurecht, Stadt Coswig
Herr Dehner	Leiter Umwelt, Stadt Coswig
Herr Bachmann	Leiter Wirtschaftsförderung und Liegenschaften
Herr Dr. Klemm	Bürgermeister, Gemeinde Greupa
Herr Hauck	Bürgermeister, Gemeinde Großerkmannsdorf
Herr Langwald	Bürgermeister, Gemeinde Heimsdorf
Herr Wagner	Bürgermeister, Gemeinde Langebrück
Frau Pfützner	Bürgermeisterin, Gemeinde Medingen
Frau Diersche	Amt für Stadtentwicklung, Stadt Meißen
Herr Dr. Timmler	Bürgermeister, Gemeinde Moritzburg
Her Menzel	Bürgermeister, Gemeinde Ottendorf-Okrilia
Herr Böhme	Bauamtsleiter, Gemeinde Ottendorf-Okrilia
Herr Rättig	Kämmerer, Gemeinde Ottendorf-Okrilia
Herr Drossel	Stadtplanungsamtsleiter, Stadt Pirna
Herr Möhrs	Stadtplanungsamt, Stadt Pirna
Herr Dr. Lemm	Bürgermeister, Stadt Radeberg
Herr Dr. Kunze	Oberbürgermeister, Stadt Radebeul
Herr Roßberg	1. Bürgermeister, Stadt Radebeul
Frau Spangberg	Stadtplanungsamtsleiterin, Stadt Radebeul
Herr Behr	Bürgermeister, Gemeinde Schönfeld-Weißig
Herr Mizara	Bauamtsleiter, Gemeinde Schönfeld-Weißig
Herr Mißbach	Bürgermeister, Gemeinde Ullersdorf
Herr Eisold	Bürgermeister, Gemeinde Wachau
Herr Franke	Bürgermeister, Gemeinde Weinböhle
Herr Ecke	Bürgermeister, Gemeinde Weixdorf
Frau Gothe	Bauamtsleiterin, Gemeinde Weixdorf
Herr Herr	Dezernent für Bau und Umwelt, Landkreis Meißen-Radebeul
Herr Knoths	Dezernent für Bau- und Umweltrecht, Landkreis Kamenz
Herr Dr. Bäuerle	Leiter der Regionalen Planungsstelle Oberes Elbtal/Osterzgebirge
Herr Schimpfke	Regionale Planungsstelle Oberes Elbtal/Osterzgebirge
Herr Dr. Heinrich	Leiter der Regionalen Planungsstelle Oberlausitz/Niederschlesien
Herr Weichler	Regionale Planungsstelle Oberlausitz/Niederschlesien
Herr Gökelmann	Abteilungsleiter Bau- und Wohnungswesen, Regierungspräsidium Dresden
Frau Dowe	Abteilung Bau- und Wohnungswesen, Regierungspräsidium Dresden
Herr Wiesheu	Abteilungsleiter Wirtschaft und Arbeitm Regierungspräsidium Dresden
Frau Bothe	Projektgruppe Kommunalreform, Sächsisches Staatsministerium des Innern

Herr Dellemann	Stadtplanungsamtleiter, Stadt Hannover
Herr Lenk	Abteilungsleiter Flächennutzungsplanung, Stadt Hannover
Herr Dr. Grave	Stadtplanungsamt, Stadt Hannover
Herr Meyer	Leiter des Amtes für Umweltschutz, Stadt Hannover
Herr Fresen	Amt für Wirtschaftsförderung und Liegenschaften, Stadt Hannover
Frau de Cassan	Amt für Wirtschaftsförderung und Liegenschaften, Stadt Hannover
Herr Hettwer	Baudezernent, Stadt Barsinghausen
Herr Mülter	Amtsleiter Stadtplanungs- und Stadtentwicklungsamt, Stadt Garbsen
Herr Jürgens	Leiter des Umwelt- und Planungsamtes, Stadt Laatzen
Herr Huber	Stadtplanungsamt, Stadt Langenhagen
Herr Bollwein	Stadtplanungsamtsleiter, Stadt Lehrte
Herr Lippold	Stadtdirektor, Stadt Ronnenberg
Frau Thomas	Stadtbaurätin und stellv. Stadtdirektorin, Stadt Seelze
Herr Vollbrecht	Gemeindedirektor, Gemeinde Sehnde
Herr Hons	Stadtdirektor, Stadt Springe
Herr Koch	Bauamtsleiter, Gemeinde Wennigsen (Deister)
Herr Beermann	Kämmerer, Gemeinde Wennigsen (Deister)
Frau Malkus	Stellv. Leiterin des Planungsamtes, Landkreis Hannover
Herr Dr. Priebs	Fachbereich Planung und Naherholung, Kommunalverband Großraum Hannover
Herr Niebuhr-Ette	Fachbereich Planung und Naherholung, Kommunalverband Großraum Hannover
Herr Harrn	Ltd. Baudirektor, Dezernat Städtebau, Bauaufsicht, Städtebauförderung, Bezirksregierung Hannover
Herr Wollin	Regierungsdirektor, Dezernat Landesentwicklung und Raumordnung, Bezirksregierung Hannover

Literatur

Bade, Franz-Josef; Junkernheinrich, Martin; Micosatt, Gerhard; Schelte, Jeannette (1993): Finanzielle Auswirkungen von Baulandausweisungen. Abschlußbericht zum Forschungsauftrag FII 2-91.34 der Bundesforschungsanstalt für Landeskunde und Raumordnung.

Bartholmai, Bernd (1994): Wohnungsbau: Perspektiven der Nachfrageentwicklung und Anforderungen an die Förderung des Bundes und der Länder, unveröffentlichtes Manuskript, Berlin.

Bergmann, E.; Eltges, M. (1995): Die Reform der Kommunalfinanzen, in: Informationen zur Raumentwicklung, Heft 8/9, S. 533ff.

Bergmann, E.; Kellermann, K. et al. (1997): Berücksichtigung ökologischer Gesichtspunkte beim kommunalen Finanzausgleich, vorläufiger Endbericht des Finanzwissenschaftlichen Forschungsinstituts an der Universität zu Köln für das Umweltbundesamt Berlin, UFOPLAN 108 01 128.

Bernart, S. et al. (1993): Entsiegelung von Verkehrsflächen, Bausteine für die Planungspraxis in Nordrhein-Westfalen, Nr. 14, Institut für Landes- und Stadtentwicklungsfoschung, Dortmund.

Bizer, Kilian (1997): Marktanaloge Instrumente im Natur- und Landschaftsschutz. Eine ökonomische Analyse des deutschen Naturschutzrechts, Berlin.

Bizer, Kilian; Ewringmann, Dieter (1997): Eine Abgabe für den Bodenschutz, Broschüre im Auftrag des Ministeriums für Raumordnung, Landwirtschaft und Umwelt des Landes Sachsen-Anhalt, Köln.

Bizer, Kilian; Ewringmann, Dieter (1996): Abgaben für den Bodenschutz in Sachsen-Anhalt, unveröffentlichter Forschungsbericht des Finanzwissenschaftlichen Forschungsinstitutes an der Universität zu Köln.

Bizer, Kilian; Lang, Joachim (1997): Ansätze für ökonomische Anreize zum sparsamen und schonenden Umgang mit Bodenflächen, vorläufiger Endbericht des Finanzwissenschaftlichen Forschungsinstituts an der Universität zu Köln in Zusammenarbeit mit dem Institut für Steuerrecht der Universität zu Köln für das Umweltbundesamt, Berlin, UFOPLAN 101 03 196.

Bizer, Kilian; Linscheidt, Bodo; Ewringmann, Dieter (1997): Umweltabgaben in Nordrhein-Westfalen, Gutachten im Auftrag der Landesregierung Nordrhein-Westfalen, unveröffentlichtes Manuskript des Finanzwissenschaftlichen Forschungsinstitutes an der Universität zu Köln.

Bizer, Kilian; Truger, Achim (1996): Die Steuerung der Bodenversiegelung durch Abgaben, in: Zeitschrift für angewandte Umweltforschung, H. 3, S. 379-389.

Bökemann, Dieter (1982): Theorie der Raumplanung, München.

Bonny, Hanns Werner (1996). Flächenkennziffern, in: RaumPlanung 73, S. 92-98.

Bundesministerium der Finanzen (1997): Bericht der Bundesregierung über die Entwicklung der Finanzhilfen des Bundes und der Steuervergünstigungen für die Jahre 1995 bis 1998 (Sechzehnter Subventionsbericht), Bonn.

Bundesministerium für Raumordnung, Bauwesen und Städtebau (1993): Raumordnungspolitischer Orientierungsrahmen, Bonn.

Bundesministerium für Raumordnung, Bauwesen und Städtebau (1996): Bericht der Expertenkommission zur Novellierung des Baugesetzbuches. Bonn-Bad Godesberg.

Bunzel, A.; Elsner, Th.; Lunebach, J. (1994): Flächen sparen in der räumlichen Planung. Ergebnisse einer Untersuchung von Bebauungsplänen, Flächennutzungsplänen und Regionalplänen, Berlin.

Bunzel, A.; Hinzen, A.; Ohligschläger, G. (1997): Umweltschutz in der Bebauungsplanung. Wiesbaden, Berlin: Bauverlag.

Burger, R. (1994): Wie gestaltet sich interkommunale Zusammenarbeit im ländlichen Raum?, in: Institut für Landes- und Stadtentwicklungsforschung des Landes Nordrhein-Westfalen (Hrsg.), Interkommunale Gewerbegebiete, Schriften 74 des ILS, Dortmund 1994, S. 29 ff.

Cäsar, R.; Kops, M. (1983): Abbau des Dotationswesens zwischen Ländern und Gemeinden? Eine Untersuchung am Beispiel Nordrhein-Westfalens, in: Archiv für Kommunalwissenschaften, 1983, S. 50 ff.

Deters, K.; Arlt, J. (1996): Leitfaden Kostendämpfung im Geschoßwohnungsbau, Weiterentwicklung der Rationalisierungserkenntnisse aufgrund geänderter und neuer Anforderungen für einen kostengünstigen Geschoßwohnungsbau, ifB Forschungsbericht, Hannover.

Dick, E. (1997): Anmerkung zur Forderung der Arbeitsgruppe »Bauen und Wohnen«, unveröffentlichtes Arbeitspapier, Bonn.

Dosch, F. (1996): Ausmaß der Bodenversiegelung und Potentiale zur Entsiegelung, BfLR-Arbeitspapiere 1/1996.

Dosch, F. (1997): Ausgestaltung einer Flächennutzungsteuer - Potentielle Lenkungswirkungen einer Versiegelungsteuer in verschiedenen Stadtstrukturtypen, internes und unveröffentlichtes Arbeitspapier.

Droste zu Hülshoff, Frhr. v. (1985): Baurechtspraxis im Außenbereich, Stuttgart u.a.

Enquête-Kommission (1997): Konzept Nachhaltigkeit - Fundamente für die Gesellschaft von morgen. Zwischenbericht der Enquête-Kommission »Schutz des Menschen und der Umwelt« des 13. Deutschen Bundestages, Bonn.

Gassner, E.; von Barby, J. (1972): Städtebauliche Analysen und Modellrechnungen zur Aufschließung von Baugebieten, Forschungsarbeit im Auftrag des Bundesministeriums für Wohnungsbau, Bonn.

Haverkamp, F. (1988): Die Finanzbeziehungen zwischen Ländern und Gemeinden, in: Arnold, V.; Geske, O.-E. (Hrsg.): Öffentliche Finanzwirtschaft, München, S. 55-120.

Hessisches Ministerium für Umwelt, Energie, Jugend, Familie und Gesundheit (1997): Zweiter Bericht an den Hessischen Landtag nach §11 HGruwAG, Wiesbaden.

Institut für Stadtforschung und Strukturpolitik (1995): Bauliche Nutzung des Außenbereichs. Forschungsprojekt im Auftrag des Bundesministeriums für Raumordnung, Bauwesen und Städtebau, Berlin.

Junkernheinrich, Martin (1991), Gemeindenfinanzen. Theoretische und methodische Grundlagen ihrer Analyse, Berlin.

Junkernheinrich, Martin (1994), Wohnen versus Gewerbe? Fiskalische Effekte von Baulandausweisungen, in: Informationen zur Raumentwicklung, Heft 1./2., S. 61-74.

Klein, H. (1995): Wald für die Zukunft, BUND-Positionen, Heft 30, Bonn.

Kops, M. (1989): Möglichkeiten und Restriktionen einer Berücksichtigung von Sonderbedarfen im Länderfinanzausgleich, Forschungsberichte des Landes Nordrhein-Westfalen, Opladen.

Krieger, F. (1994): Handlungsfeld interkommunale Gewerbegebiete - Welche Erkenntnisse liegen vor?, in: Institut für Landes- und Stadtentwicklungsforschung des Landes Nordrhein-Westfalen (Hrsg.), Interkommunale Gewerbegebiete, Schriften 74 des ILS, Dortmund 1994, S. 17 ff.

Kuhn, T. (1995): Theorie des kommunalen Finanzausgleichs, Heidelberg.

Kühne-Büning, L.; Heuer, J. H. B. (1994): Grundlagen der Wohnungs- und Immobilienwirtschaft, Frankfurt am Main.

Lehmberg, F.; Schütte, K.; Schnittger, A.; Schubert, H. (1996): Wohnbauland-Umfrage '96 - Auswertung und Vergleich mit der Umfrage '94, hrsg. vom Niedersächsischen Sozialministerium, Dezember 1996.

Losch, S. (1992): Novellierte Baunutzungsverordnung 1990 - ein wirksamer Beitrag zum Umwelt- und Bodenschutz?, in: Zeitschrift für angewandte Umweltforschung, H.2, S. 257-265.

Losch, S. (1994): Baulandreserven im Bestand, in: Rach, D.; Dosch, F.; Müller-Kleißler, R. (Hrsg.): Bestand, Bedarf und Verfügbarkeit von Baulandreserven, Materialien zur Raumentwicklung, H. 64, S. 135-142.

Losch, S. (1996): Ökonomische Instrumente zum Schutz des Bodens, Erster Bericht der Ad-hoc-AG des LABO-AK3, unveröffentlichtes Manuskript.

Mäding, H. (1995): Überlegung zur Eignung des kommunalen Finanzausgleichs zur Förderung raumordnungspolitischer Konzepte, in: Informationen zur Raumentwicklung, Heft 8/1995, S. 605 ff.

Niedersächsisches Landesamt für Statistik (1997): Kaufwerte für Bauland 1996, Hannover.

Othmer, H. (1993): Bodenentsiegelungskonzept der Stadt Braunschweig, in: Schriftenreihe Kommunaler Umweltschutz, Heft 2, Braunschweig.

Parsche, Rüdiger; Steinherr, Matthias (1995): Der kommunale Finanzausgleich des Landes Nordrhein-Westfalen, Gutachten im Auftrag des Innenministeriums des Landes Nordrhein-Westfalen, ifo Institut, München.

Pfeiffer, Ulrich; Aring, Jürgen (1993): Stadtentwicklung bei zunehmender Bodenknappheit. Vorschläge für ein besseres Steuerungssystem, Stuttgart.

Picht, H. (1994): Greenpeace-Luebeck Ecoforestry and the Market, Draft, Indiana University, December 6, 1994.

Schwäbisch Hall (1996): Wie Sie richtig beim Bau sparen!, hrsg. von der Bauspar-Service-Gesellschaft des Verbandes der Privaten Bausparkassen mbH, Bonn.

Stadtforstamt Lübeck (1995): Konzept der Naturnahen Waldnutzung im Stadtforstamt Lübeck, Lübeck.

Wassmer, R. W. (1993): Property Taxation, Property Base, and Property Value: An Empirical Test of the „New View", in: National Tax Journal 46, S. 135-159.

Zimmermann, H. (1995): Stärkung der kommunalen Finanzautonomie, in: Staatswissenschaften und Staatspraxis, Heft 4, S. 659-774.

Zimmermann, H.; Postlep, R.-D. (1985): Probleme des kommunalen Finanzausgleichs, in: Akademie für Raumforschung und Landesplanung (Hrsg.), Räumliche Aspekte des kommunalen Finanzausgleichs, Forschungs- und Sitzungsberichte Bd. 159, Hannover 1985, S. 1 ff.

Druck: Druckhaus Beltz, Hemsbach
Verarbeitung: Buchbinderei Schäffer, Grünstadt